KB184126

사토시
테라피

사토시
테라피

거스 쿤 지음

피아트 피아스코.

Fiat Fiasco

비트코인 처방전.
Bitcoin Prescription

조용한 혁명.

Silent Revolution

피아트 피아스코

Fiat Fiasco

"두려움은 어둠의 세력으로 가는 길이야.
두려움은 분노로 이어지고, 분노는 증오로 이어지고,
증오는 고통으로 이어져."

- 마스터 요다 Master Yoda

0. 세상을 바꾸는 돈.

Money That Can Change the World

"우리가 99%다!"

2011년 가을, 뉴욕 맨해튼 금융가 공원에 만 명이 넘는 인파가 며칠째 밤낮으로 시위 농성을 이어갔다. 경제적 불평등을 반대하는 이 운동을 촉발한 것은 두 역사적 사건이었다.

대공황 이후 가장 큰 경제 참사 2008년 금융위기를 수습하며 미국 정부는 구제금융지원에 천문학적인 액수의 시민 혈세를 투입했고, 금융권 거물들은 막대한 보너스를 챙겨갔다. 민간부문 공공부문 그 누구도 이 사태에 대한 책임은 지지 않았다.

피아트 피아스코

"돈은 언론이다!" (Money is Speech!)

2010년 초, 미국 대법원은 선거자금은 표현의 자유 영역에 포함된다고 판결했다. 선거를 위한 모금액을 제한하는 것은 헌법에 위배된다는 결론은 미국 정치를 더욱 더 거대자본으로부터 자유롭지 못하게 만들었다.

'월가를 점령'하겠다던 시위대는 60일도 채우지 못하고 해산했다. 현실적인 대안 하나 제시 못한 오합지졸 좌파 포퓰리즘 공상 축제는 그렇게 흐지부지 막을 내렸다.

그런데……

이 집회에 참여했던 극소수 몇몇 사이에서 풍문이 돌기 시작했다. 얼마전 블록체인 기반으로 개발된 디지털 돈이 있는데, 어쩌면 이 돈이 앞으로 세상을 바꿀지도 모른다는 이야기였다. 이 황당한 소문에 귀를 기울이는 사람들은 빠르게 늘어났다. 비트코인은 그렇게 세상에 알려지게 됐다.

1. 문제의 근원.

The Root of the Problem

Z 돈이 문제죠. 돈. 사실 제가 몇 년 동안 우울증을 달고 살았습니다. 처음에는 사회생활이나 인간관계에서 오는 스트레스라고 생각했죠. 아니더라고요. 그래서 유명한 병원도 많이 찾아가 치료도 받고, 몸을 움직이라고 해서 헬스도 열심히 다니고, 마음공부 한답시고 명상학원, 사찰도 많이 가봤습니다. 심지어 용하다는 무당 점집도 많이 갔어요.

K 열심히 살았네.

Z 다 소용없어요. 다 일시적인 '뽕'이더라고요. 약빨 오래 안 가요. 단기적인 기분전환? 그런 건 되지만, 제가 가진 근본적인 불안은 해결이 안 되더라고요.

K 근본적인 불안?

Z 돈이요.

K 왜 돈이지?

Z 돈은 제가 삶을 지탱하고 제 미래를 설계하는데 필요한 자원이니까요.

K 본인한테는 돈이 왜 필요한 자원이지?

Z 네? 그게 무슨 말씀이세요? 아… 쌤이 뭘 오해하시는 거 같은데. 제가 무슨 엄청난 갑부가 되겠다는 게 아닙니다. 그냥 제가 생활하는 이 도시에서, 월세 전세 걱정 없이 거주할 집 한 채 마련하고 싶은 게 소소한 바람이자 소망입니다. 자가 아파트 한 채. 저 같은 평범한 월급쟁이들 소박한 꿈 아니겠습니까? 그것도 못할 거면 뭐 하러 뼈 빠지게 일하겠어요?

쿤쌤이 동의하듯 천천히 끄덕였다.

K 본인은 뭘 좋아해?

Z 제가 좋아하는 거…

K 본인이 뭘 좋아하는 지 솔직하게 말해 봐. 그러려고 우리가 대화를 하는 거니까.

Z 네. 그냥 까놓고 말씀드리자면… 저는 섹스, 음식… 스시, 스테이크 다 좋아요. 그리고 가끔 새로운 곳 찾아서

여행 다니는 거 좋아해요. 대략 뭐 그 정도 같네요.

K 섹스. 음식. 여행.

Z 이렇게 얘기하니 너무 동물적이라서 약간 민망하네요. 저는 그냥 본능에 충실한 인간 같아요.

K 원하는 게 명확하면 인생이 단순하고 좋지.

Z 단순하지만, 그 모든 게 돈과 연결돼 있죠.

K 없다고 할 수 없지.

Z 사실 저는 금수저도 아니고, 뭐 그렇게 뛰어나지도 않아요. 고만고만한 인서울 4년제 겨우 나와서 어떻게 운 좋아서 괜찮은 직장에 취직했고, 택시도 안 타고, 스벅 커피도 안 마시면서, 꼬박꼬박 급여 모으면서 열심히 살았죠. 근데… 이제 나이 서른이 됐는데, 시내 작은 아파트 하나 장만할 능력이 도저히 안 되는 거예요. 부동산 값은 제가 아는 한 늘 한결같이 미쳐 있고. 제가 아무리 영끌해도 계산이 안 나오네요.

K 영끌을 하면 되겠지… 제대로 안 끌어 모은 거 아니야?

Z 자신이 없습니다. 앞으로 30년 금리 걱정하고, 지금보다 더 개궁상 떨면서 골수 하우스푸어로 찌질하게 살게 뻔하니까요. 아니 고작 아파트 하나 때문에 제 일생을 바치는 건… 아니 이게 제 인생이면, 너무 비참한 거 아닌가요?

쿤쌤 뒤편 통유리 벽으로 시내 마천루가 한눈에 들어왔다. 저 많은 건물 중에서 나는 집 한 채 아니 건물의 일부조차 소유하지 못한다는 사실에 헛웃음이 나왔다. 그런 생각이 들자, 창밖 풍경이 나랑 상관없는 딴 세상처럼 느껴졌다.

도심 고층에 위치한 쿤쌤 상담실 내부는 심플했다. 이탈리아산 가죽 소파와 암체어가 자칫 연출할 수 있는 호사스러움을 묵직한 마호가니 커피테이블이 공간의 안정감을 잡아줬다. 무엇보다 바닥에 깔린 아주 오래된 페르시아 카펫이 아늑함을 더해 상담자를 편안하게 해줬다. 텅 빈 책장에 홀로 놓인 제네바 스피커에서 라흐마니노프가 들릴 듯 말듯 흘러나왔다. 미니멀하면서도 진부하지 않은 공간. 생각을 끌어내고 진솔한 대화를 가능케 하는 장소였다.

Z 여긴 얼마해요? 이 사무실. 아무래도 좀… 비싸겠죠?
K 여기? 가격 적절해.

갑자기 쑤욱 들어간 뜬금없는 질문에 쿤쌤이 미소를 지으며 답했다. 적절한 가격. 쿤쌤이 자주 쓰는 표현이었다. 시장에서 양방이 자발적으로 합의해서 이뤄진 거래 가격은 적절하다고 받아들이는 게 쿤쌤의 철학이다.

Z 실은 저도 이런 데서 사람답게 살고 싶어서 주식도 하고, 코인도 하고 그랬죠. 코로나 때 돈 좀 풀렸을 때는 장도 좋아서 쫌 벌기도 했고.

K 잘 했네. 돈 벌었으면 좋지.

Z 에허… 바로 조정 들어가면서 물리고, 대부분 손절했습니다.

K 저런… 그런데 말이야, 본인이 한 건 '투자'가 아니라, '투기' 아닐까?

Z 네? '투자'랑 '투기'랑 어떻게 다르죠?

K 많은 게 다를 수 있지만, 가장 근본적인 차이는 '시간' 아닐까?

Z 시간? 그럴 수 있네요. 주식 투자는 좀 길게 가는 거고. 주식 트레이딩은 단타죠.

K 타임인(time in) 더 마켓과 타이밍(timing) 더 마켓의 차이.

Z 그렇네요. 눈치나 작전보다는 긴 호흡으로…

K 투기, 아니 투자는 왜 했어?

Z 네? 아니 투자를 안 하고 돈을 어떻게 불려요? 제가 무슨 프리미어리거도 아닌데. 월급만으로 미래를 어떻게 대

비해요? 노동소득은 자본소득을 능가할 수 없어요.

K 틀린 말은 아니지.

Z 남들은 다 대박 쳤다. 몇 배 벌어서 외제차 뽑았다고 인
스타에 자랑질로 도배하는데, 저만 무슨 모태병신 같더
라고요. 그니까 더 개빡치죠. 아니 인생이 서럽고 억울
하더라고요. 그때 처음으로 '이생망'이라는 표현이 확 와
닿더라고요. 그니까 자꾸… 사람이 꼬이고. 남탓만 하게
되더라고요. 팔자 탓, 부모 탓, 정부 탓, 사회 탓.

K 그럴 수 있지.

Z 아 근데, 진짜 빡치는 건 정치히는 세끼들입니다. 이제는
집 살 필요 없고 렌트하면 된다. 집값 내려간다. 수요 공
급 무시하고, 개구라 치면서 사람 욕망을 억누르는 영혼
없는 정책들 들고 나와서 세금 때리고, 부동산 대출 한도
수시로 바꾸고… 그러는 동안 집값은 천정부지 더 오르
고. 아, 또 쌍욕 나올라 그러네. 세금충 쓰레기 새끼들 코
로나 때 다 뒈졌으면 좋겠다는 기도도 열심히 했어요.

K 그 기도에 대한…

Z 응답이 없더라고요. 그러면서 제가 생각을 고쳐먹기로
했죠. 경제 망치고 집값 올린 정치 쓰레기들. 이제는 그
것들 죽지 않고, 평생 돈 걱정하면서 찢어지게 가난하게

오래오래 살기를 바래요. 자손 대대로.

K   그게 더 통쾌할 수 있지. 때로는 우리가 경멸하는 인간들
    이 고통받는 걸 보며 우리는 위안을 받을 수 있으니까.

Z   근데 제 희망대로 되겠습니까? 그것들 지들 챙길 건 다
    챙겨요.

나는 앞에 놓인 물컵을 비우고 얼음까지 씹어 먹으며 체열
을 식혔다.

Z   그런 개잡것들 욕해 봐야 뭐해요? 돈이 나오는 것도 아
    닌데.

K   대안 없이 탓할 대상만 찾는 건 책임 있는 태도는 아닐
    수 있지.

쿤쌤의 뼈 때리는 지적에 난 잠시 말을 잃었다. 동그란 뿔테
안경이 삭발로 드러난 두상과 그의 계란형 얼굴에 잘 어울
렸다. 단정한 올블랙 차림 역시 마주 앉은 이가 그를 수도승
처럼 느끼게 했다.

거스 쿤. 사람들은 그를 쿤쌤이라 불렀다. 물론 그의 본명은

아무도 모른다. 하지만 그런 건 중요하지 않았다. 쿤쌤은 텔레그램을 통해 암암리에 아는 사람은 다 아는 이미 검증된 '치료사'였다. 쿤쌤의 상담? 치료? 또는 교육? 레슨?을 경험한 이들이 하는 말은 모두 한결같았다. '이제까지 이런 상담은 없었다.' '아무나 쿤쌤을 만날 수 없지만, 누구나 그의 도움을 받을 수 있다.'

K 그런데, 점집? 무당은 왜?

Z 네? 아니 뭐, 혹시나 해서요.

K 혹시나? 혹시나 뭐?

Z 뭐라도 건질까 해서. 그… 횡재수? 같은 게 제 팔자에 있는지. 다 그래서 점집 가는 거 아닌가? 미래가 궁금해서. 아니 희망을 찾아서. 그쵸, 희망을 찾고 싶었던 거 같아요.

K 음… 그래서 찾았어?

Z 희망은 개뿔. 돈 털리고 시간만 날렸죠. 처음에는 희망 회로가 좀 돌아가다가 결국에는 희망 고문이 돼요. 에혀. 사람들이 몰라서 그렇지, 점 보러 다니면 정신 건강에 안 좋습니다. 선택에 대한 책임을 회피하게 되고. 수동적인 사람이 되고, 무기력해지죠. 이게 다 운명이다 하면서.

K 운이라는 건 분명히 있겠지. 하지만 우리가 운에 종속되면 안 되겠지.

Z 점쟁이들 비즈니스 모델이 사람들 근심 걱정으로 수익을 내는 거잖아요? 그러니 당연히 내 문제를 해결해주지 않죠. 오히려 엮어서 계속 오게 만들려고 하죠. 뭐, 어쨌든 간에… 그래서 저도 한동안 자포자기하고 아무 생각 없이 '욜로'로 즐기면서 살았어요.

K 오~! 멋있네!

Z 풉! 멋있긴요. 욜로도 계속 하려면 돈 있어야 돼요. 돈 떨어지고 현타 오면 완전 비참합니다. 좌절 그 자체. 숨을 내쉴 때마다 기가 빨리는 느낌이에요. 돈 쪼들리면 사는 게 사는 게 아닙니다. 영혼이 피폐해져요. 그래도 먹고는 살아야 되니까 회사는 꾸역꾸역 다녀요. 그리고 격일 밤마다 미친듯이 달립니다. 브레이크가 고장 난 8톤 트럭처럼.

K 러닝머신?

Z 아뇨. 혼술.

K 젊어서 좋네.

Z 다음날 속에서 쿠데타 나고 난리도 아닙니다. 제가 그렇게 무상무념 알중 좀비로 변해가던 스테이지에, 선배 하

나가 저한테 쌤 얘기를 하더라고요. 그래서 이렇게 찾아 오게 됐습니다.

K 그래… 그러면 말이야, 나한테서는 뭘 바라지?

Z 희망. 희망을 찾고 싶어요.

K 희망… 중요하지.

Z 희망이 없으면 사람이 살 수가 없어요.

K 희망은 본인 스스로 찾는 거 아닌가? 돈으로 사거나, 전 수받는 게 아니라.

Z 아, 제 말은… 쌤이… 제가 희망을 찾을 수 있게 도와줬 으면 해요.

K 그래. 내가 문 앞까지 동행할 수 있지만, 문을 열고 들어 가는 건 본인 몫이겠지.

그때 알람 소리가 울렸다.

K 오늘은 여기까지. 문자로 내가 보내 준 자료 숙지하고 다 음 주 같은 시간에.

Z 네. 쿤쌤, 그 상담료가…

K 선불.

Z 그게 좀 쎈데… 제 능력치에선 좀 부담되는데. 어떻게,

D/C 같은 거 좀 안 될까요? 카드 할부라도?

K 비용 지불 관련해서 다 합의하고 온 거 아니었나?

Z 네… 근데… 카드, 현금도 안 되고… 오직 비트코인만?

K 어. 사토시로 그때그때 이체하면 빠르고 서로 깔끔하잖아? 혹시 사정상 가격이 부담되거나 불편하면 상담 더 진행 안 해도 돼. 본인 원하는대로.

Z 네? 아뇨… 그런 건 아니구요…

K 음…… 이렇게 생각하면 어떨까? 희망을 찾고 싶다고 했지? 희망이라는 건 소중한 거야. 그럼 우리가 희망에 가격을 매길 수 있을까? 희망은 어쩌면 가격을 매길 수 없을 정도로 가치 있는 거야. 가격과 가치는 정비례하는 법이고. 무엇보다 값진 자원은 '시간'이잖아?

Z 네? 네. 알아들었습니다. 쿤쌤 시간 비싸죠.

K 내 시간만이 아니라, 본인 시간도 값진 거야. 우리 모두의 시간은 다 소중하니까. 다음 시간에 보자고.

피아트 피아스코

2. 돈을 아십니까?

Do You Know Money?

K 돈이 뭔지 알아?

Z 돈이요? 돈은 가치를 교환하고 저장하는 도구? 지불 수
   단? 뭐 그런 거죠.

K 음… 또? 돈이 뭐라고 생각해?

Z 글쎄요… 돈은 피 같은 거 아닌가? 경제를 돌아가게 하
   는. 돌고 도는 게 돈이죠.

'도를 아십니까?'라는 질문은 들어봤지만, '돈을 아냐'는 질문
은 난생처음이었다. 쿤쌤은 말없이 나를 보며 기다렸다. 뻘
쭘해진 나는 주머니에서 아이폰을 꺼내 검색했다.

Z 돈은 가치 저장의 수단이자 경제적 교환 매개로써 사회
   적 합의에 의해 수용되는 단위화된 지불 수단이다. 내구

성, 휴대성, 가분성, 균일성, 제한된 공급량…

K 스톱! 그런 사전적 정의 말고… 다시 물어볼게. 본인한테는 돈이 뭐지?

쿤쌤의 질문에 나는 잠시 망설였다.

Z 저한테? 저한테 돈이라는 건… 제 노동의 대가? 보상.

K 돈은 인간의 시간과 노동을 교환할 수 있는 매개이기도 하지.

Z 그리고… 안전함. 욕망을 실현하는 방법. 행복을 위한 기반. 자유? 경제적 자유를 위한 자원, 토대. 그런 거 같은데요. 그럼 쿤쌤은 돈이 뭐라고 생각하세요?

K 돈은 에너지야. 돈은 가치를 보존하며 시공간을 이동하는 경제적 에너지라고.

돈은 경제적 에너지. 그러고 보니 나는 내가 그렇게도 사랑하는 돈에 대해서 한 번도 깊이 있게 생각해 본적이 없었다. 걱정과 고민은 늘 했지만, 정작 나는 돈의 본질에 대해 궁금해하지 않았던 것 같다. 순간 깊이 반성했다. 사랑했지만 이해하기 위해 노력한 적이 없었다는 사실에.

K 그러면… 어떤 돈이 좋은 돈일까?

Z 네? 돈은 다 좋은 거 아닌가?

K 수많은 종류의 돈이 있다면, 우열이 있을 거 아니야?

Z 아! 달러. 금.

K 그렇지. 왜?

Z 안전하니까요. 세계에서 널리 쓰이는 기축 통화고. 말씀
   하신 대로 시공간을 이동해도 가치 보존이 되니까요.

K 그러면 달러와 금. 이 둘 중에서 우열을 가린다면?

Z 금 아닐까요?

K 왜 그렇지?

Z 글쎄요. 달러 같기도 하고. 헷갈려요. 금은 안전자산이
   고, 달러는 우리가 일상에서 편하게 쓸 수 있고. 둘 다 좋
   은 거 같은데요.

K 달러는 정부 발행 화폐이고, 금은 희소성이 있는 금속 물
   질이지. 달러는 물가가 올라가면 구매력을 잃지만, 금은
   시간이 갈수록 가격이 계속 오르고.

Z 네… 그럼 둘 다 필요한 거네.

K 자 그럼, 돈의 구성 요소는 뭐지? 돈은 무엇으로 이뤄졌
   을까?

Z 방금 돈은 가치를 보존하고 시공간을 이동하는 경제적

에너지라고 하셨잖아요? 그 에너지의 구성요소요? 전혀 감이 안 옵니다.

K 돈의 구성요소는 크게 두 가지. 물리적 매개와 장부 (ledger). 금화 같은 게 물리적 매개라면, 누가 누구에게 얼마를 빌려주고 또 빌렸는지 기록한 정보는 장부라고 할 수 있겠지.

장부라는 '정보'와 물리적 매개. 나는 아이폰으로 상담을 녹음하고 있었지만, 쿤쌤이 간혹 이렇게 강조하는 부분을 나는 잊지 않고 메모를 했다.

K 인류는 메소포타미아 문명 때부터 장부를 기록했어. 장부가 기능하려면 관련 당사자들 간의 신뢰가 반드시 필요해.

Z 회계를 누가 조작하면 안 되겠죠.

K 그렇지. 그 대신, 장부는 '확장성'이 강해. 무슨 말이냐 하면, 장부는 정보이기 때문에 많은 이들에게 전달 전파하기 쉽다는 거야. 반대로 사회에서 합의 신뢰하고 서로 주고받는 금화는 '확장성'이 떨어져. 왜? 물리적 매개는 일단 움직이기가 힘들어. 공간이동이 정보처럼 빠르지 못

하니까. 그래서 두 요소 사이에는 부조화가 있을 수밖에 없어. 이해됐나?

Z 네… 발 없는 말이 천리를 가지만, 짐승 말은 천리를 가려면 시간이 많이 걸립니다.

K '확장성'을 '속도'라는 측면에서 이해할 수도 있지. 장부와 물리적 매개는 서로 다른 '속도'로 움직이니까, 돈 자체에 내적인 부조화 또는 분열이 생겨나게 돼.

Z 돈의 두 요소가 다른 속도로 움직이는 미스매치가 부조화라는 건 이해가 되는데, 어떻게 분열까지 가나요?

K 앞으로도 이 부분에 대해 심도 있게 다루겠지만, 돈의 두 요소가 이렇게 따로 노는 분열은 많은 경제적 문제의 근원이 돼. 마치 거대한 바위의 미세한 균열이 점점 커져 산사태가 일어나는 것과 비슷하고, 거짓말 하나가 더 많은 거짓말로 이어지는 것과 같아.

Z 먼저 장부상 거래를 하고 물리적 매개로 정산을 하면 되잖아요? 뭐가 문제죠?

K 맞아. 그래서 생겨난 개념이 '크레딧'이고. 신용 거래. 먼저 장부상 거래를 성사시키고 시차를 두고 물리적 화폐로 정산을 하는 체계. 왜? 표정이 왜 그래?

Z 아뇨. 갑자기 밀린 제 카드값이 생각나서 속이 쓰리네요.

K 아, 밀린 카드값은 채무(debt)지, 크레딧이 아니지.

Z 그죠. 크레딧은 신용으로 제가 빌릴 수 있는 한도고, 채무는 제가 갚아야 할 액수죠.

절로 한숨이 나왔다. 아이스 아메리카노를 한 모금 마셔도 쓰린 속은 가시질 않았다.

K 혹시 내 이야기가 길어지거나, 이해가 가지 않는 부분이 있으면 언제든지 질문해. 너무 일방적인 강의가 될 필요는 없으니까.

Z 네. 신경 쓰지 마세요. 저는 변태라서 이런 팩폭 현타를 즐기는 편입니다. 쿤쌤, 지금 드는 생각은 제가 돈에 대한 공부가 부족한 거 같습니다. 아니, 저는 돈에 대한 이해 없이 이제까지 살아온 것 같습니다.

K 돈이라는 건 기술이야. 우리가 기술을 다뤄야지 기술이 우리를 부리면 안 돼. 우리가 돈을 이해해야 돈에 종속되지 않을 수 있어.

터진 상수도관처럼 쿤쌤의 '강의'는 계속됐다.

K 신용 기반 상거래가 활성화되면서 자연스럽게 만들어진 기관이 은행이야. 물론 고대에도 은행업이 활발했지만, '근대 은행업'은 르네상스 초기 이탈리아에서 시작됐다고 보는 게 맞지. 그 시절 막강한 권력을 누린 메디치 가문도 어마무시한 재력을 은행업을 통해서 축적했으니까.

Z 와… 메디치도 이자로 돈을 벌었군요? 제가 요즘 이자에 좀 민감해서.

K 이자라는 게 채무자 입장에서는 돈을 빌리는 데 지불하는 비용이지만, 채권자 입장에서는 시간과 함께 발생하는 위험 변수에 대한 보상이라고 볼 수 있겠지? 시간적 리스크를 감안한 비율이 금리라면, 공간적 리스크를 감안한 비율은 환율이고. 이 두 가지 리스크에 대한 차등화는 신용 또는 신뢰에 기반했지. 신용이 좋은 사람, 그리고 좀 더 안정적인 화폐를 우대하는 방식으로. 이렇게 르네상스 시절 많은 은행들이 이자 장사뿐만 아니라, 다양한 국적 상인들에게 환전 서비스를 제공하며 수수료를 많이 챙겼어.

Z 저는 르네상스하면 건축, 미술 같은 예술이 먼저 떠올랐는데, 결국 돈이 잘 돌았던 거네요.

K 자본이 풍성한 곳에 문화가 융성하니까. 문화만이 아니

야. 혁신적인 발명 그리고 모험적인 신규사업 역시 돈이 돌아야 가능하지. 은행이 돈을 그냥 들고 있지 않고, 돈을 빌려주고 또 투자를 하니까, 콜럼버스가 신대륙을 발견할 수 있었지. 결국 원거리 다양한 경제적 활동을 안전하고 효율적으로 돕기 위해 신용과 신뢰, 그리고 검증된 네트워크에 기반해 만들어진 시스템이 근대 은행업이라고 할 수 있어.

Z 쏠쏠하네요. 남들이 맡긴 돈 갖고 빌려주고 이자 챙기고 투자해서 수익 내고.

K 경기 좋을 때는 막대한 이익을 챙기지. 르네상스 시대때부터 은행들은 이미 부분지급준비제를 활용했으니까.

Z 부분지급준비제. 은행이 고객들 예금의 일정 비율만 보유하는 거죠. 예를 들어 비율이 10%다 그러면 고객들이 맡긴 100억에서 10억 정도만 은행이 보유하고, 나머지 90억은 은행이 빌려주거나 다른 투자를 하거나. 고객들이 예금한 돈 100억 중 90억이 그 은행에서 또 다른 곳으로 흘러가고, 그 90억 중 일부가 또 다른 기관으로 가면서… 100억으로 시작된 액수가 여러 손을 거치면서 몇 배로 늘어나고 돈이 연이어 '창출' 되는… 그러나 문제는 채무자가 돈을 못 갚거나 은행에서 투자한 사업이 실패

하면… 완전 도미노로 망가지는 거죠.

K 오~! 보기보다 범생이네! 내가 준 숙제를 정말 다하고 왔네! 맞아.

Z 제가 보기보다 노력형 인간입니다.

K 부분지급준비제는 자본주의에서 필요하지. 성장과 발전을 위해서. 그런데 우리가 돈을 빌리는 입장에서 한번 보자고. 돈을 빌릴 때, 대부분의 사람들은 원금과 이자보다 더 많은 수익을 낼 방도가 있고, 다 나름 계획이 있겠지? 잠깐, 본인은 돈을 왜 빌렸지? 생활비?

Z 생활비… 라기보다는… 빚투였죠. 빚투. 거의 다 날렸어요. 저는 그때 계획은커녕 계산도 없었어요. 그냥 리스크와 무모한 맞짱. 그리고 완전 개박살났죠.

K 도전을 하다 보면 그럴 수도 있지. 다시 같은 실수를 반복하지 않으면 좋은 배움이고 경험이야. 본인 사례처럼, 세상일은 종종 계획대로 되지 않아.

어색한 침묵이 잠시 이어졌다.

K 여튼… 부분지급준비제가 문제가 되는 이유는 은행A가 지급을 못하는 상황이 오면 다른 은행에게 도움을 청하

고, 은행A를 도운 은행B가 덩달아서 지급을 못하는 상황이 발생할 수 있어. 그러면 다른 은행들이 은행A와 은행B를 믿지 못하게 되고, 소문이 퍼지면서 은행A와 은행B의 고객들은 물론, 멀쩡했던 다른 은행들의 고객들까지도 달려와서 예치금을 단기간에 빼가게 되지.

Z 뱅크런! 그런 사태를 겪지 않기 위해서 만들어진 게 중앙은행이죠?

K 그렇지.

Z 쿤쌤, 왜 중앙은행이 있는 요즘 시대에도 뱅크런이 있죠? 그 2023년에 실리콘밸리 은행, SVB. 아니 그리고 보니, 대공황 때도 연준은 있었잖아요? 근데 그때도 뱅크런.

K 워워. 천천히. 너무 앞서가지 마. 대공황과 SVB 이야기도 곧 다룰 테니까. 일단 중앙은행부터. 중앙은행은 은행들 간 안정적인 거래와 부도 위험을 줄이기 위해 만들어졌어. 긴급 금융 위기 상황에 대비해서 중앙은행은 말 그대로 '최종 대출자' 역할을 하는 기관이지. 물론 정부 발행 법정 화폐를 찍어내고, 물가와 고용의 안정을 목표로 통화 정책을 실행하는 곳이기도 하고.

Z 그래서, 실제로 경제 위기가 닥치면 뭘 해요?

K 역사적으로 보면 중앙은행은 주로 돈을 더 찍어내는

정책을 택하지. 금리를 내리거나, 양적완화(Quantitative Easing)를 통해서. 양적완화는…

Z   QE. 양적완화는 21세기 들어와서 특히 2008년 금융 위기 이후 많이 쓰기 시작한 통화 정책.

K   맞아. 양적완화에 대해서도 나중에 다룰게. 여튼, 여기서 중요한 건 중앙은행은 이론적으로 파산이 불가능해.

Z   돈을 언제든지 지들 마음대로 찍어낼 수 있으니까.

K   생각해보면 이처럼 무책임한 기관도 없는 거야. 화폐를 계속 찍어내면 어떻게 돼?

Z   인플레이션.

K   아… 틀린 답은 아니지만. 정확한 답도 아니야.

Z   그래요?

K   인플레이션은 화폐 물타기 외에도 다른 요소들이 있을 수 있으니까. 수요 공급 측면의 쇼크도 있을 수 있고. 사회 심리적 요소도 있고. 물가 생활비 상승은 생각보다 복잡해. 여튼, 화폐를 계속 풀어서 물타기를 하면, 화폐가 묽게 희석돼. 구매력이 떨어지지.

Z   아니, 이게 무슨 보드게임도 아니고. 사기가 따로 없네. 중앙은행 마음대로 찍어내는 화폐보다는 금으로 거래하는 게 맞는 거 아닌가요?

K 달러와 금의 본질적인 차이가 뭐지?

Z 본질적인 차이라고 하면… 달러는 구매력을 잃을 수 있지만, 금은 오래 간다?

K 달러는 가치를 보존하며 공간을 이동하기에 수월한 돈이고, 금은 가치를 보존하며 시간을 이동하기에 좋은 돈이지.

Z 아하. 역시. 믿을 건 금땡이뿐이군요.

K 많은 사람들이 그렇게 생각해서 만들어진 제도가 '금본위제'였지.

3. 황금시대.

The Golden Age

K 고대 이집트 시대에는 황금을 '천상의 물질'이라고 불렀어. 부식되거나 변질되지 않는 금을 불멸, 영생의 상징으로 믿었지. 동서고금을 떠나 인류가 가장 사랑한 돈은 금이야. 금목걸이. 금괴. 금메달. 금 열쇠.

Z 그렇네요. 저도 금을 아주 사랑하는데, 불행히도 소유한 금은 제로입니다.

K 사랑과 소유를 동일시하는 건 바람직하지 않을 수 있어.

Z 헉. 이 불편한 진실.

K 여튼, 금화를 화폐로 처음 쓰기 시작한 사회는 지금으로부터 약 2천 5백년 전 리디아 왕국이었다는 게 거의 정설이지. 금본위제가 18세기 초 영국에서 아이작 뉴턴(Isaac Newton)에 의해 처음 시작됐다고 보는 사람들도 있지만, 우리가 일반적으로 아는 국제 금본위제(The International

Gold Standard)는 19세기 후반에 만들어 졌어. 이게 우리가 아는 오늘날의 국제 금융 체제의 시작이라고 할 수 있지.

Z 검색해보니 여기 1870년대라고 나오네요.

K 1871년으로 보는 사람들이 많지. 그때 프로이센-프랑스 전쟁이 끝났고, 유럽 국가들이 우리 이제 싸우지 말고, 서로 사이 좋게 잘 살자고 합의하면서 금본위제를 채택 했으니까. 몇 해 전 남북전쟁을 끝내고 재건에 집중하던 통일된 미국 역시 유럽과의 효율적인 무역을 위해 금본 위제를 선호했고. 그 당시 유행했던 말이 있어. '상품이 국경을 넘지 못하면 결국 군인들이 넘는다.'

Z 오! 이미 그때부터…

K 그때도 사람들은 다 알았어. 무의미하고 무모한 전쟁을 방지하는 유일한 방법은 원활한 경제 교류라는 것을. 지 정학적 분쟁을 최소화하는 게 모두의 이익이라는 것도 알았지.

Z 그래서 여러 나라들의 합의로 금본위제가 정착했군요.

K 국제 금융 체제는 기본적으로 국가 간 무역 거래와 결제 를 수월하게 진행하기 위한 합의체야. 각 나라마다 중앙 은행이 발행한 자국 화폐와 장부가 있어. 그러면 국가 간 거래할 때, 타국 화폐의 '순도'와 실제 가치를 의심할 수

밖에 없지. 샅샅이 타국의 살림 사정을 알 수가 없잖아? 각나라의 재정 건전성이나 화폐 구매력을 그때그때 확인할 수도 없고. 그래서 국제적으로 합의된 보유 자산을 금으로 정하고 금본위제가 자리 잡게 되는거야. 그런데 말이야, 19세기에 너무나 획기적인 기술혁신이 일어났어.

Z 무슨 기술? 뭐죠?

K 텔레그래프.

Z 텔레그래프?

K 뚜두~ 뚜우~ 뚜~~

Z 아, 모오스 코드.

K 텔레그래프라는 혁명적인 기술이 돈의 역사를 획기적으로 바꿔놨지. 그 전까지는 상상도 못했던 속도로 정보가 전달되기 시작했으니까. 그것도 대륙 간에. 19세기 중반에 대서양을 가로지르는 전신선이 생기면서 런던과 뉴욕 사이에 전보를 자유자재로 보낼 수 있게 됐어. 이건 금융 거래에서는 혁명적인 사건이었어.

Z 그렇겠네요. 배를 타고 바다를 건너 사람이 직접 문서를 전달하다가, 전신을 이용해 전보를 칠 수 있게 됐으니…

K 텔레그래프는 수많은 분야에서 생산성을 증가시켰지만, 또 다른 한편으로는 금융 분야에서 보이지 않는 문제를

심화시켰어.

Z 아니 혁명적이었다면서요? 뭐가 문제였죠?

K 돈의 구성 요소가 두 가지라고 했지?

Z 장부라는 정보와 동전 같은 물리적 매개.

K 그렇지. 텔레그래프로 런던과 뉴욕이 장부상 합의를 하
   는 건 순식간에 끝나지만, 물리적인 금이 대서양을 건너
   가는 시간은 꽤 오래 걸리지. 돈의 정보는 광속으로 이동
   하는데, 물리적인 돈의 최종 정산과 결제는 시간이 너무
   오래 걸리는 게 문제가 됐지. 달리 말하면, 텔레그래프라
   는 기술 발전으로 돈의 '정보'와 돈의 '물리적 매개' 사이
   의 속도 차이, 간극, 시간적 '균열'이 그전보다 훨씬 더 벌
   어지게 된 거야.

Z 아! 두 요소의 '시차'가 더 벌어졌군요. 미스매치.

K 이런 '미스매치'는 은행권 내부자들에게 절대적으로 유
   리하게 돌아갔지. 그들은 장거리 가치 이동을 빠르게 하
   는 기술을 독차지하고, 장부라는 정보를 독과점할 수 있
   었으니까.

Z 캬~~! 정보를 조금만 빨리 알아도 아비트라지(arbitrage)
   로 큰 돈을 벌 수 있는데. 독과점까지 하면… 진짜 제대
   로 해먹었겠다~! 좋다~!

K 공간적인 또는 시간적인 정보 비대칭을 활용한 차익 거래는 막대한 수익을 가능케 하지. 그런데 말이야, 장부상으로 이뤄진 거래가 물리적인 금으로 정산되기까지는 최소 몇 달이 걸렸어. 자세히 보면, 정산을 못 하거나 안 하는 사태가 벌어질 수 있는 위험 부담이 많은 거래들이었다고.

Z 헉! 완전 신용거래군요. 잠깐! 매번 거래 때마다 금덩어리를 움직이지 못하면, 해당 거래 은행들이 어음을 사용했나요?

K 그렇지. 그 어음들은 일종의 유가증권이었지. 그러다 특정 분기마다 벌크로 결산을 할 때는 금을 수송하기 위해 무장 군인들을 동원했고.

Z 잠깐! 그러면⋯ 이때도 부분지급준비제를 했나요? 그건 문제가 되지 않았나?

K 물론 문제가 됐지. 그 당시에도 부분지급준비제가 아주 활발하게 이뤄졌지. 그래서 이를 자세히 살펴본 19세기 말 경제학자 윌리엄 스탠리 제번스(William Stanley Jevons)는 당시 은행권의 실제 금 보유율이 5% 정도라는 연구를 발표하기도 했지.

Z 헉! 전체 고객의 5%가 한꺼번에 출금 요청을 하면⋯

K 은행 시스템이 붕괴할 수 있다고 경고한 거야. 그러나 이런 지적은 사람들한테 씨도 안 먹혔어.

Z 그래서 19세기에 실제로 그런 뱅크런이 일어나서 은행 시스템이 완전 폭망했나요?

K 아니. 20세기 초에 그런 일이 벌어졌지. 제1차 세계대전이 일어났잖아?

Z 아, 1차 대전. 근데 아까 뭐? '상품이 국경을 넘지 못하면 결국 군인들이 넘는다'라는 말이 유행했다면서요? 그래서 서로 싸우지 않고 사이 좋게 잘 살기로…

K 사람들 기억이라는 게 원래 오래 못 가. 금방 잊어버려.

Z 헐.

K 전쟁이라는 건 경제적 이익 때문에 발생하는 무력 분쟁이지? 그게 침략이 됐든 방어가 됐든.

Z 대화로 합의를 못 하면 서로 죽기살기로 치고받는 거죠.

K 폭력적인 소통이지. 승자는 패자의 자원을 찬탈하고. 그래서 전통적으로 전쟁을 하면 정부는 세금을 징수해. 전쟁에서 승리하면 국부가 늘어난다는 전제도 있지만, 전쟁을 하려면 일단 돈이 필요하니까.

Z 사실 군입대나 군복무도 따지고 보면 세금이죠.

K 맞아. 세금 좋아하는 국민은 없어. 그래서 정부는 주로

채권을 발행해. 전쟁 채권.

Z 채권이라는 것도 누가 사 줘야 되는 거잖아요?

K 국채 발행에도 한계가 있을 수밖에 없지. 그러면 돈을 못 빌리는 정부는 어떻게 해? 돈을 그냥 마음대로 찍어내.

Z 헉!

K 영국 경제일간지 파이낸셜 타임스는 2017년 여름에 특이한 '정정 보도'를 냈어. 신문은 103년 전인 1914년, 당시 영국 정부의 전쟁 채권이 애국심에 불타는 국민들의 뜨거운 성원에 불타나게 팔려서 완판됐다는 국뽕 기사를 대서특필했어. 그런데 100년이 지나 발굴된 당시 문서들을 살펴보니, 1914년 기사는 전혀 사실이 아니었다는 거야. 영국 정부는 그 당시 3억 5천만 파운드 어치 채권을 발행했는데, 실제로 판매된 액수는 목표 액수의 1/3도 안 됐어. 알고보니, 영국 정부는 돈도 돈이지만, 체면을 차리기 위해서 꼼수를 썼어. 중앙은행 관리직 두 명 개인 명의로 나머지 2억 3천여만 파운드 어치 채권을 비밀리에 인수하게 했어. 물론 그 돈은 중앙은행 돈을 썼지.

Z 대박! 정부가 발행한 전쟁 채권을 정부가 몰래 사고 공식적으로는 없어서 못 판다고 개구라 절판 마케팅 사기

를 치고. 이건 뭐, 조작의 스케일이…

K 이게 양적완화의 원조라고 볼 수 있지.

Z 오… 그렇네요. QE라는 게 중앙은행이 국채 매입 등을 통해 시중에 유동성을 푸는 통화 정책이니까.

K 정부라는 집단은 전쟁 자금을 마련하기 위해서 별별 짓을 다 해. 아주 오래 전에는 금화나 은화의 순도를 낮춰서 찍어내는 방법을 썼듯이, 정부는 금본위제에서도 이런 짓을 서슴지않고 했어. 아니 더 쉽게 할 수 있었지. 화폐는 금에 대한 '어음'이니까.

Z 잠깐! 그러면 실제로 갖고 있는 금보다 더 많은 화폐를 뿌리면… 그건 사기 아닌가요? 화폐를 들고 가서 중앙은행에 금을 달라고 하면? 이런저런 핑계를 대며 지급을 늦추나?

K 아니. 아예 금을 안 줘. '이제부터 금 쓰지 말고 화폐를 써라. 어차피 정부가 보증하면 다 똑같은 거다'라고 일방적으로 선언하면서.

Z 완전 노염치. 노양심. 정부라는 게 사기꾼들이 아니라 아주 날강도 집단이네요.

K 어차피 화폐를 계속 찍어서 풀면 정부 입장에서는 늘어난 부채를 갚을 때도 훨씬 유리하니까. 부채의 실질 가치

가 떨어지잖아?

Z 근데 이게 뽀록나지 않나요? 영국이 이런 짓 계속 하면, 미국 같은 나라가 바로 알 수 있잖아요.

K 그렇지. 1차 대전 참전과 함께 영국 정부는 금 상환 중단 을 선포하며 금본위제에서 탈퇴해 버렸지. 금본위제를 유지하면 전쟁 자금을 마련할 방도가 없으니까.

Z 아니 금본위제라는 것도 국제 제도인데. 관련 국가들이 합의를 지켜야지. 멋대로 탈퇴하고 그러면…

K 그래서 1차 대전이 끝나자 유럽 전역에서 채무 불이행, 금 상환에 대한 디폴트가 난무했지. 한마디로 유럽의 참 전국들이 공수표를 남발했던 거야. 1차 대전을 치르며 영 국은 미국에게 막대한 빚을 졌어. 영국은 프랑스, 벨기에 같은 동맹국들에게 전쟁 비용을 엄청나게 빌려줬고. 그 런데 프랑스, 벨기에 같은 동맹국들은 무리한 전쟁 비용 지출로 국고를 탕진해서 영국에 진 빚을 갚을 수가 없어. 잠깐 생각해 봐. 나라마다 없는 돈을 만들고 무리해 빚까 지 져가면서 2천 2백만 명이 죽는 미친 짓을 한 거야.

Z 헐…

K 그래서 최종 채권자인 미국의 묵인 하에, 연합국은 '전범 국' 독일에게 막대한 배상을 청구했지. 1차 대전에서 패

한 독일은 울며 겨자 먹기로 어쩔 수 없이 합의했고.

Z 베르사유 조약.

K 물론, 1차 대전 이후 세계 경제 패권 국가로 등극한 미국
은 전후 독일 재건을 돕기 위해 단기 자금을 빌려주기도
했어.

Z 미국에는 포탄 하나 안 떨어지고, 전쟁은 유럽 대륙에서
다했으니.

K 1920년대 호황은 미국의 부를 입증하고 과시하는 시대
였어. 그 시절 미국은 '풍요' 그 자체였으니까. 과학기술
발전으로 생산성이 빠르게 향상됐고, 대량생산이 보편
화 되면서 많은 산업들이 번창했지. 미국 전역에 전기 보
급률이 늘어났고, 이에 따라 가전제품 소비가 급증했지.
1차 대전 이전에는 사치품이었던 승용차를 1920년대에
는 일반인들이 소유하는 시대가 됐어. 그때 불타나게 팔
린 차가 포드 모델T야. 자동차가 많아지면서 도로 건설
같은 사회 인프라 사업도 활발히 이뤄졌어. 그리고 후불
제라는 소비 문화도 1920년대에 시작됐지. 지금 사고 나
중에 지불하는 방식이 그때 처음 보편화됐으니까. 유성
영화가 처음으로 선보였고, 특히 라디오의 대중화로 '라
디오 시대'가 열렸지. 항생제 페니실린도 1920년대에 발

명됐어. 경제는 팽창하고 돈이 넘쳐 나니까 문화 예술도 번창했지. 아르데코, 패션, 건축, '잃어버린 세대'로 알려진 문호들, 재즈의 대중화. 그야말로 흥청망청 돈을 쓰는 소비자의 시대, 광란의 시대였지.

나는 잠시 머릿속으로 영화 〈위대한 개츠비〉가 그린 1920년대 미국을 상상했다.

Z 그저 부러울뿐입니다. 저는 왜 그런 시대를 구경도 못 하는 팔자를 타고났는지… 근데 그때가 금주령 있던 시기 아닌가요? 넷플 드라마 보면 나오던데.

K 어. 1920년부터 1933년까지 시행된 금주령은 오히려 유흥 산업을 더 음성화하고 지하 경제를 더 발달시켰지. 마피아 같은 조폭들도 그때가 호황이었어.

Z 아니, 근데 어떻게 법으로 술을 못 먹게 해?

K 아! 미국의 금주령은 술을 못 먹게 하는 법은 아니었어. 주류의 생산, 판매 그리고 유통을 금지하는 법이었지. 술을 소유하거나 음주 자체는 불법이 아니었어.

Z 헐… 그게 더 황당하네.

K 종교적인 영향이 컸지. 도덕적 명분으로 인간의 본능을

억제하는 법을 만드는 건 거의 불가능한 일이야. 바람직하지도 않고. 과거에도 그렇고, 지금도 그래. 그게 술이 됐든 부동산이 됐든.

Z   어차피 그 시절에도 있는 사람들은 다 마셨잖아요.

K   물론이지. 그리고 1920년대는 돈이 넘쳐나는 시대였는데, 그럼 그 많은 돈이 다 어디로 몰렸을까?

Z   부동산? 아니 주식!

K   그렇지. 경기가 좋으면 주가도 덩달아 오르지. 1920년대 이전에는 주식투자는 뉴욕 부유층들의 여가생활에 가까웠어. 그런데, 라디오와 전화가 대중화되니까, 이제는 전 국민이 주식에 관심을 갖게 된 거야. 연예인들부터 옆집 아줌마들까지 투자로 갑부가 됐다는 소문이 퍼지며 주식 광풍이 미국 전역에 불었지. 이걸 노린 증권사들은 미국 전역에 지점을 열고 투자자들에게 돈을 빌려주기 시작했지.

Z   빚투.

K   1920년대 호황이 빚투의 원조라고 할 수 있지.

Z   얼만큼 대출이 됐어요? 레버리지가?

K   믿기지 않겠지만⋯ 900%.

Z   네?!?!

K 어. 1천달러로 주식을 사면, 그 주식을 담보로 9천달러를 바로 대출해줬어.

Z 미친 거 아냐?! 그게 말이 돼?!

K 그렇게 위험한 마진 거래 계좌가 1920년대에 60만 개가 넘었어.[1] 팩트야.

Z 오 마이 갓!

K 생각해 봐. 1천달러 들고 9천달러 대출로 1만달러 투자해서 주가가 얼마 안 지나서 두 배가 돼. 그러면 2만달러니까 20배가 되는 것이지. 이런 장이 수 년 간 이어진 거야. 그러니까 너도 나도 묻지마 투자 광풍에 올라타게 되지.

Z 부럽다…

K 그런데… 1920년대의 주식시장은 소수 월가 내부자들의 짜고 치는 게임이었어. 지금 기준으로 보면 주식시장이라고 볼 수도 없을 정도로 너무나 허술하고 위험했지. 내부자들의 정보 독과점은 말할 것도 없고, 내부자 거래라는 개념 자체가 없을 정도로 억만장자들과 주식꾼들의 노름판이었지. 그 시절엔 SEC[2]도 없었어. 심지어 1920년

---

1 론 처노(Ron Chernow)는 1990년 저서 <금융제국 J.P. 모건>(The House of Morgan)에서 1920년대 미국 주식시장의 마진 거래와 주가 조작에 대해 상세히 서술함.

2 Securities Exchange Commission: 미국 증권거래위원회. 1929년 주식시장 붕괴 한참 후인 1934년에 설립.

피아트 피아스코

대 후반으로 접어들면서 과열된 시장이 위험한 버블이라는 걸 아는 사람들조차도 조금 더 재미를 보겠다고 시장에 들어 갔으니까.

Z   그 심정 공감합니다. 주식도 중독되면 내가 먹고 빠질 때까지 장이 괜찮을 것 같다는 근거 없는 신념이 생기죠.

K   결국 1929년 10월에 역사상 최악의 대폭락이 일어났지. 이 세상에 영원한 파티, 영원한 호황이라는 건 없어.

Z   1929년 대폭락. 어느 정도였어요?

K   단기간에 약 50% 정도가 빠지고, 몇 년 내에 80%이상 빠졌지.

잽싸게 검색해 봤다. 1929년 대폭락으로 다우지수는 2개월만에 381에서 198로, 그리고 1932년에는 다우지수가 41까지 내려갔다.

Z   10월 대폭락으로 2개월만에 반토막. 개미들은 개털렸네. 아니 개망했네. 마진 콜.

K   반토막 되기 전에 주가가 10%만 빠져도 수많은 마진 계좌들은 다 청산됐지.

Z   그쵸. 투자의 90%가 주식 담보 대출이면… 와… 그러면

장은 더 곤두박질쳤을 거고.

K 대폭락은 개인, 기업 할 것 없이 미국 경제를 초토화시켰
지. 왜? 온 나라가 주식에 미쳐있었잖아. 블루칩들은 폭
락. 중소기업들은 파산. 시장이 붕괴되면서 상폐가 이어
졌고, 부실 대출로 금융 기관들 특히 은행들이 위험해졌
지. 아직도 1920년대 투자자들이 부러워?

Z 흠… 솔직히… 저 같은 사람은 불행히도 그런 흥청망청
돈을 뿌리는 호황을 1년도 못 누려 봤네요. 지금으로부
터 100년 전 사람들이 제대로 욜로한 것 같습니다.

K 하하하. 그렇게 느낄 수도 있겠네. 그런데, 쾌락은 짧고
인생은 길어. 여튼… 대폭락은 바로 대공황으로 이어졌
지.

Z 대공황.

K 1929년 대폭락의 원인에는 무리한 레버리지 빚투 외에
도 과잉 생산, 주가 거품, 패닉 매도 등 다양한 요소들이
있었듯이, 대공황 역시 1929년 대폭락 외에도 다른 원인
들이 많았어.

Z 뱅크런.

K 어. 경기가 급격히 안 좋아지고 기업 연쇄 부도가 이어지
자, 1930년부터 몇 차례에 걸쳐 뱅크런이 일어났지. 그

때만 해도 FDIC[3]가 없었어. 1933년이 되면서 시중 은행 절반 가량이 문을 닫았고, 실업자는 1천 5백만 명에 다다랐지. 그 당시 미국 노동 인구의 30프로야.

Z 와… 그 정도면… 사람들 굶어죽었겠네.

K 그래서 〈분노의 포도〉 같은 소설들이 나왔지. 몰라? 스타인벡?

Z 들어본 거 같아요.

K 중요하지 않아. 여튼, 호황을 누리던 1920년대부터 미국 경제는 과잉 생산과 과잉 공급이라는 문제가 싹트고 있었어. 그런데, 대폭락과 뱅크런까지 진행되자, 디플레이션(deflation)이 발생했지.

Z 수요가 확 줄어들었으니.

K 경제가 망가지면서 1930년부터 1933년까지 미국 물가가 연 평균 7%씩 하락했어.

Z 쿤쌤. 근데 디플레이션이 꼭 나쁜 건가요? 물가가 내려가면 좋은 거 아닌가요?

K 단기적으로는 그렇게 볼 수도 있지만, 어차피 대공황 때는 소비자들 다수가 돈이 없었기 때문에 디플레이션 혜택도 일부 계층에 제한적이었어. 과잉 공급이나 수축된

3 Federal Deposit Insurance Corporation: 연방예금보험공사.

수요로 물가가 내려가면, 물건을 파는 기업들은 나락으로 가지. 고용시장도 아주 안 좋아지고. 디플레이션의 큰 문제는 부채의 실제 가치가 상승하고 소비와 투자를 억제한다는 거야. 화폐 구매력이 계속 올라가니까. 이미 돈을 빌려서 빚을 졌던 사람들은 미래가 정말 암울해지고, 현금 가진 사람들은 돈을 쓰지 않으니까 경제 침체가 가속되지.

Z 사람들이 현금을 꿍쳐 놓고 안 쓰면 그것도 큰 문제네. 경제에 돈이 안 돌고.

K 대공황 초기 디플레이션으로 가장 타격이 컸던 분야는 농업이었어. 농작물 값이 갑자기 확 떨어지면서 농부들은 하루아침에 빈곤층이 됐지.

Z 잠깐! 그때 연준은 뭘 한 거예요? 중앙은행이 은행들의 '최종 대출자'라면서요.

K 미국은 대공황 이전에도 19세기 말 20세기 초 경제공황이 몇 번 있었어. 모두 은행권에서 시작된 위기였지. 그래서 1913년에 체계화된 연방 중앙은행이 만들어졌어. 그러면… 1930년대 대공황 때는 연준이 왜 은행권 부도 사태를 막지 못했나? 간단한 답은 연준이 일을 제대로 안 한 거야. 1929년과 1933년 사이에 미국 총 통화량

M2[4]는 1/3이 줄었어. 그리고 미국 내 은행들의 숫자 역시 1/3이 줄었어. 숫자는 거짓말을 안 해. 훗날 경제학자 밀턴 프리드먼(Milton Friedman)이 연준이 본업에 충실했다면 대공황은 불황으로 끝날 수 있었다고 주장하는 근거야. 맞는 말이지. 단순하게 생각해. 디플레이션이라는 건 돈을 찍고 풀어서 잡을 수 있잖아?

Z 근데 그때 돈을 왜 안 찍었어요?

K '안 찍었다'기보다는, '못 찍었다'에 가깝지.

Z 아니 왜요?

K 금본위제.

Z 아! 금이 늘어나지 않는 이상 화폐를 함부로 찍어낼 수 없구나. 금본위제를 잠시 중단하면 안 되나요? 경제가 개박살 나고 있는데.

K 맞아. 위기 상황에서는 빠르고 유연하게 대처해야 되는데 당시 미국 행정부는 그러질 못했어. 미련하고 아둔했어.

Z 그럼 정부 개입이 아예 없었어요? 그 난리 통에?

K 개입했지. 그런데 아주 멍청한 방법으로 개입했지. 농산물을 포함한 수입품에 대한 관세법을 통과시킨 거야. 그

---

4 M2는 '광의통화'다. 현금, 적금, 예금, 현금화 가능한 모든 자산을 포함하는 넓은 범위의 통화량.

러니까 어떻게 돼?

Z 영국이나 유럽에서 보복 관세를 때렸겠죠. 무역 전쟁. 아니 그 시절에도 자유무역에 대한 이익을 다 알고 있었을텐데, 어떻게 그런?

K 다 알고 있었지. 포드 창업주 헨리 포드(Henry Ford)가 '경제적 우둔함'이라고 비판한 관세법안이 의회를 통과하자, 미국 경제학자 천여 명이 대통령에게 거부권을 행사하라고 청원했지. 하지만, 우매한 허버트 후버(Herbert Hoover)대통령은 보호무역만이 위기에 몰린 미국 경제를 살릴 방안이라고 확신했지. 그렇게 만들어진 1930년 관세법은 대공황을 미국에서 전 세계로 확장시키는 결정타가 됐어. 1929년부터 1934년 사이에 국제 무역 규모는 1/3로 줄어들었어.

Z 세계 경제라는 게 다 서로 물고 물려서 엮여있으니.

K 미국이 1차 대전 패전국 독일에게 빌려준 자금도 대공황의 영향을 크게 받았지. 1929년 대폭락으로 자금난에 빠진 미국 은행들이 독일의 단기 채무를 다 회수했으니까.

Z 그래서 독일은 어떻게 됐어요?

K 재건 중이던 독일은 다시 극심한 경제난에 빠졌지. 1933년에는 실업자 수가 6백만 명을 넘었어. 그 당시 독일 인

구 1/3이야. 그리고 1933년에 누가 독일 수상이 됐지?

Z 네? 아…! 히틀러(Adolf Hitler)!

K 경제가 망가지면 궁핍해진 사람들은 분노를 분출할 대상을 찾지.

Z 탓할 대상을 찾죠. 외롭고 불안하면 패거리에 편승하고 싶고. 뭔지 알아요.

K 그런 현상을 기회주의적인 정치인들이 포착해서 활용하지. 극단주의는 그렇게 탄생하는 거야. 나치당도 투표로 선출됐잖아?

Z 빡친 대중의 분노로 권력 잡는 징치인들. 옛날 얘기로만 들리지 않네요. 아니 남의 나라 얘기 같지 않네요.

K 1차 대전 때 전쟁 자금 마련을 위해 금본위제를 버렸던 영국은 1925년부터 다시 금본위제를 시행했어. 그러다 대공황이 터지고, 독일은 물론이고 유럽 전체 은행권이 빠르게 망가지는 걸 보고, 영국은 1931년에 또다시 금본위제를 포기했지. 영국이 금본위제를 빨리 버린 데는 존 메이너드 케인스(John Maynard Keynes)라는 경제학자의 영향이 컸어. 케인스는 기본적으로 정부는 빚을 내서라도 필요시 적극적으로 시장에 개입해서 총수요를 올리는 게 거시경제를 살리는 유일한 길이라고 신봉했어. 아직

도 많은 나라 정부와 공무원들은 케인스를 추종하지.

Z 아, 정부와 공무원의 존재 이유를 미화하고 설파한 인물
이라서? 자신들이 중요하다고 스스로 자기 최면을 걸고
합리화하는 데 필요한 인물이라서?

K 여튼, 1933년 정권 교체로 미국 대통령이 된 FDR(Franklin
Delano Roosevelt) 역시 케인스의 처방을 채택했지. 취임
직후, FDR은 통화 정책을 자유롭게 쓰기 위해서 금본위
제를 포기했어. FDR은 미국 국민들이 그 당시 시가 100
달러 이상의 금을 소유하지 못하게 명령하며, 그 이상의
금을 보유한 개인들은 미국 정부가 정한 시세로 교환하
게 만들었지. 이걸 지키지 않는 이들은 기소되고 구속됐
어. 실제로 그런 사례들도 많았고.

Z 세상에… 아니 아무리 그래도, 개인이 가진 금은 사유재
산인데… 그게 말이 돼요?

K 정부라는 집단이 원래 그래. 공산당만 사유재산을 압수
하는 줄 알았지? 세상의 모든 정부는 합법적인 폭력을
동원해서, 시민들의 재산을 가져갈 수 있어. 유례 없는
경제대란이 덮치고 은행들이 줄줄이 파산되는 걸 본 후,
달러가 아닌 금을 쟁여 놓기 시작했던 미국인들 사이에
서 이러한 조치에 반발이 없었던 건 아니야. 그래도 시국

이 시국이었기에, 큰 무리 없이 FDR의 행정명령은 집행됐지. 아, 물론 FDR이 이 외에도 의미 있는 정책들을 많이 펼쳤어. 은행과 금융권 개혁을 위한 규제를 정착시키고, 정부 지출을 늘려 사회적 안정망과 복지를 확대하고, 적극적인 재정 개입으로 대공황에 빠진 미국을 살려내기 위해 혼신을 기울였지.

Z 그래서 그런 정책들로 대공황에서 탈출했군요.

K 음… 꼭 그렇다고 볼 수는 없지. 미국 경제는 1930년대 중후반까지 어려웠으니까.

Z 그러면 미국은 대공황에서 어떻게 빠져나올 수 있었어요?

K 전쟁. 제2차 세계 대전.

Z 대박…!

K 유럽과 아시아에서 터진 전쟁으로 군수 물자 수요가 급증하면서, 미국은 생산량을 늘려서 고용을 확대할 수 있었지. 대공황이 악순환으로 시작됐다면, 2차 대전은 미국 경제가 선순환하는 시발점이 됐지. 전쟁은 미국 경제한테 말 그대로 '신의 은총'이었어.

4. 정글의 법칙.

The Law of the Jungle

K 정글에 사는 800파운드 고릴라는 어디에서 잘까?

Z 네? 그게 무슨 말씀이세요?

K 아무데서나. 800파운드 고릴라는 때와 장소 상관없이 지 마음대로 지가 좋아하는 장소에서 잘 수 있어.

Z 헐…

K 1944년 여름. 미국 북동부 뉴햄프셔주에 있는 브레턴우 즈(Bretton Woods)라는 시골 마을에서 연합국 경제 관료들 이 모였어. 바로 한 달 전, 노르망디 상륙작전 성공으로 2차 대전 승기를 잡았다고 판단한 그들은 전후 세계 경 제 체제를 구상하기 시작했지.

Z 어디요? 뉴햄프셔? 아니 왜 그런 시골에서…

K 여름이었고, 워싱턴과 뉴욕은 너무 더웠어. 그래서 미국 대통령 FDR이 선선한 뉴햄프셔에서 개최하라고 했어.

고릴라 마음이야.

Z 아, 네.

K 그들이 모인 목적은 전후 재건과 세계 경제 발전을 위한
   국제 통화 체제를 만들기 위해서였지. 과거 대공황 시절
   의 교훈으로 무역 전쟁과 국가 간 환율 경쟁은 어느 누
   구에게도 이익이 되지 않는다는 걸 잘 알고 있었으니
   까. 영국은 각국이 출자한 자산으로 중립적인 청산 연합
   (Clearing Union), 즉 세계 중앙은행을 만들자고 제안했고,
   미국은 금본위제에 미국 달러를 고정시키고 다른 국가들
   의 화폐들을 각기 달러에 고정시키는 체제를 제안했지.
   결국 미국안이 채택됐고, 이게 브레턴우즈 협정이야.

Z 브레턴우즈. 잠깐, 근데 환율을 달러에 고정시키면, 다른
   나라들이 통화 정책을 자유롭게 못 하잖아요?

K 달러와 고정환율 변동치는 플러스 마이너스 1% 여유를
   뒀지만, 문제가 될 수 있는 부분들을 보완하기 위해 IMF[5]
   라는 기관을 설립했지. 그리고 전후 재건을 위해 IBRD,
   이제는 이름이 세계은행(World Bank)으로 바뀐 기관, 역시
   그때 만들어졌고.

Z 그래도 좀 이상한데… 이걸 다른 나라들이 다 받아들였

---

5 International Monetary Fund: 국제통화기금.

다고요?

K 소련은 미국 달러 종속을 거부하고 브레턴우즈 협정에
  서 빠졌어. 그리고 소련은 향후 국제 무역을 모두 금으로
  결제했지. 그래도 미국은 별로 아쉬 울 게 없었어. 2차
  대전으로 초강대국으로 우뚝 선 미국은 그 당시 전 세계
  금의 2/3정도를 보유한 거대한 고릴라였으니까.

Z 헉. 그럼 브레턴우즈 체제가 미국한테 절대적으로 유리
  했나요? 기본적으로 금본위제로 복귀했으니까? 미국은
  세계에서 금이 제일 많고 달러 역시 기축통화 역할을 하
  고…

K 그렇다고 볼 수도 있지. 단기적으로는 미국 정부가 원하
  는 안정적인 세계 경제 체제가 설립된 거였지. 그리고 브
  레턴우즈 협정 덕분에 전후 세계 경제가 안정적으로 성
  장할 수 있었던 것 역시 사실이야. 그런데 브레턴우즈 협
  정에는 몇 가지 규칙이 있었어.

Z 규칙? 고릴라가 만든 규칙?

K 어. 미국 국민들은 여전히 금을 소유할 수 없었고, 심지
  어 그들이 소유한 달러로도 미국 정부에 금을 청구할 수
  없었어. 오직 다른 나라의 중앙은행들만 미국 정부에 달
  러를 주고 금으로 바꿔갈 수 있었지.

Z 좀… 이상한데요.

K 좀 이상하지? 1960년대에 미국 정부는 재정 적자를 연발하며 부채가 늘어났어. 베트남에서 장기간 전쟁을 하고, 사회 복지 제도를 확장하면서 돈을 많이 썼으니까. 돈이 많이 풀리면 달러가 늘어났을 거 아니야? 그런데, 금본위제라는 건 달러와 금의 고정환율이 이미 성해져 있어. 그러면 실제로는 달러가 점점 금보다 약해지고 있는데, 예전과 동일한 환율인 기형현상이 일어나게 되지. 이걸 눈치챈 프랑스 같은 나라들은 1960년대 중반부터 자신들이 보유한 달러를 미국 정부가 가진 금으로 교환했지.

Z 금본위제를 시행하고 있으면, 보유한 금만큼 달러를 공급해야 되는 거 아닌가요?

K 이론상 그렇지. 그런데 앞서 말했듯이 돈이라는 건 은행에서 은행을 거치면서 늘어나고 '창출'되잖아?

Z 아, 부분지급준비제! 또 그게 문제구나!

K 그렇지. 그리고 미국 정부가 보유한 금 역시 부분지급준비제로 관리를 한 거야. 1950년부터 1970년까지 미국 달러 총 통화량 M2는 3배로 늘었는데, 미국 정부가 보유한 금은 계속 줄어갔어. 외국 정부들이 달러를 주고 금을 계속 교환해 갔으니까. 여기에 문제를 악화시킨 건, 이제는

절대적인 기축통화가 된 달러는 미국 밖에서도 통화량
이 계속 늘어나고 있었어.

Z 와! 미국 정부가 완전 공수표를 날린 거네. 그래서 어떻
게 됐어요?

K 뭘 어떻게 돼? 1971년 여름에 리처드 닉슨(Richard Nixon)
미국 대통령은 금본위제를 그만하겠다고 일방적으로 선
언해버렸지. 이게 흔히 말하는 '닉슨 쇼크'야. 그렇게 금
본위제 기반 브레턴우즈 협정은 무효화됐지.

Z 헉. 진짜 800파운드 고릴라 마음대로구나.

5. 달러의 재활용.

Recycling the Dollar

K 저리 자금(Cheap Money)! 재선을 1년 앞둔 미국 닉슨 대통령이 연준의장과 재무장관에게 누차 강조한 기조야. 1960년대의 누적된 재정 적자, 늘어난 국가 부채, 금본위제로 제한된 통화 정책 등으로 미국 경제는 죽을 쑤고 있었지. 하지만 닉슨은 재선을 위해서는 수단과 방법을 가리지 않는 정치인이어서 인플레이션을 감수하더라도 무조건 돈을 싸게 풀어서 고용을 늘려야 된다고 참모들에게 지시했어.

Z 실업률보다는 인플레이션? 그렇게 단순하게 양자택일이 가능한 건가요?

K 그 시절에는 그걸 진리처럼 믿었지. 물가를 잡으면 고용이 내려가고, 돈을 풀면 물가가 올라도 고용이 창출된다고. 무엇보다 고물가의 고통은 일자리가 넉넉하면 버틸

수 있다고 믿고 싶은 게 많은 정치인들의 성향이야. 그
런데, 1970년대는 저조한 성장과 함께 물가와 실업률이
같이 오르는 스태그플레이션(stagflation)이 가능하다는 걸
입증한 10년이 됐지. 그 시기를 '위대한 인플레 시대'라
고도 불러.

Z 아니 도대체 얼마나 위대했길래…

K 그때는 일반 미국인들은 다음 해가 아닌 다음 달을 걱정
하면서 살아야 했어. 물가가 두 자릿수로 오르고, 일반
식료품 가격이 급등해서 서민들이 소고기 소비를 줄여
야 되는 기이한 현상까지 일어났지.

Z 오 마이 갓! 미국인들은 소고기를 먹기 위해 태어난 이
들 아닌가? 걔네들에게 소고기는 생명의 근원인데…

K 그러니까. 구매력이 떨어진 달러와 불안한 고용시장으
로 삶이 피폐해진 미국인들에게 '아메리칸 드림'이라는
환상은 박살났지. 미국 정부에 대한 신뢰는 바닥으로 떨
어졌지.

Z 대통령 한 번 더 해먹겠다고… 나라 경제를 싸그리 말아
먹었군요.

K 미국뿐 아니라 전 세계에 타격을 줬지. 더 웃긴 건, 그렇
게 온갖 무리수를 써서 재선에 성공한 닉슨은 얼마 안 지

나 워터게이트 스캔들로 임기도 못 마치고 결국 쫓겨나 듯이 사임했어.

Z 헐. 재무장관이야 그렇다 치더라도 중앙은행을 책임지는 연준의장은 대통령으로부터 독립적인 기관장 아닌가요?

K 이론적으로는 그렇지. 실상은 안 그래. 1970년 닉슨에 의해 임명된 연준의장 아서 번스(Arthur Burns)는 대통령 의 정권 재창출을 위해 느슨한 통화 정책을 유지했어. 그 대신, 닉슨은 브레턴우즈를 사실상 폐기한 '닉슨 쇼크' 담 화에서 물가의 안정을 위해 미국 내 임금과 가격을 일정 기간 동결한다고 발표했어.

Z 아니 자유 시장 경제를 표방하는 미국에서? 사람들이 가 만히 있었어요?

K 오히려 미국 국민들은 열렬히 환호했어. 대통령이 경제 를 살린다고. 실제로 대선 때까지 물가는 안정되는 것 같 았고, 주가도 좀 올랐어. 그래서 1972년 선거에서 닉슨 은 압승했지. 그렇게 닉슨 행정부와 연준의 야합으로 제 조된 일시적인 처방전은 성공적인 것 같았어. 하지만 곧 약발이 떨어졌지. 1973년부터 인위적으로 눌러놨던 인 플레이션이 다시 솟구쳤어. 그런데 이 와중에도 연준은 금리를 올리지 않았어.

Z 아니 왜? 선거도 이겼는데.

K 금리를 올리면 맥 빠진 경제를 더 수축시킨다고 믿었지. 인플레이션이 얼마나 무서운 괴물인 줄 모르고 안이했던 거야. 그러다, 1973년 가을 중동에서 이스라엘과 아랍권 사이에 '제4차 중동전쟁'이 일어났지. 이게 '제1차 오일쇼크'의 발단이 됐어.

Z 오일쇼크?

K 사우디랑 아랍 산유국들이 이스라엘에 군사 지원을 하는 미국에 석유를 수출하지 않기로 한 조치가 1차 오일쇼크.

Z 헐. 원유를 갑자기 끊어버리면, 미국 경제가 제대로 돌아가요?

K 어렵지. 오일쇼크 당시 미국 내 휘발유 값은 3배 이상 급등했지. 물가는 더 천정부지로 오르고. 생산성은 급격히 저하됐지. 그렇지 않아도 비실대던 미국 경제는 더 깊은 불황의 늪으로 빠졌고. 다급해진 닉슨은 토요일 밤과 일요일에는 휘발유 판매를 자제하라고 권고했고, 주유소의 줄은 한없이 늘어졌어. 기름이 떨어진 주유소들도 속출했고. 심지어 정부는 연말에 미국인들에게 크리스마스 전기 장식을 자제하라는 발표까지 했어. 유럽의 많은

국가들은 아예 일요일에는 일반 개인의 차량 운전을 금지시켰고, 스웨덴 같은 나라는 일시적이었지만 기름을 배급하는 체제로 갔지.

Z 유럽도?

K 유럽 몇몇 국가 그리고 일본도 포함됐어. 전쟁에서 이스라엘을 지원하고 지지한 모든 나라들에 대한 아랍 산유국들의 보복 조치였으니까.

Z 원유가 나오는 중동이 갑이네.

K 오일쇼크로 경제 모든 분야가 타격을 입었지만, 미국 자동차 산업은 직격탄을 맞았지. 오일쇼크 이후로 미국산 대형차들은 소비자들의 외면을 받고, 일본산 소형차들이 각광을 받기 시작했지. 그때까지 없었던 연비에 대한 인식이 사회적으로 퍼졌으니까. 미국 에너지부 그리고 전략적 석유 보유고도 그 시절 다 생긴 거야.

Z 그래서 석유파동은 어떻게 해결됐어요?

K 미국이 이집트와 이스라엘의 종전 협상을 조속히 타결시켰지.

Z 결국 진정한 갑은 미국이네.

K 중동발 오일쇼크는 반 년도 안 돼 해결됐지만, 그로 인한 경제적 여파는 어마어마 했고 꽤 오래갔어. 닉슨 정부 공

화당 정치인들은 1970년대의 스태그플레이션의 원인으로 오일쇼크와 1960년대 집권했던 민주당 정권을 탓했지만, 1970년대의 경제 참사는 정권과 통화 정책의 야합이 만들어낸 결과물이었어.

Z 민주주의의 승리였네요. 그 시절 미국 정치도 참…

K 음… 꼭 그게 그 시절 미국 정치만의 문제는 아닐 거야.

Z 하긴 권력에 미친놈들이 하는 짓거리는 어느 나라나 똑같죠.

쿤쌤이 나를 진지하게 쳐다봤다.

K 인간이 권력을 가지면 원래 그래. 그러니까 옳고 그름의 문제로 판단하기보다는 인간 본능에 가깝다고 보는 게 맞지 않을까?

Z 그러면…… 사람을 믿지 말라는 말씀이신가요?

K 그보다는, 인간의 욕망이나 본성은 자연의 법칙과 비슷해서 쉽게 바뀌지 않는다는 말이겠지. 몇몇 사람에게 너무나 많은 권력과 재량이 집중되면, 1970년대 미국과 비슷한 일은 언제 어디에서나 반복될 수 있어.

Z 하긴, 인간이라는 동물이 나약하고 사악하죠.

K 여튼, 석유를 무기화한 아랍권의 집단 행동을 계기로 전 세계는 에너지 안보와 대안 에너지에 대해 진지한 고민을 시작하게 됐어.

Z 에너지 공급원의 다각화. 원전, 재생 에너지, 재활용…

K 그렇지. 그런데, 미국 정부는 에너지 재활용보다는 달러의 재활용에 더 관심을 가졌어.

Z 그게 무슨 말이죠? 달러를 재활용?

K 그 이야기를 하려면 미국과 중동 관계를 먼저 짚고가야 돼. 미국과 중동 관계는 단순하면서도 아주 복잡해. 1930년대부터.

Z 1930년대요?

K 아람코(Saudi Aramco)라는 회사 알지?

Z 사우디 국영 석유회사.

K 그 회사가 지금은 지분 90% 이상을 사우디 정부가 갖고 있지만, 원래는 1930년대에 미국-사우디 합작으로 설립된 회사야. 그래서 이름도 아랍 아메리카를 따서 아람코. 여튼, 두 나라는 2차 대전 이후부터 더 가까워졌지. 미국은 사우디로부터 안정적으로 석유를 공급받고, 사우디는 미국으로부터 군사적 보호를 받는 관계로.

Z 미국은 석유를, 사우디는 무기를. 심플하고 합리적이

네요.

K 1960년대 중후반까지 미국은 사우디를 포함한 중동에 무기를 그렇게 많이 팔지 않았어. 미국 입장에서는 그렇지 않아도 역사적으로 문화적으로 분쟁 요소가 많은 중동 지역을 화약고로 만들고 싶지 않았으니까. 중동에서 무력 충돌이 없어야 안정적으로 석유를 공급받을 수 있잖아? 그런데, 1967년에 이스라엘과 아랍 국가들 사이에 전쟁이 일어난 거야.

Z 아까 1973년이라고 하지 않으셨어요?

K 1973년 전쟁은 제4차 중동전쟁, 일명 '욤키푸르 전쟁'. 1967년은 제3차 중동전쟁, 일명 '6일 전쟁'.

Z 헉! 도대체 거기는 전쟁을 몇 번이나 한 거예요?

K 자잘한 충돌까지 합치면 너무 많지.

Z 하긴 이스라엘은 요즘도 다중 전선으로 전쟁 중이죠.

K 제3차 중동전쟁으로 미국은 입장이 뻘쭘해졌지. 2차 대전 후 설립된 신생국 이스라엘을 가장 먼저 승인하고, 지지하고, 후원한 나라가 미국이야. 그런데 미국에게 석유를 공급해주는 아랍권이랑 총질을 하는 상황이 벌어졌으니까. 그래도 그때는 얼추 넘어갔어. 전쟁 자체가 워낙 빨리 끝났으니까. 그리고 몇 년 잠잠하다가, 제4차 중

동전쟁이 터진 거야. 이번에도 대놓고 이스라엘을 지원하는 미국을 본 사우디와 아랍권은 오래 묵은 감정이 폭발했지. 그게 석유파동으로 이어진 거고.

Z 빡칠 만하네. 미국의 열렬한 이스라엘 사랑⋯ 그건 왜 그래요?

K 적나라하고 단순한 답은 돈이야. 미국 내 유대인들의 금융 파워. 20세기 중반부터는 미디어 언론 그리고 이제는 세계를 움직이는 빅테크 기업들을 가진 유대인들의 영향력은 어마무시하지.

Z 역쉬. 돈이 힘이네. 이스라엘은 산유국도 아닌데.

K 그건 어쩔 수 없지. 신이 모세한테 '약속의 땅'이라고 알려줘서 목숨 걸고 찾아가서 정착했는데, 젖과 꿀은 흐르는지 모르지만, 기름은 한 방울도 안 나오는 걸 어떡해?

Z 그 동네에서 그런 땅도 드문데. 유대인들이 신의 선택을 받은 건 확실한가요?

K 여튼, 1974년 7월 미국은 사우디와 극비에 협약을 맺어. 사우디가 세계 시장에 파는 모든 석유는 달러로 결제하고, 사우디는 그 수익금으로 미국 국채를 매입한다는 조건이었지. 이게 '페트로달러 리사이클링'(Petrodollar Recycling)이야.

Z 리사이클링? 재활용? 캬~ 미국이 석유를 사기 위해 사우디한테 지불한 돈을 다시 바로 빌리는 거네요. 대박!

K 페트로달러 리사이클링은 산유국들이 석유 수출로 축적한 달러를 재투자 하는 순환 구조를 만들어 국제적으로 달러 수요를 안정화시키고, 기축통화 달러의 위상을 확고히 다졌지.

Z 그럼 사우디는요?

K 사우디 입장에서도 나쁘지 않지. 어차피 석유는 그때까지도 달러로 팔았고. 그 돈 일부를 미국에 투자하는 건데, 미국 정부 채권은 세계 시장에서 가장 안정적인 증권으로 여겨지니까. 미국이 망하지 않는다는 믿음이 있잖아? 그리고, 미국과 장기적으로 *끈끈한* 관계를 유지하면 사우디는 미국의 군사적 지원을 받을 수 있으니까.

Z 군사적 지원?

K 미국의 첨단무기 판매.

Z 와~! 미국은 안정적인 에너지 자원 공급을 보장받고, 미국 재정 적자와 부채 증가도 해결하고, 무기를 팔아 중동에서 미국 영향력을 강화하고, 달러 패권까지 유지할 수 있는… 이건 뭐, 미국만 계속 남는 장사네. 미국이 아닌 다른 나라들은 사우디 원유를 사려면 달러를 써야 되고,

달러 수요는 에너지 수요와 맞물려 전 세계적으로 늘어나고. 캬~~!!! 완전 천재적인데요. 닉슨도 바보는 아니네요.

K 닉슨의 국무장관 키신저(Henry Kissinger)의 전략이었지.

Z 오~! 근데… 사우디는 뭔 무기가 그렇게 많이 필요해요?

K 사우디와 중동 패권 다툼을 하는 이란 때문이지. 주요 산유국인 이란은 사우디 인구의 두 배인데 자원은 더 다양하고 풍부해.

Z 거기는 아랍권 아니죠? 인종이 다르지 않나?

K 이란은 아랍인이 아니고 페르시아인이지. 둘은 언어도 완전히 달라. 서로 말도 안 통해. 한국이랑 일본처럼.

Z 그래도 같은 이슬람 아닌가요?

K 종파가 달라. 사우디는 수니파고 이란은 시아파야. 두 종파는 교리와 문화가 달라.

Z 인종도 언어도 종파도 다르면, 둘이 잘 지내기 쉽지 않겠네요.

K 이란은 북쪽으로 그 시절 소련과 국경을 맞대고 있었어. 냉전시대 미국 입장에서는 천연자원이 풍부한 이란이 공산권 영향에 들어가는 건 말 그대로 최악의 시나리오였어. 그래서 미국은 지정학적으로 중요한 이란에게 첨

단 무기를 제한 없이 팔았어. 그런데… 1979년 이란 혁명이 일어났고 이란의 친미 왕정 체제가 순식간에 무너졌지. 이때가 제2차 석유파동이야. 미국 입장에서는 석유파동을 넘어, 중동 메이저 산유국이 이슬람 근본주의 반미 국가로 하루아침에 바뀌어버린 게 더 큰 재앙이었지. 사실 이란 혁명이 없었다면 이스라엘이 오늘날 선생을 안 하고 있을 수 있어.

Z 그래서? 어떻게 됐어요? 이란 혁명 이후에.

K 얼마 지나지 않아, 이란-이라크 전쟁이 일어났지. 그때 미국은 물심양면으로 이라크 사담 후세인(Saddam Hussein) 정권을 지원했어.

Z 와우. 미국은 이라크에도 무기를 대량으로 팔 수 있었네요. 대박!

K 거기서 끝나지 않아. 1990년대에 이라크가 쿠웨이트를 침공해. 그러자 이제는 미국이 이라크랑 전쟁을 하지. 두 차례의 걸프전을 치른 후, 미국은 후세인을 축출하고 이라크에 괴뢰 정권을 세우지.

Z 미국은 이래저래 대박이네요. 중동에서 원유 갖고 오고, 전쟁하면서 무기 팔아먹고, 돈은 이래도 벌고 저래도 벌고. 캬~!

K 2015년 예멘 내전은 사우디와 이란의 대리 전쟁이라고
   해도 과언이 아닌데, 이때 사우디는 미국산 전투기와 화
   력으로 민간인 폭격을 서슴지않았어. 민간인이 만 명 이
   상 사망했고, UN에서는 전쟁 범죄라고 규정했지. 하지
   만 예멘 민간인 폭격 문제는 흐지부지됐어. 왜? 사우디
   의 공습은 물론, 사우디의 예멘 참전 막후에는 미국이 있
   었으니까. 2015년 오바마(Barack Obama)정권 때 미국은
   사우디에 기록적으로 무기를 많이 팔았어.

Z 헉. 완전 쇼킹하네요. 오바마는 이미지가 왠지… 민간
   인 학살 반대하고 그런 줄 알았는데. 노벨 평화상도 받았
   고. 왠지 인권 그런 거 신경 쓰고, 도덕적일 것 같은…

쿤쌤은 갑자기 어이가 없다는 표정으로 소리 내어 웃었다.

K 아니 그게 무슨 소리야? 미국 대통령은 미국의 이익을
   위해 움직이지. 오바마가 인권에 관심있겠지. 그런데 미
   국인들 인권과 실리에 더 관심이 많겠지. 미국 정부 입장
   에서는 석유 공급을 안정적으로 해주는 특수 관계 우방
   사우디가 아무래도 예멘 민간인들보다 더 중요하지 않
   겠어?

Z 하긴… 그 워싱턴포스트 기자를 사우디 대사관에서 토
막살인 했을 때도, 결국 그냥 흐지부지됐죠. 미국이나 사
우디나. 둘 다 노염치, 노양심이네요.

K 9.11테러 주동 가담자 중 사우디 국적이 15명이었어. 오
사마 빈 라덴(Osama Bin Laden)도 사우디 귀족 가문 출신이
야. 미국에서 그들에 대한 조사가 제대로 이뤄졌나? 전
혀. 오히려 미국 정부는 공보 차원에서 사우디 정부에 대
한 이미지를 보호했지.

Z 그때, 미국은 오히려 아프간이랑 이라크를 침공했죠. 이
라크는 9.11이랑 상관도 없는데.

K 미국은 남의 나라 쳐들어갈 때 그런 거 신경 안 써. 흥미
로운 점은 이제는 미국 석유 수입에서 사우디가 차지하
는 비율이 7% 정도밖에 안 돼. 미국은 대부분 캐나다와
멕시코에서 석유를 수입하고 셰일가스도 많이 쓰니까.
결국 미국의 주 관심사는 무기 판매와 중동의 지정학적
패권이라고 할 수 있어.

Z 헐… 세상이 아무리 힘의 논리로 움직인다 해도… 이건
뭐 끝없는 전쟁이네. 미국… 진짜 너무하네.

K 미국 아니면 미국 정부?

Z 미국 정부. 미국 정치인. 다… 좀 그렇네. 윤리 도덕은

아예 없고. 개념 상실에, 거짓과 위선 그 자체네. 전혀 믿을 것들이 못 되네.

K 그렇게 생각할 필요 있나? 그러면, 한국 정부나 정치인들은 더 정직하고 도덕적일까? 한국 정부나 정치인들은 신뢰할 수 있나?

Z 지당하신 말씀입니다. 더 구리고 더 너절하죠.

K 음… 이렇게 생각할 수도 있어. 전쟁은 비윤리적이고 비인간적이지만, 전쟁을 통해 경제적 실리를 챙기는 국가들이 많아. 20세기에 한국도 전쟁 덕을 제대로 본 나라 중 하나지.

Z 그래요? 한국 전쟁으로 덕을 봤어요?

K 아니지. 베트남 전쟁. 한국 전쟁으로 덕 본 건 일본이고. 베트남 전쟁의 최대 수혜국은 한국이었어. 흔히 말하는 '한강의 기적'은 베트남 전쟁이 없었으면 일어나지 못했을 수 있어. 베트남에 군수 물자 수출하고, 베트남에 갔던 미국 컨테이너 선들이 미국으로 돌아갈 때, 한국의 수출품을 실어가면서 빈곤 국가 한국은 경제적으로 도약할 수 있는 발판을 마련할 수 있었지. 그 전에는 한국이 저렴한 인건비로 만든 저가 상품을 수출할 수 있는 물류 판로도 제대로 없었으니까. 그 외에도 참전 대가로 한국

은 다방면으로 미국의 경제적 지원을 받을 수 있었어. 그 모든 건, 한국 청년들의 피와 목숨으로, 그들의 희생으로 얻어낸 결과야. 하지만 한국 정부에게는 선택의 여지가 없었어. 그 당시에 한국이 파병을 안 하면, 미국은 주한 미군을 빼서 베트남에 투입하겠다는 협박을 했으니까.

Z 아…… 할 말이 없네요.

잠시 무거운 침묵이 흘렀다.

K 중동 이야기를 하다가 전쟁 이야기로 빠졌네. 여튼, 중동 은 그만큼 중요해.

Z 중동에서 기름이 나와서?

K 바로 그거야. 우리가 돈을 어떻게 정의했지?

Z 돈은… 가치를 보존하며 시공간을 이동하는 경제적 에 너지.

K 석유도 돈이야. 미국은 자국의 무기, 즉 막강한 군사력 을 기반으로 1974년 페트로달러 체제를 만들면서, 달러 가 절대 기축통화의 자리를 유지할 수 있게 해놨지. 세계 경제의 주요 거래는 모두 달러로 이뤄지니까, 지구상 모 든 국가의 중앙은행에는 달러와 미국 국채가 비축돼. 미

국 연준은 달러로 이뤄지는 모든 거래 결제를 관리 승인하고 달러의 금리 결정권까지 갖고 있어. 그러니까 미국 정부 정책은 세계의 각국, 특히 소규모 개방 경제들의 환율, 물가, 경상수지 등 많은 분야에 포괄적으로 지대한 영향을 미치지. 오늘날 경제 체제, 우리가 쓰는 돈을 이해하려면, 옳고 그름을 떠나 미국과 중동 관계를 알아야 되는 이유야.

Z 미국 천하네요.

K 미국은 연준과 재무부를 통해 달러의 강약을 마음대로 조정할 수 있어. 미국 이익에 따라서. 아주 단순한 예로, 미국이 무역 적자를 줄이고 싶으면…

Z 달러를 약하게 만들겠죠. 근데, 미국산 상품들 수출 가격이 내려가면, 다른 나라들도 자국 화폐를 약하게 만들겠죠? 자국 무역 적자를 줄이기 위해서?

K 많은 경우 그렇게 하지. 반대로 미국 정부가 달러 강세를 만들면? 달러 부채가 많은 나라들은 어떻게 돼?

Z 아… 완전 존망하는 거죠.

K 그러면 누가 와서 도와줄까? 무슨 돈으로?

Z IMF? 세계은행? 달러로.

K 그 두 기관은 누가 조정해.

Z 800파운드 고릴라. 아⋯ 제 주변에 미국병 걸린 환자들 많이 봤는데. 이제 좀 알겠어요. 그것들이 왜 이민 가서 영주권 받고 시민권 받겠다고 발광하는지.

K 아⋯ 미국 정부에게 유리하다는 건 미국 시민들에게 유리하다는 뜻이 결코 아니야. 모든 미국 시민들이 미국의 국부나 혜택을 균등하게 누리는 것도 아니고. 미국도 자본주의 사회, 계급 사회니까.

Z 미국도 인싸가 아닌 나머지 에브리바디는 그냥 노바디군요.

K 틀린 말은 아니지.

Z 그러면, 아직도 모든 나라들이 원유를 달러로 결제하나요?

K 아니. 페트로달러 리사이클링을 시작한 지 50년이 지난 2024년 7월에 유야무야 사문화됐지. 이제 큰 의미도 없고. 사우디도 이제 달러에 절대적으로 의존하지 않아. 중국의 부상도 크고. 특히 우크라이나 전쟁 터졌을 때, 미국이 임의로 러시아의 해외 달러 자산을 동결시키고 압수해버렸어. 그러니 이제는 러시아나 중국은 물론이고, 그 누구도 달러를 절대적으로 신뢰할 수 없게 됐지.

Z 아, 미국 마음대로 동결하고 빼앗아 버리는 돈을 어떻게 믿겠어요.

K 그래서 BRICS[6]가 미국 달러 패권에 반대하는 나라들을 모아서 자기들끼리 쓰는 화폐를 만들자는 논의를 하고 있잖아? 성공할지는 모르겠지만.

Z 아이고… 800파운드 고릴라의 위상이 예전같지 않군요.

K 요즘에는 체중이 많이 빠졌지. 이제는 500파운드 정도 나갈까? 하지만 명백한 사실은, 1971년 금 기반의 통화 체제에서 벗어난 세계 경제는 1974년 이후부터 미국 정부 부채 기반으로 완전히 바뀌었다는 거야. 그래서 21세기까지 미국은 초강대국 지위와 달러 패권을 유지할 수 있는 거고. 오늘날 미국은 지구상 4% 인구 정도지만, 구매력 평가 감안해서 전 세계 GDP의 15% 정도를 차지하고 있고, 아직도 세계 무역 80% 이상은 달러로 결제 정산되고 있어.

Z 달러의 위상은 여전히 어마무시하네요.

K 우리가 여기서 두 가지 질문을 해보자고. 미국은 앞으로도 달러를 무한대로 찍어낼 수 있을까? 미국은 앞으로도 세계 최강 군사력을 유지할 수 있을까? 이 두 질문은 동일한 질문이지.

---

6 BRICS - 브라질, 러시아, 인도, 중국, 남아공 등이 미국 주도 세계 경제를 견제하기 위해 만든 경제권 모임. 회원국 증가로 이제는 GDP 규모가 G7을 능가함.

Z 달러를 계속 찍어서 압도적인 군사력을 더 강하게 만들고, 그 군사력으로 더 달러를 찍어낼 힘을 갖게 되고. 미국이라는 고릴라를 누가 막겠어요?

K 고릴라의 위력을 있는 그대로 인정하는 것과 아예 고릴라의 존재를 모르고 환상 속에 사는 것은 엄연한 차이가 있어.

Z 아… 정글의 법칙은 변하지 않고, 살이 빠져 500파운드가 된 고릴라도 여전히 헤비급 고릴라군요.

6. 사이비 종교.

Bad Religion

K 골대가 예측불허로 움직이는 축구 경기가 있어. 심판의 공정성이나 전문성도 의심돼. 아니 전혀 신뢰가 안 가. 심지어 규칙이 열성 팬들의 아우성이나 협박에 따라 경기 도중 수시로 오락가락해. 이런 경기의 결과와 승패에 승복할 수 있나?

Z 그건 스포츠가 아니라 사기죠.

K 축구라는 스포츠가 오래 못 가겠지? 피아트(Fiat) 화폐가 그래.

Z 헉! 그 정도예요?

K 피아트 화폐를 어떻게 정의하지?

Z 명목 화폐. 법정 불환(不換) 지폐. 법정 화폐.

K 음… 그게 다야?

내가 검색해본 결과, 피아트 화폐에 대한 사전적 의미는 그게 전부였다.

Z 이게 사전에 나오는 정의인데요.

K 방금 말한 건 피아트의 완전한 정의 또는 의미라고 할 수 없어. 아니 핵심에서 벗어난 설명이야.

Z 그래요?

K 피아트란 정부가 발행한 내재적 가치가 없는 법정 화폐로 금, 은과 같은 어떤 물리적인 가치를 지닌 실물로 보증되지 않은 통화 또는 돈을 말해.

Z 확 와닿네요! 근데, 네이버 영한사전에는 허접한 소리만 써놨네. 헷갈리게. 에혀.

K 피아트의 어원은 라틴어 피에리(fieri)인데, 뜻이 '그렇게 되거라'야. 즉, 명령, 법령 같은 뜻이지. 왕정 시대에는 칙령을 표현할 때 쓴 단어이기도 하고.

Z 명령… 피아트라는 게 기본적으로, 정부 마음대로 정한 경제적 가치이자 단위이고 기준이군요. 우리는 이 명령을 무조건 믿고 따라야 되는 거고.

K 그렇지. 피아트 화폐의 본질은 '믿음'이야. 정부가 우리에게 세뇌한 믿음.

Z 잠깐! 내재적 가치 얘기가 나와서 하는 질문인데요. 금
   은 내재적 가치가 있나요?

K 금에 대한 내재적 가치는 주관적이야. 금은 인류 대다수
   가 가치가 있다고 믿고, 원하고, 희소성이 있기 때문에
   시장 가격이 형성되지. 금의 상징성이나 저장 수단 용도
   등을 말하는 사람들도 있고, 금의 수단적 가치를 말하는
   사람들도 있지만, 금이 식수만큼 내재적 가치가 있다고
   볼 수는 없겠지.

Z 금의 수단적 가치라면… 보석, 장신구 그런 거요?

K 어. 그 외에도 치과 시술, 가전제품 부품, 우주 항공 분야
   에서도 금이 조금 쓰이지만, 그런 용도나 수요가 금의 시
   장 가격에 영향을 주지는 않아.

Z 금의 가치가 사회적으로 만들어지는 거라면, 금의 가치
   역시 피아트처럼 '믿음'에 기반한 거 아닌가요?

K 예리한 지적이야. 그러나, 피아트랑 크게 다른 점이 몇
   가지 있지. 일단, 금에 대한 인류의 '믿음'은 5천 년 정도
   돼. 금은 역사적으로 검증되고 합의되고 증명된 '돈'이
   야. 나름 제한된 생산량으로 희소성을 가진 금은 사람들
   이 신뢰할 수 있는 돈의 조건을 갖추고 있어. 금의 부식
   되지 않는 특성은 사람들에게 금이 '영원'하다는 '믿음'을

갖게 해. 금은 인류가 국가나 국경의 제한 없이 선택한 '믿음'의 대상이기도 해. 금은 정부를 통하지 않고 개인 간 거래 결산이 가능하니까. 피아트처럼 중앙화된 권력의 명령으로 강요된 '믿음'이랑 완전히 달라.

Z 그렇네요. '믿음'의 차원이 다르네요. 금이 역사와 전통이 있는 자생적 풀뿌리라면, 피아트는 정부가 임의로 만들어 내린 톱다운 명령이군요.

K 우리가 태어난 나라를 선택 못하지만 국적을 바꿀 수 있지. 하지만 피아트 화폐는 우리에게 선택권이 없어. 달러가 아니더라도 모든 나라는 피아트 화폐를 써야하니까.

Z 잠깐! 브레턴우즈 금본위제 때는, 한국 원화를 고정환율로 달러로 바꿔서, 그 달러를 한국은행 통해 미국 정부에 건네고 금으로 교환받을 수 있었는데…

K 피아트 체제에서는 그냥 달러로 갖고 있는 게 끝이지.

Z 뭔가 확고한 기반이 없어진 거 같네요. 허전한데요. 돈이 어쩐지 추상적이고 관념적으로 바뀐 느낌?

K 미국 1달러짜리 지폐에 뭐라고 쓰어 있지?

Z 네? 모르죠.

K '우리는 신을 믿는다'[7] 또는 '신에게 우리는 의지한다'. 이

---

7 'In God We Trust.'

상하지 않아? 정부가 발행한 법정 화폐에 신을 들먹이고. 미국이 무슨 제정일치 국가도 아닌데.

Z 헉. 이건 완전 종교네. 종교.

K 웃기지? 그래도 달러, 위안, 유로, 엔 같은 기축통화 피아트들은 종교 수준으로 볼 수 있지만, 나머지 자잘한 화폐들은 컬트? 또는 미신에 가깝다고 볼 수 있지.

Z 연준이 바티칸 교황청이면, 한국은행은 동네 무당집이군요.

K 전 세계에 피아트 화폐가 150개 정도 있는데, 대부분은 카지노칩이랑 다를 게 없어.

Z 카지노칩? 아, 그 나라 밖에서는 아무짝에도 쓸모가 없으니까.

K 역사적으로 보면, 피아트의 평균 수명이 한 35년 정도 돼. 피아트의 단명에는 다 이유가 있지. 정부 마음대로 제한 없이 계속 찍어낼 수 있는 피아트 화폐는 가치저하(debasement)가 불가피해.

Z 인플레이션?

K 아… 앞서 말했듯이, 화폐 가치저하와 물가 상승은 동일하지 않아. 물론 둘은 상관관계를 넘어 인과관계가 있지. 화폐 가치저하는 물가 상승으로 이어지니까.

Z 이해했어요. 쿤쌤 그러면, 화폐의 가치저하랑 평가절하 (devaluation)는 다른 건가요?

K 두 단어를 요즘에 많은 이들이 동의어로 쓰는데. 엄밀히 따지면 둘은 달라. 가치저하는 말 그대로 물타기. 돈으로 쓰는 금화의 순도를 낮추는 게 '가치저하'라면, '평가절하'는 다른 화폐 또는 가치 대비 돈의 구매력이 떨어지는 걸 말하지. '가치저하'가 절대적이라면, '평가절하'는 상대적인 뉘앙스지.

Z 미묘한 차이가 있군요.

K 누차 말하지만, 재정 적자가 누적되고 부채가 많은 정부 입장에서는 화폐를 찍어내는 인센티브가 너무 커. 돈 가치가 떨어질수록 그만큼 정부가 부담할 이자와 부채의 실질 가치가 떨어지니까.

Z 화폐를 쥐고 있는 일반인들 구매력은 소리 없이 떨어지고…

K 조용한 도둑이지. 그래서 화폐 가치저하는 저축에 대한 인센티브를 죽여버려.

Z 계속 물타기로 돈 농도가 떨어지면 저축하는 게 바보죠. 금리가 아무리 오락가락 해도, 전체적인 대세는 화폐가 계속 늘어나는 구조이고, 빚이 많을수록 훨씬 유리한 게

임이 될 수밖에 없고.

K 그렇지. 하지만 돈을 빌릴 수 있는 기회는 균등하지도, 공평하지도 않아.

Z 그건 저도 알아요. 많이 가진 사람이 더 많이 빌릴 수 있죠. 그래서 저 같은 평민보다는 부자들이 부채가 훨씬 더 많죠.

K 부채를 이해하지 못하면 부자는 될 수 없어. 피아트 체제는 빌리는 사람들이 저축하는 사람들을 활용하고 착취하는 게임이니까.

Z 정부는 이걸 알면서도 계속 돈을 인쇄하고… 근데, 정부라는 게… 그냥 집중된 권력을 잠시 가진 사람들… 그냥 사람들 아닌가요?

K 말 그대로 '그냥 사람들'이야. 정부라는 게 무슨 특별한 슈퍼 엘리트 집단도 아니고, 합법적인 폭력을 행사할 수 있는 제도적 장치 때문에 중앙화된 권력을 누리는 것뿐이야. 앞서 말했듯이 1970년대처럼 닉슨과 연준의장이 야합을 하면, 소수 권력자들의 단기적인 이익을 위한 오판으로 너무나 많은 사람들이 막대한 피해를 입을 수 있어. 이건 엄청나게 큰 리스크야.

Z 그러면 피아트 화폐의 본질적인 문제는… 정치?

K 더 정확하게는 중앙화. 화폐를 생산하는 권력과 재량이 분산돼 있지 않다는 것. 중앙은행이 독점으로 화폐를 생산하니까. 피아트 체제에서는 우리는 늘 두 가지 리스크를 안고 산다고 할 수 있어. 하나는 정부의 오판, 실패 또는 무능함에 의한 경제 위기. 또 하나는 은행 금융권의 부실로 인한 경제 위기. 1997년 한국의 외환 위기가 이 두 가지가 함께 엮인 사례라고 볼 수 있지.

Z 아예 나라가 없어질 수도 있죠? 전쟁이나 쿠데타로.

K 물론이지. 아프리카에서 실제로 그런 사례들도 많지.

Z 그리고 보면, 부동산, 금 이런 게 진짜 돈 같네요. 그런 걸 '하드애셋'이라고 하죠?

K 어, 경질자산이라고 하지. 화폐의 가치저하 때문에 돈이 부동산이나 금에 몰리는 건 너무나 자연스러운 거야.

Z 미국 사람들도 요즘에는 금 살 수 있죠?

K 그럼. 그 규제는 브레턴우즈 끝나고 얼마 후 다 풀렸지.

Z 근데… 생각해보면, 부동산이나 금 같은 경질자산은 거래 수단이 될 수 없네요. 부동산은 움직이질 못하고, 금은 보관이나 휴대가 어렵고, 나누기도 불편하고.

K 그런 이유도 있지만, 그보다는 정부가 용납하지 않아. 정부는 모든 거래, 결제, 결산을 피아트 화폐로만 하게 법

적으로 강요하니까. 세금 징수 역시 마찬가지고. 피아트 화폐가 지탱되는 이유는 단순해. 정부가 우리에게 명령했기 때문이야. 경제 활동에서 피아트 외에 돈을 쓰지 못하게.

Z 혁. 이건 뭐, 깡패가 따로 없네. 사람들 보호해준답시고 삥 뜯는 게.

K 틀린 말은 아니지. 정부를 충분히 그렇게 볼 수 있지. 또 달리 보면, 정부의 '명령' 또는 '강압' 때문에 피아트가 돈으로서 기능을 제대로 할 수 있기도 하지.

Z 아…! 달러는 가치를 보존해 공간을 이동하는 데 유용하고, 금은 시간 이동에 수월하다는 얘기랑 같은 맥락이군요.

K 그렇지. 피아트의 유일한 장점? 또는 경쟁력은 거래 수단으로 용이한 거야. 물론 이것도 달러처럼 상대적으로 안정적인 피아트 화폐에 한해서 하는 이야기지. 열등한 피아트 화폐는 사람들이 화장지로도 쓰지 못해.

커피를 한 모금 마신 쿤쌤이 진지한 표정으로 말을 이어갔다.

K 피아트 체제가 진짜 무서운 건, 사람들의 시간선호를 바

꿔버린다는 거야.

Z 시간선호?

K 피아트 체제 하에서 사람들은 미래보다는 현재에 더 중심을 두는 경제 활동을 하게 돼. 사람들은 직관적으로 알아. 시간이 흐를수록 피아트 화폐 구매력이 떨어진다는 걸. 그러니 저축보다는 오늘을 위한 소비를 선호하지. 장기적인 계획은 고사하고, 자원의 축적을 포기하고, 호흡이 짧아지고, 삶이 조급해지지. 이게 피아트 체제가 사회 심리적으로 미치는 가장 큰 악영향이야.

Z 아… 서바이벌 모드에서는 축적이 불가능하죠. 미래도 안 보이고. 욜로 같은 거네요.

K 본인도 알겠지만 욜로에도 다 대가가 있잖아?

Z 대책 없이 '오늘만 살자'는 쾌락 마인드로 달리면 스릴은 있죠. 문제는 내일이 꼭 찾아온다는 거죠.

K 사람들은 인내심이 줄어 들고 근시안적인 세계관과 인생관이 생기지. 여유가 없으니까 멀리 보는 계획 같은 건 무의미해지고.

Z 어차피 불확실한 미래는 알 바 아니고. 그보다는 현재, 아니 바로 내 발등에 떨어진 불만 보게 되죠. 저도 그거 뭔지 잘 알아요.

K 이런 현상은 미시적으로, 거시적으로, 장기적으로 생산
   적이지 않아. 자본의 축적이 줄어드니까. 여기서 자본이
   라고 하면 단순히 돈만 뜻하는 게 아니야. 사회와 개인이
   가용할 수 있는 자원을 말해. 지식, 시간, 에너지 같은 자
   원. 사람이 길게 보지 않으면 넓게도 볼 수 없어. 그래서
   사회는 아주 세분화된 개인주의로 고착되지.

많은 생각이 내 머리를 급습했다.

Z 쿤쌤, 이런 생각이 드네요. 피아트가 사람들 시간선호를
   높여버리니, 저축만 포기하게 만드는 게 아니라, 소비를
   부추기는 거 같아요. 유튜브, 인스타, 틱톡, TV, 거리 전
   광판, 어디를 봐도 계속 쉬지 않고 뭘 팔고 있잖아요.
K 미디어는 광고라고 할 수 있지. 소비 촉진제.
Z 이제는 CF만 뭘 노골적으로 파는 게 아니라, 뉴스도 다
   뭘 팔죠. 정치, 경제, 건강 모든 분야의 상품과 아이디어
   를 팔고 있어요. 아니 누가 물어봤냐고? 뉴스라는 게 팩
   트만 전달해주면 되는데, 사람들을 세뇌시키면서 약을 은
   근슬쩍 팔아요. 그러니 요즘에는 뉴스를 보면 의심부터
   하게 돼요. 페이크 뉴스 아니면 광고 뉴스밖에 없으니.

K 사람들은 욕망이 자신으로부터 시작된다고 생각해. 아니 그렇게 생각하고 싶어하지. 하지만 그렇지 않아. 모든 욕망이 개인으로부터 출발한다는 착각은 매우 순진한 발상이야. 대중문화, 광고, 뉴스에서 접하는 내러티브의 영향을 받을 수밖에 없는 게 인간이라는 동물이야.

Z 하신, 언론노 돈 벌려고 하는 장사니까. 선정적으로 이야기 꾸려서 이 거대한 세일즈 판에 동참해야 되겠죠.

K 우리는 미디어를 보지 않으면 정보를 얻지 못하고, 미디어를 보면 잘못된 정보를 얻게 되는 시대에 살고 있어. 옳고 그름의 문제로 판단하지 말고. 그냥, 관심을 주지 마. 그런 선동과 세일즈에 시간이나 에너지를 허비할 필요 없어.

Z 근데… 그게 말처럼 쉽지 않죠. 광고라는 게 상품이 아니라 아이디어를, '라이프스타일'을 팔잖아요?

K 사람들은 왜 그런 '라이프스타일'을 소비할까?

Z 견물생심? 호기심? 허영심?

K 타인들에게 보내는 신호지. 이런 시그널링(signaling)을 무의미하다고 볼 수 없어. 누군가가 명품으로 치장하고 과시를 하면 타인들이 그 시그널링을 받아들이니까. 시그널링이 효과가 없다고 볼 수 없지.

Z 아… 솔직히 여자 만날 때, 차하고 시계로 먹고들어가는 게 있죠.

K 공작새가 짝을 찾기 위해 화려하게 플렉스 하는 거랑 비슷해.

Z 돈이 실제로 많으면서 포르쉐 몰고, 파텍필립 차는 건 문제가 안 되지만, 쥐뿔도 없는 것들이 그러면, 그건 '사기' 아닌가요? '있는 척'하던 게 언젠가 뽀록날텐데. 학력 위조. 성형수술 같은 거잖아요?

K 설령 들통이 나면?

Z 뽀록나면 그때 가서 이름 바꾸고, 호구 퐁퐁남 하나 물어서 결혼하고 쌩까나요?

K 대부분은 리스크를 감안해서 그런 '사기'를 쳐. 들통나지 않았을 때 리턴이 들통났을 때 리스크보다 훨씬 크면, 인센티브가 확실하잖아? 그래서 많은 이들이 그런 '척'을 하는데 과도하게 투자하는 거야.

Z 쿤쌤도 잘 아시겠지만, 참칭 IT업계에도 사기꾼들 태반이죠. 제대로 구현되지도 않는 기술을 그럴듯하게 썰 풀어서 밸류에이션 높여 투자 땡기는 대표들. 그것들은 자기 회사 직원들 상대로도 사기를 쳐요. 없는 것 있는 것처럼. 지한테 월급을 받으니까 직원들이 아주 바보 등신

피아트 피아스코

인 줄 알아요. 근데, 그런 나르시스트적 기질이 다분한 소시오패스 대표들이 오히려 오래 해먹더라고요.

K 부러워? 사기도 재능이고 재주야. 나르시스트나 소시오패스는 아무나 못해. 그건 노력으로 될 수 있는 게 아니야.

Z 유튜브 보면 더 가관이죠. 돈도 별로 못 번 것들이 존나 성공팔이 하고 앉았고.

K 유명세도 비슷한 거야. 심지어 옛날 사람들은 권위와 지성을 겸비한 사람들만 TV뉴스에 나온다고 믿었어.

Z 옛날 사람들은 미디어에 나오는 사람은 거짓말을 안 한다고 생각했을 수 있지만, 이제는 거짓말을 해야 미디어에 나오는 시대예요. 개나 소나 참칭 전문가 인플루언서라고 열라 깝쳐요. 소셜미디어라는 게 그런 '사기판'의 종착역이죠.

K 그 또한 시그널링 게임이지. 더 큰 그림에서 보면, 사용 가능한 핵무기를 갖고 있다고 세계에 과시하는 것도 같은 맥락에서 읽을 수 있지. 핵보유 시그널링 자체로 국제 정치에서 얻을 수 있는 이익이 많으니까.

Z 사치와 사기는 곧 이익이다. 뭐 이런 공식이 성립되는 거 같네요.

K 우리가 소비재가 아닌 다른 예를 들면, 미국 명문 사립

고등학교나 아이비리그 대학들 학위도 시그널로 볼 수 있어. 하버드 학위를 가진 사람의 지능과 지력을 파악할 수는 없지만, 그가 어떤 '품종'의 인간이고, 어느 정도 자본력이 되는 배경을 갖고 있다는 시그널링 역할은 충분히 하지. 문화 자본의 시그널로 봐야 되겠지.

Z 국내 SKY도 비슷한 맥락으로 볼 수 있겠네요.

K 음… 얼핏 비슷해 보이지만, 여러모로 다르지. SKY는 신분 상승 사다리에 가까웠다고 볼 수 있지. 이제는 그 역할도 제대로 하는 지 모르겠지만.

Z 하긴, 학비나 경쟁력에서 SKY가 '명품'이라고 할 수는 없겠네요. 과거에는 개천용 포털이었지만, '품종'이나 신분의 시그널이 되지는 못하죠.

K 여튼, 이런 명품 학위가 가진 시그널이 예전 같지는 않지만, 고용 시장이나 결혼시장에서 아직도 긍정적으로 받아들여지니까. 사람들이 무리하게 빚을 내서 학교를 가고, 또 그런 학교들이 계속 장사를 할 수 있는 이유지.

Z 단순한 허세를 넘어, 나름 실용적인 효과들이 작동한다는 얘기네요. 명품이 됐든 학위가 됐든. 근데… 굳이 무리하게 빚까지 내면서 그런 짓을 하는 게 맞나요?

K 피아트 체제에서는 시간선호만 높아지는 게 아니라…

Z 빚을 쓰는 게 완전 유리하죠. 하긴 빚을 내서 흥청망청
   쓰는 게 찐 욜로죠.

K 거의 모든 소비가 그래. 우리가 집을 살 때도 돈을 빌리
   잖아? 아니 신용카드라는 것 자체가 신용과 부채를 활용
   한 거라니까.

Z 세상이 콘텐트보다는 시그널링 위주로, 자산보다는 부
   채 중심으로 돌아가네요.

K 흥미로운 점은, 시그널링이 원래 타인들을 위한 기능인
   데, 시그널링에 익숙해지면, 인간은 자신 스스로도 자신
   이 내보내는 시그널에 속게 돼. 그래서 이런 시그널링 게
   임에서 못 벗어나기도 하지.

Z 남들만 속이는 게 아니라 자기 자신도 속게 된다? 흥미롭
   네요. 근데, 저는 뭐, 그런 사기를 칠 재목도 못 되고, 재
   능도 없습니다. 그럴 여유가 있으면 저는 투자를 하겠죠.

K 빚투 경험했다며?

Z 쓰라리게 경험했습니다. 제가 뭐, 합리화하려는 게 아니
   라, 어쩔 수 없었어요. 서울에 아파트라도 한 채 사려면
   투자를 안 할 수가 없어요. 목돈 마련이 저축으로는 불가
   능해요. 부모님 세대만 해도 투자 신경 안 쓰고 저축만
   착실히 해도 집 살 수 있었지만, 이제는 그렇지 않아요.

K   자책할 필요 없어. 성공 여부를 떠나 빚으로 투자를 하는 게 빚으로 소비를 하는 것보다는 훨씬 더 합리적인 결정이야.

Z   정말 그렇게 생각하세요?

K   그럼. 빚을 내서 투자할 수 있지. 원래 투자라는 건 위험을 감수하는 선택이야. 부동산, 주식뿐만 아니라, 개인의 창업 또는 교육도 투자니까. 모든 투자에는 기회 비용이 있고, 자원이 투입되니까. 투자라는 건 인류 사회에 반드시 필요한 거야. 투자가 없으면 경제 성장만 없는 게 아니라 인류 발전도 없겠지. 그런데…

Z   그런데?

K   피아트 체제에서 저축의 미덕과 가치가 사라져서 생존을 위해 투자를 할 수밖에 없는 상황은 큰 문제지. 전 국민이 부동산 광풍 타고. 자본 소득이 노동 소득을 압도하면 노동의 가치는 죽었다고 봐야 돼. 원래 화폐라는 건 사회의 효율적인 노동 분업을 위해 만들어졌어. 그런데, 만인이 재테크 달인이 되기 위해 노력해야 된다면, 그 사회의 분업이 최상으로 이뤄진다고 볼 수는 없겠지.

Z   저도 빚지고 싶지 않아요. 아니 투자 같은 거 안 하고 살고 싶어요. 근데 이 피아트 시스템은, 소비만 부추기는

게 아니라 자꾸 빚을 지게 만드네요.

K 수요와 부채. 이 두 바퀴가 지금 우리가 사는 체제의 원동력이지. 많은 경우, 특정 국가 경제를 파악할 때 총생산보다는 총수요를 더 중시해. 수요는 부채와 직결돼 있어. 그래서 우리는 부채기반 경제 체제에 살고 있지.

Z 필요 없는 것들을 자극적인 광고로 원하게 만들고, 그걸 사기 위해 우리는 빚을 지고, 또 그 빚을 갚기 위해 꾸역꾸역 회사를 다니고. 그러다 집 사고 결혼하고 애 생기면… 이게 무한 반복으로 다음 세대로 이어가는 거고. 이건 뭐, 출구 없는 연옥이죠.

K 오늘날 고도로 발달한 경제 체제는, 제한된 공급과 자원을 무한대 수요와 필요에 맞추기 위한 모델이라고 보기 어렵지. 오히려 실상은 수요와 필요를 지속적으로 자극하고 창출해서 자원을 가용 가능하게 하는 모델이라고 할 수 있지.

Z 네? 잘 이해가 안 돼요.

K 음… 오늘날 지구상 많은 일반인들은 백 년 전 왕족이나 귀족들보다 훨씬 더 잘 살아. 삶의 질 모든 면에서. 그래도 우리는 늘 불만이 가득하지.

Z 인간이란 동물은 불만족을 거의 예술적 단계로 승화시

키는 재능이 있죠. 욕망이 사람을 가만히 두지 않아요. 자아 실현도 해야 되고.

K 그런 수요를 자극하고 늘리는 게 광고 마케팅이야. 굳이 구분하자면, 수요에는 두 가지 측면이 있어. 소비하고 싶은 의지. 그리고 소비할 수 있는 능력.

Z 저를 포함한 많은 이들은 의지는 충만한데 능력이 턱없이 부족하죠.

K 바로 거기서 신용과 부채가 들어오지. 빚을 내서 사면 되니까. 소비하고 싶은 의지는 광고 마케팅으로 이미 충분히 자극이 됐으니까.

Z 신용카드!

K 신용카드는 부채기반 경제의 아이콘이라고 할 수 있지.

Z 수요와 부채가 결국 경제를 돌리고 팽창시키는군요. 좋네요. 빚더미가 쌓여서 허덕이지만 않으면.

K 달러 지폐를 보면, '이 증서는 모든 형태의 부채를 위한 법정 통화[8]라고 적혀 있어. 쉽게 말해 지폐는 '차용증'이야. 피아트 지폐에 명목 명시된 금액과 상응 일치하는 가치의 재화와 서비스를 '교환' 받을 수 있다는 증서. 100달러를 지불하면 100달러 가치의 재화와 서비스를 받는 거

---

8 'This note is legal tender for all debts, public and private.'

니까.

Z 정부가 보증하는 차용증. 피아트 화폐는 빚이군요.

K 빚의 일종이지. 그러면 여기서 다시 '돈이 뭐지?'라는 질문을 해보자고.

Z 네? 돈은 가치를 보존하며 시공간을 이동하는 경제적 에너지라면서요?

K 돈이라는 에너지는, 가치를 보존하기 위한 '수단'이야. 거래의 수단, 가치 저장의 수단. 가치 단위를 정하고 합의하는 수단. 그러면 그 수단은 누가 창출하지?

Z 정부.

K 글쎄, 그렇게 볼 수도 있지만… 우리가 돈이 어떻게 '창출'되는지 이야기하지 않았나?

Z 네?

K 은행에서 신규 대출이 나갈 때마다 돈이 '창출'된다고. 대출. 빚. 부채.

Z 아…! 근데… 피아트 체제에서는 정부가 화폐 생산 독점을 갖고 있는데…

K 정부가 화폐 생산 독점을 갖고 있지만, 돈의 독점을 갖고 있는 건 아니지. 돈은 화폐 말고도 많으니까.

Z 그렇네요. 근데, 약간 헷갈립니다. 돈과 화폐가 다른 것

같고.

K 다른 개념은 아니고, 돈은 화폐보다 상위? 또는 더 큰 개념으로 보는 게 맞지.

Z 화폐는 돈의 일종이죠.

K 그렇지. 돈은 두 가지 요소가 있다고 했지?

Z 장부와 물리적 매개.

K 맞아. 요즘처럼 신용카드와 스마트폰 결제가 보편화된 사회에서는 현금 사용도가 점점 줄고 있어. 이건 뭘 의미할까?

Z 무슨 말씀인지 잘 모르겠는데요.

K 결국 돈은 장부라는 이야기지. 지폐 동전 같은 물리적 매개가 아니라. 누가 얼마를 빌릴 수 있고, 얼마를 빌렸고, 또 얼마를 언제까지 갚아야 하고 같은 정보들이 기록된 장부가 돈의 본질이지. 그러면… 화폐가 없는 아주 먼 옛날 부족사회를 잠깐 상상해 보자고. 우리는 그런 부족사회가 물물 교환만 했다고 생각하지? 그렇게 단순하지 않아.

Z 아니, 그럼 물물 교환을 하지 않았어요?

K 물론 물물 교환도 했지. 하지만, 그들은 그들 나름의 '장부'를 갖고 있었어. 예를 들어, 일손이 부족한 A는 B의

도움을 받아. B는 C의 도구를 빌려. 이런 공동체 구성원 간 주고받은 호의와 친절을 잊지 않고 서로 보답을 했어. 그런 호혜성이 반드시 지켜질 거라는 '신뢰'와 '믿음'이 있으니까 공동체가 상부상조할 수 있었고. 여기서 우리는 돈이라는 개념의 근원적 용도를 볼 수 있어.

Z 이제 이해했어요! 돈의 원래 목적이 '상부'라고 할 수 있겠네요. 그런데… 피아트 시스템은 그런 신뢰가 없잖아요? 아니, 있나?

K 발전된 문명 사회에서는 공동체 구성원 간 신뢰를 화폐가 대체했지.

Z 아…! 하지만, 금본위제가 아닌 피아트 화폐는 가치저하가 불가피하죠. DNA상 하자가 심한, 불치병 장애를 갖고 태어난 돈이 피아트죠.

K 대부분 사람들은 정부는 못 믿지만 돈은 믿고 의지하지? 그런데 한 번만 생각해보면, 피아트 체제에서는 정부와 화폐가 한통속이야. 이게 불편한 진실이지.

Z 믿을 수 없는 정부가 찍어내는 믿을 수 없는 돈. 온전치 못한 고장난 돈.

나는 잠시 말을 잇지 못했다. 갑자기 너무나 많은 것들이 허망하게 느껴졌다.

K 왜?

Z 아뇨, 그냥. 이제 좀 알 거 같아요. 조금씩 이해가 되네요.

K 뭐가?

Z 뭐랄까, 제가 쿤쌤을 찾아오게 된 이유? 제가 안고 있던 문제의 원인? 같은 게 좀 파악되는 거 같아요.

K 다행이네. 어떤 부분이 도움이 됐을까?

Z 뭐랄까… 저도 예전부터 뭔가 시스템이 조작된 것 같다고 느꼈어요. 하지만, 크게 신경을 안 썼죠. 세상 탓만 하는 병신이 되고 싶지 않아서. 그런데 쿤쌤이랑 대화하면서 구조적인 문제들에 대한 팩트를 더 많이 알게 되니…

K 구조적인 문제?

Z 이런 거 같아요. 오염된 피가 혈관을 흘러다니면, 심장뿐만 아니라 전신이 악성 질환에 전염되죠? 썩은 돈, 온전치 못한 돈이 불안정적인 시스템을 만들고, 그 온전치 못한 돈 때문에 미래는 더 불확실해지고, 그래서 사람들은 점점 더 조급해지고, 불안해지고, 그러다 분노하고 좌절하고 포기하고, 그러면서 언제부터인지는 모르겠지만, 사람들은 기본적인 윤리 감각 자체가 없어져서 그냥 다

사기꾼, 도박꾼이 된 거 같고. 저 역시 그렇게 돼 가는 거 같고. 핑계 같지만, 시스템 인센티브가 그렇게 돼 있는 거 같아요. 그런데 그렇게 미친놈처럼 전투적으로 열심히 산다고 저 같은 평민들 살림살이가 나아졌냐 이거죠? 당연히 아니죠. 어차피 저 같은 사람들은 이 시스템에서 무관하고 무의미한 존재들이니까. 아무리 지랄해도 소용없어요. 그러니까 점점 더 무기력해지고 우울해지고 그러면서 찌그러지는 거죠.

K 본인 상태를 있는 그대로 파악하는 건 바람직한 거야. 자신을 더 깊게 이해하는 과정이니까.

Z 그렇다고 제 상태나 상황이 나아지는지는 모르겠네요. 총을 누가 어디에서 쐈는지 안다고 제 총상이 치유되는 건 아니죠.

K 아무래도 시간이 필요하겠지.

Z 솔직히 제가 제일 빡치는 건, 사람들이 피 땀 흘려 버는 돈을 중앙은행은 너무나 쉽게 찍어내요. 사람들이 가진 돈의 가치를 떨어트려요. 이건 아무리 각색하고 해석을 달아도 도덕적인 명분이 없어요. 그냥 죄악이죠. 이러니 정부가 사람들한테 무슨 윤리적인 영이 서겠어요? 심판이 선수들을 속이면, 선수들도 당연히 서로를 속이는 거

죠. 속임수가 이 게임의 기본 설정이니까. 사람들은 병신 피해자가 되는 것 보다는 차라리 스마트한 범죄자가 되겠다는 마인드로 게임을 미친듯이 뛸 수밖에 없어요.

K 그러면… 문제의 원인은 뭘까?

Z 글쎄요. 막상 또 그렇게 물어보시니…

K 우리가 대화를 처음 시작했을 때, '돈이 문제'라고 했지. 아직도 그렇게 생각해?

Z 아뇨. 문제는 돈이 아니죠. 우리에게 자신들을 믿으라고 강요하는 카르텔 정부도 사악하지만, 결국 모든 문제와 죄악의 근원은 온전치 못한 돈, 피아트예요. 투명성이 공정성을 담보하지는 않지만, 피아트 시스템은 투명하지도 공정하지도 않아요. 이건 무슨 사이비 종교 같아요. 선택하지도 않았는데, 피아트는 우리가 태어나는 순간부터 죽을 때까지 우리를 평생 가스라이팅해요. 대부분 사람들은 죽을 때까지 피아트의 투명성, 공정성, 정당성이나 당위성에 대해 의문 한 번 제기하지 않아요. 그냥 받아들이죠. 무슨 운명처럼. 어차피 이 사이비 종교에선 벗어날 수 없다고 생각하니까.

K 사이비 종교. 적절한 표현이네. 원래 거짓은 반복되고 지속되면 거대해져. 그럴수록 사람들은 그 거대한 거짓

을 맹신하게 되고.

Z 사이비 종교 특징이 뭔지 아시죠? 신도들을 공포로 몰고
가요. 그래야 사람들을 제어하기 쉽잖아요? 피아트가 그
래요. 불확실한 미래에 대한 불안으로 사람들을 두려움
에 가둬 놔요.

K 그렇게 볼 수도 있지.

Z 쿤쌤, 우리가 희망이라고 부르는 건 미래에 대한 믿음이
잖아요?

K 그렇지. 희망도 믿는 거니까. 희망은 믿음이지.

Z 믿음의 반대는 불신이 아니라 두려움이죠. 두려움. 그게
피아트입니다.

7. 거대한 괴물.

The Leviathan

K 역사가 반드시 반복된다고 볼 수는 없지만, 확실히 라임
   (rhyme)은 맞춰. 환경, 배경, 설정, 상황 그리고 사람들은
   시대마다 바뀔 수 있어도, 비슷한 음조가 맞아떨어지는
   일들은 잊을 만하면 다시 벌어져.

Z 사람들은 기억력이 좋지 않으니… 역사가 랩을 하는군요.

K 인간의 본성, 욕망은 변하지 않으니까. 그래서 우리는 역
   사적으로 유사한 사건들을 겪게 돼. 물론 매번 조금씩 변
   형된 형태로. 그러나 자세히 보면 본질은 같아. 2008년
   금융 위기 역시 그런 경우라고 볼 수 있지.

Z 서브프라임 모기지 사태.[9]

---

9 Subprime Mortgage Crisis - 2007년부터 미국에서 일어난 주택 금융 부실대출 사건
   들. 국제금융시장에 신용경색을 유발해 2008년 금융위기를 촉발하는 데 직접적인 영
   향을 준 사태.

K 은행과 금융권에서 무리하게 대출 상환 능력이 부족한
　주택 구입자들에게 위험한 금융 상품으로 돈을 빌려준
　게 위기의 시발점이었지. 미국의 2008년 금융 위기 또는
　'대불황'은 1930년대 대공황 이후로 가장 큰 경제 위기였
　어. 그 당시 미국 주가는 반 토막 이상, 실업률은 두 배,
　주택 가격은 1/3정도 떨어졌지. 2008년 한 해에만 300만
　이상의 미국 가구가 집을 잃었지. 2008년 금융 위기는
　대공황때와 마찬가지로 단순히 미국뿐 아니라 세계 경
　제에 엄청난 타격을 줬어.

Z 쿤쌤 근데, 그 2008년 금융 위기가 단순히 부동산 버블
　만의 문제는 아니었죠⋯?

K 2008년 전부터 몇 년간 달아오른 주택 시장으로 은행권
　은 수년간 약탈적 대출(predatory lending)을 일삼았지. 달
　리 말해, 신용이 부족한 이들에게 주택 구입 자금 대출,
　모기지(mortgage)가 남발됐지. 소위 말하는 서브프라임
　대출이지. 신용 기록이나 신용 등급 그리고 수입이 적절
　하지 않은 대출자들이 집을 살 수 있었으니까. 이렇게 모
　기지가 쉬워지자, 주택 수요가 늘면서 주택 가격 상승과
　함께 건설 붐이 일어났지. 과열된 경기를 잡기 위해 연준
　은 2004년부터 2006년 사이에 금리를 1%에서 5.25%까

지 올렸는데, 이때부터 채무 불이행의 조짐들이 여기저기서 드러났어.

Z 몇 년 간 빌드업이 있었네.

K 그렇게 위험 신호들이 나오는데도 불구하고, 은행들은 이런 서브프라임 모기지들을 대량으로 묶어서 증권화한 파생 상품들을 기관들에게 팔았지. 이게 MBS[10]라는 채권 상품이야. 재미있는 건, 우리가 흔히 부동산하면 상대적으로 '안전'하다고 보잖아? 그런데, 서브프라임 MBS는 위험 부담을 은행이 또 다른 금융 기관들에게 전가한 거야.

Z 얽히고 설킨 폭탄 돌리기.

K CDS[11]라는 상품 역시 사태를 악화시키는 데 한몫했지.

Z CDS?

K CDS는 채권 소유자들을 위한 채무 불이행에 대한 보험이야.

Z 아, 돈 떼었을 때를 대비한 보험.

K 서브프라임 대출을 받는 주택 구입자들이 대출의 위험성을 인지하지 못했듯이, 많은 금융 기관들 역시 CDS의

---

10 Mortgage Backed Securities: 주택용 상업용 부동산을 담보로 하는 대부 채권을 유가증권화한 자산.

11 Credit Default Swap: 신용 부도 스와프.

위험성을 정확하게 파악 못한 상태에서 묻지마 투자를 한 부분이 커. 그러다가 대규모 디폴트가 발생하자, MBS와 CDS에 물려 있는 수많은 금융 기관들이 순식간에 도미노처럼 망가졌어. 급격히 번지는 거대한 산불처럼.

Z 이 모든 위태위태한 거래의 전제는, 경기가 계속 좋고, 금리가 낮아서 사람들이 문제없이 주택 구입 관련 채무를 꼬박꼬박 갚을 것이라는 상정? 추정 하에 결정됐을 텐데. 만약에 사람들이 채무를 못 갚으면? 이런 상황은 아무도 생각 안 했나요? 월가의 천재들이. 바보들도 아니고.

K 월가 밖에 있는 다른 투자자들 중에는 그런 사람들이 좀 있었지. 그 사람들은 그래서 그때 떼돈을 벌었어. 〈빅쇼트〉라는 영화 몰라?

Z 아… 들어는 봤어요. 함 찾아서 볼게요.

K 2008년 금융 위기의 본질은 위험한 대출의 남발, 그리고 제도적인 주택 투기. 이 두 가지로 간단히 요약할 수 있지.

Z 은행들이 문제 아닌가요? 남의 돈을 도박하듯이 굴리면서, 못사는 사람들 대상으로 사기 쳐서 수익 챙기고, 리스크를 그럴듯하게 포장해서 남들에게 분산 전가하고.

K 그런데 또 이렇게 볼 수도 있어. 왜 은행은, 아니 사람들
　　은 리스크를 좋아하지? 위험을 감수하고 때로는 무모하
　　게 큰 수익을 빨리 얻고 싶어하지?

나는 잠시 말을 않고 생각을 했다. 내가 악마화하는 은행과
나의 차이에 대해. 생각을 정리하며 쿤쌤의 질문에 답을 시
도했다.

Z 피아트 시스템, 부채기반 경제에서는 미래보다는 오늘
　　돈을 쓰는 것이 유리하고, 빚을 져서라도 빠른 시간 내에
　　큰 수익을 내는 게 게임의 법칙이죠. 그리고 부분지급준
　　비제 덕분에 사용할 수 있는 자금이 많은 은행은, 불법이
　　아닌 이상 당연히 그렇게 할 거고. 그렇다면… 정부가 책
　　임 있게 규제를 더 했어야 되는 거 아닌가요?
K 정부는 법을 만드는 정치인들 입김에서 벗어나기 어렵
　　고, 정치인들은 유권자들 영향에서 벗어날 수가 없어. 적
　　어도 민주주의 체제에서는. 유권자들은 '보통 사람들'이
　　야. 사람들은 단기적으로 빨리 잘 살고 싶어해. 수입도
　　올리고, 집도 늘리고, 새로운 기회도 원하고. 정치인들
　　인센티브는, 전체 유권자들의 반대를 최소화하며, 가장

빠르고 쉬운 단기적 해결책을 제시하고 집행하는 거야. 무엇보다, 정부라는 조직은 빠르게 변하는 시장 환경에 대처하기에는 너무 둔하고 느려. 정부는 민첩함과는 거리가 있는 괴물이야.

Z 모두의 책임, 또는 그 누구의 책임도 아니라고 볼 수 있네요.

K 아니지. 인센티브 자체가 잘못 설정돼 있다고 봐야 되겠지. 은행이 무모한 위험을 감수하면서 불안정한 금융 상품으로 수익을 챙기는 인센티브가 있듯이, 정부도 마찬가지니까. 2009년에 취임한 오바마 대통령은 금융 위기의 본질은 '무책임의 문화'라고 비판했지. '책임감보다는 무모함을 보상하는 체제'의 문제라고 일갈하면서.

Z 오! 그래서 어떻게 했어요?

K 뭘 어떻게 해? 어마어마한 구제금융을 세금으로 투입했지. 그 뿐이 아니야. 이미 열 번에 거쳐 제로에 가깝게 떨어뜨린 금리로도 유동성이 모자라니까, 연준은 유례없는 대대적인 양적완화도 이행했어.

Z 헉! 역쉬 정치인은 말만 번드르르하게 하고 또 돈을 왕창 풀었군요.

K 많은 이들은 아직까지도 2008년 금융 위기 원인으로 은

행권의 탐욕과 관리 규제를 못한 정부의 무능을 탓하지.

Z 은행권의 탐욕과 정부의 무능.

K 하지만 그런 이야기를 하는 건, 사자한테 왜 건강에 좋은 채식을 거부하냐 다그치고. 회색 곰한테 왜 겨울에 잠만 자고 스키를 안 타냐 묻는 거랑 같아.

적절한 표현이었다.

K 2008년 금융 위기의 돌이킬 수 없는 역사적인 패악은 따로 있어. 바로 정부가 금융 주도권을 가진 기득권 계층에 대한 도덕적 해이를 부추긴 거였지.

Z 구제금융으로.

K 정부가 막대한 구제금융으로 망할 수밖에 없는 부실한 은행과 금융 기관들을 살려준 건 엄청난 반칙을 넘어, 자본주의라는 게임 자체를 부정한 사례가 됐어. 무책임하고 무모한 거대 투기 세력이 국가 경제를 담보로 도박을 하다 실패해도, 결국 정부가 나서서 세금으로 그들을 구해준다. 이건 자본주의라는 게임의 법칙에 완전히 위배되지. 원래 자본주의는 리스크 즉 위험을 감수한 투자자는 성공과 실패라는 결과에 따라 보상 또는 벌을 받는

거야. 그리고 이 게임의 심판은 정부가 아닌 시장이어야
되고.

Z 그때 구제금융 받아서 월가 새끼들은 보너스 다 챙겨 먹
고 그랬죠. 에혀. 사람을 한 명 죽이면 살인이지만, 대량
학살을 지시하면 통치라고. 사기를 치려면 크게 쳐야 된
다는 말이 진리네요.

K 구제금융으로 미국 정부에 대한 신뢰는 완전히 무너졌
지. 이제 그 누구도 제 정신을 가진 사람이라면, 미국의
시장 경제를 의심할 수밖에 없게 됐지.

Z 다들 미친 거 아니에요? 지름신에 미쳐서, 미래는 고사
하고 리스크에 대한 개념이 전무하네요.

K 이미 말했듯이, 피아트 체제에서는 시간선호가 높아져
서, 은행은 남의 돈을 갖고 빠른 시간 내에 많은 수익을
내야 돼. 인센티브도 그렇게 설정돼 있고.

Z 네. 최대한 레버리지해서 더 많은 수익을 더 빨리 내는 게
기본값. 그러니 투자보다는 투기가 훨씬 더 유혹적이죠.

K 더군다나 그런 도박의 대가가 그렇게 크지도 않아. 2008
년 사태 이후 정부 구제금융에서 볼 수 있듯이.

Z 정상이 아닌 거 같아요. 근데… 이것도 인간의 본성이고
본능이겠죠?

K 음… 그게 본성인지, 중독인지는 논쟁의 여지가 있을 거 같네.

Z 수익은 사유화. 손실은 사회화. 그래서 그때 사람들이 빡쳐서 장기간 농성 시위하고 그랬잖아요? 그게 뭐였지… 월가 점령?

K 시위라고 부르기에는 민망하고. 집단 노숙 또는 야유회를 월가 근처해서 잠깐 했지.

Z 하긴… 대안도 없는 농성으로 무슨 유의미한 변화가 있겠어요.

K 일부 미국 좌파 정치인들이 다음 선거 때 그 세력을 아주 잘 활용해 먹었지.

Z 잠깐! 2008년에 꼴아박고. 정부가 돈 풀면서 다시 경제가 살아났으면, 그때 주식이든 부동산이든 '줍줍'했으면 완전 대박이었네요.

K 그런 저평가된 자산에 투자할 여력이 있는, 즉 유동성이 넉넉한 사람들에게만 주어진 혜택이었지.

Z 역쉬. 현금이 많아야 뭐라도 주워 담지. 결국 없는 새끼들은 이래도 죽고 저래도 죽는 거죠.

K 그렇게 정부가 돈을 찍고 풀어서 경제는 정상화? 됐고, 호황이 다시 돌아왔지. 그래서 사람들은 그렇게 위기를

넘기고 모든 게 괜찮다고 생각했어. 하지만 그 와중에 이어지는 재정 적자로 미국의 국가 부채는 계속 늘어났지. 그러다, 2019년 말 2020년 초에 코로나19가 터져. 사회적 격리 상태가 지속되고 세계 경제가 멈추는 상황이 왔지. 그러자 미국뿐 아니라 전 세계 주요 국가들은 재난지원금을 만인에게 뿌려주는 상황이 됐어.

Z 그쵸. 그때는 한국에서도 돈을 살포했죠. 큰 액수는 아니었지만.

K 일반적으로 사람들은 금리 인하 같은 통화 정책으로 촉발되는 인플레이션만 걱정하는데, 재난 지원금이나 감세 같은 재정 정책에 의한 인플레이션도 무시할 수 없어. 효과는 똑같아. 참고로 천재지변 같은 질병과 재난은 빈부를 차별하지 않을지 몰라도, 회복과 복원 과정은 빈부 격차가 상당히 커. 그 격차라는 불에 인플레이션은 기름 역할을 하고. 통화 정책 재정 정책 가리지 않고 돈을 푼 미국 정부 때문에 2020년부터 2022년 사이에 미국의 총 통화량은 40% 이상 늘어났어.

Z 헉!

K 그리고 얼마 지나지 않아 우크라이나 전쟁이 터졌어. 유럽 곡창지대 우크라이나에서 농산물 공급에 차질이 생

기며 세계 장바구니 물가가 들썩였지. 전쟁 여파로 러시아에 에너지를 절대적으로 의존하던 독일 경제는 직격탄을 맞았고, 코로나 때 망가졌던 세계 공급망 회복도 다시 엉클어졌지. 여기에 미국 중국 사이의 무역 갈등이 고조되기 시작했어. 세계적으로 보호주의가 다시 기승을 부리는 와중에 이스라엘에서는 다시 전쟁이 터졌고. 왠지 이런 상황들이 익숙하지 않아?

Z 와 진짜… '역사의 라임' 찰지네.

K 돈 계속 찍어내지. 세계 공급망 망가졌지. 무역 전쟁하지. 이러면 인플레이션이 일어나지 않을 수가 없어.

Z 쿤쌤, 인플레이션의 원인이 정확하게 뭐죠?

K 인플레이션은 일정 기간 동안, 재화와 서비스 가격이 상승하는 상태를 말해. 그런데, 이게 원인이 다양해. 먼저 공급이 급격히 줄거나 수요가 갑자기 늘어나는 '쇼크'들이 있어. 그리고 물가 상승에 대한 사회적 예상치 또는 기대 심리도 크게 작용해.

Z 내년에 더 비싸질 것 같으면 올해 무리해서 사버리는 심리? 뭐 그런 건가요?

K 또는 내년에 비쌀 것을 예상하고 미리 가격을 올려 팔 수도 있겠지. 이런 게 반복되면 자기실현적 인플레이션도

일어나. 그래도 인플레이션의 가장 큰 원인은 통화량 증가와 화폐 가치저하라고 볼 수 있어.

Z 2020년대에 들어서면서 미국 경제는 물론 세계 주요 경제권이 인플레이션의 모든 조건을 다 갖춘 상태가 됐군요.

K 인플레이션을 감지한 연준은 금리를 빠르게 올렸지. 아 참, SVB사태 물어봤었지?

Z 네. 뱅크런.

K 연준이 2021년부터 2023년까지 급격하게 금리를 올리면서 직격탄을 맞은 사례지. SVB는 2021년부터 미국 장기 국채를 많이 샀어. 그러다, 갑자기 금리가 올라가면서 채권 가격이 급격히 떨어지며 미실현 손실이 커졌지.

Z 그게…?

K 채권 가격과 금리는 반비례 하잖아. 채권에 대한 이자는 고정이니까.

Z 아! 이해됐어요.

K 금리가 올라가면서 자금 비용이 비싸지자, 기업 고객들이 예치금을 빼가기 시작했어. 돈이 모자랐던 SVB는 급전 마련을 위해 자산을 팔고, 돈을 빌려야 되는 상황까지 갔어. SVB에 문제가 있다는 소문이 빠르게 퍼지자 뱅크런이 일어난 거야.

Z 부분지급준비제가 또 다시 문제가 됐군요.

K 1983년에 설립된 SVB는 아주 오래된 은행은 아니었지
   만, 캘리포니아의 빅테크 기업들, 미디어 회사들, 벤처
   투자자들 그리고 유명 와이너리들을 주 고객으로 둔 미
   국 경제에서 상당히 비중 있는 은행이었지. SVB 사태는
   당시 미국 역사상 두 번째로 큰 은행 파산이었어. 2023
   년 같은 달에 파산한 퍼스트 리퍼블릭(First Republic Bank)
   에게 2위 자리를 내주기 전까지.

Z 잠깐! 도대체 은행이 몇 개 넘어간 거예요? 2023년 3월에.

K 대형 은행들만 치면, SVB를 시작으로 시그니처(Signature
   Bank), 퍼스트 리퍼블릭, 실버게이트(Silvergate Bank). 그
   외에도 자잘한 지역 은행들이 몇 개 더 망가졌지.

Z 와… 이게 단 며칠 사이에 다 무너졌다고요?

K 스마트폰으로 정보가 퍼지는 21세기 뱅크런의 속도는
   차원이 달라. 고객들이 몰려서 SVB를 지불 불능 상태로
   만드는 데 하루도 안 걸려.

Z 와… 무섭다.

K SVB 사태는 미국 스타트업들뿐 아니라, 인도, 이스라
   엘 같은 나라 기업들에게도 큰 부담을 주는 사건이었지.
   SVB 주주였던 한국 국민연금공단도 손실이 컸어.

Z 그래서… 결국 미국 정부가 SVB에 긴급 구제금융을 지원했겠죠?

K FDIC가 예금자들 돈을 다 보증해 줬지. 이건 구제금융이랑 달라. SVB 주주들이나 은행 자체를 살려주거나 도와준 게 아니고, 예금자들을 보호한 조치였으니까. 이 과정에 들어간 추가 비용 역시 SVB를 청산하면서 나온 돈을 사용했고.

Z 그렇군요. 잠깐, 그런데… 예금자 보호라는 것도 원래 한도가 있지 않나요?

K 그건 문제가 됐지. 원래는 법적으로 25만 달러까지 FDIC가 보호를 해주는데, SVB의 경우 그 이상 예금을 가진 고객들까지 연방정부가 다 구해줬으니까. SVB 고객의 열 중 아홉은 법적 보호 한도를 넘는 금액의 계좌들이었거든.

Z 그렇겠죠. 그 정도 사이즈 고객들이면 예금이 대부분 25만 달러 이상이었겠죠. 그런데… 좀 이상한데요. 아니, 법이나 규제라는 게 그렇게 엿가락처럼…

K 많이 이상하지. 그래서 말이 많았어. 명백한 도덕적 해이다. 캘리포니아 부자들을 보호하기 위한 예외를 만들었다. 미국 정부는 원칙이 없다. 모두 일리 있는 비판들

이지.

Z 흠… 근데, 그 정도 대형 은행이 어떻게 리스크 관리를 그렇게 한심하게… 중앙은행이 금리를 올리는 건 인플레이션을 선제적으로 예방하는 거잖아요? 돈이 그렇게 많이 풀리고 물가 상승을 체감하면서 SVB도 어느 정도 예측할 수 있었을 텐데. 어떻게 그렇게 속수무책으로. 도무지 이해가 안 되네요.

K 그러니까. SVB는 금리 상승에 대한 유동성 문제 대비를 전혀 안 한 거나 다름없었지. 가장 큰 책임은 인플레이션을 예측 못한 SVB 경영진에게 있지. 사람들이 저금리 시대를 오래 살면 다 그렇게 돼. 인플레이션이라는 건 아주 조용히 서서히 진행되다 갑자기 제어 불가능 상태로 변하는 괴물이니까. 물가 상승을 우리가 느끼는 순간 인플레이션은 이미 많이 진행됐다고 봐야 돼.

Z 요즘이 그런 시대 같아요. 현금 들고 있는게 녹아내리는 아이스크림 들고 있는 것처럼 느껴져요.

K 제1차 대전 직후 독일 바이마르 공화국에서는 하루에 임금을 두 번씩 줬어. 워낙 인플레이션이 심해서. 맥줏집에서는 초저녁과 심야 시간 사이에도 맥주 가격이 올랐고.

Z 헉! 하룻밤 술자리에서 맥줏값이 오르는 건 상상도 못했

네요. 베네수엘라, 터키, 아르헨티나, 짐바브웨, 레바논 같이 인플레이션 빡신 나라들에서 사람들이 자국 화폐 대신 달러를 쓴다는 얘기는 많이 들었어요. 아무리 그 나라 정부들에서 달러를 못 쓰게 규제해도.

K   엘살바도르는 아예 자국 화폐가 없어.

검색해보니 정말 그랬다. 엘살바도르 화폐의 사용은 2001년에 중단됐다. 이제는 미국 달러와 비트코인이 엘살바도르의 법정 화폐로 통용된다.

K   일국의 중앙은행이 무책임하게 돈을 찍어내면, 자국 통화 대신 달러가 통용될 수도 있지만, 다른 형태의 돈이 통용되기도 해. 예를 들어, 19세기 말 20세기 초 한반도가 그랬지. 개항장 상인들의 활발한 무역거래 증가로 지폐에 대한 수요가 늘어났는데, 당시 대한제국의 기존 통화는 대책 없이 대량 발행돼서 그 어떤 상인도 신뢰하지 않았어. 그래서 일본 민간 은행 제일은행은 1902년 자체 지폐를 만들어 한반도에 유통시켰지. 물론 대한제국의 허가나 승인은 없었어. 하지만, 제일은행권은 금본위제였던 일본 돈으로 바꿀 수 있는 '우월한 돈'이었기 때문

에, 상인들이 믿고 사용했어. 제일은행권이 사실상 한반
도에서 법정 화폐 역할을 한 거였지.

Z 오, 그런 일이 다시 일어나지 말라는 법도 없겠네요. 다
큐 같은 데서 한국 전쟁 이후 인플레이션 상황은 본 거
같은데… 구한말에도 인플레이션이…

K 광복 후, 한국 전쟁 후, 인플레이션은 어마무시했지.
200% 넘긴 적도 몇 해 있고. 역사상 처음으로 한국 물가
가 하락하며 안정된 게 1958년이야.

Z 물가 상승률이 세 자릿수?!?!

K 이게 무슨 개발도상국이나 경제적으로 낙후된 나라들만
의 문제가 아니야. 미국처럼 세계에서 가장 안정적인 경
제를 가진 나라도 1979년과 1980년에는 연이어 두 자릿
수 인플레이션을 기록했지. 그래서 미국 금리가 1980년
에 20%였어. 아니, 그렇게 먼 과거로 갈 것도 없지. 지
난 5년간 인플레이션을 계산하면 달러 구매력이 꽤 줄
었을 걸.

쿤쌤이 상담 전 내게 보내준 인플레이션 계산기 링크를 열
어 확인했다. 지난 5년간 미국 누적 인플레이션 비율을 계
산해 보니, 2019년에 100달러로 살 수 있었던 재화와 서비

스를 2024년에 구매하려면 123달러가 필요했다.

Z 미국도 인플레이션 역사가 장난 아니네요. 1978년에 9%, 1979년에 13.3%, 1980년에 12.5%, 1981년에 8.9%. 최근에도… 2021년에 7%, 2022년에 6.5%, 2023년에 3.4%.

K 물론 그건 모두 정부의 공식 발표 물가 상승률이지. 일반인들이 고물가와 생활비 상승으로 체감하는 압박과는 차이가 있을 수 있어.

Z 정부 통계는 아무래도 발표 전에 여러모로 마사지를 하겠죠. 진짜 인플레이션은 월세 전세 집값 하루만 고민하면 바로 체감할 수 있어요.

K 도심 편리한 거점 부동산은 소비자 생산자 물가와는 비교도 안 되게 더 상승하지.

Z 잠깐! 쿤쌤, 왜 코로나 전까지는 인플레이션이 없었죠? 2008년 이후로 제로 금리에, 양적완화에 그렇게 돈을 찍어내고 풀었는데. 그때는 어떻게 물가가 오르지 않았죠?

K 좋은 질문이야. 그 기간에 인플레이션이 없었던 이유는 크게 두 가지야. 하나는 중국이라는 저렴하고 막대한 노동력을 가진 거대한 공장이 생산을 도맡아줬고, 또 하나

는 기술적 혁신이 엄청나게 이뤄졌지. 아이폰, 소셜미디어, 클라우드, 머신러닝, AI, 전기차. 말 그대로 파괴적인 혁신이 여기저기서 나오며 기업과 개인의 생산성을 향상시켰어. 그래서 우리는 이제 디지털 경제를 편리하게 활용하며 살 수 있게 됐지.

Z 중국이라는 공장과 기술 혁신.

K 생산성을 기하급수적으로 늘려주는 기술은 디플레이션 효과가 상당히 커. 효율적으로 효과적으로 더 좋은 제품을 더 많이 더 빨리 만들게 해주니까. 우리 삶을 더 편안하게 만들어주는 건 말할 것도 없고. 의료 과학도 그렇잖아? 코로나19 백신이 얼마나 빨리 나왔는지 생각해 봐? 그런 개발 속도는 과거에는 상상도 못 했겠지.

Z 저렴한 공장과 기술 혁신과 같은 디플레이션 요소들을 2020년 이후 대대적인 경기 부양 정책, 중국과의 무역 전쟁, 그리고 우크라이나 전쟁 같은 것들이 다 삼켜버렸군요. 인플레이션이 진짜 블랙홀이네. 저가 대량 생산과 기술 혁신이 원심력을 아무리 발휘해도, 마구잡이로 돈을 찍어내는 구심력은 당할 수가 없네요. 돈 푸는 데 이렇게 진심인 미국 정부를 누가 이기겠어요?

K 그런데 말이야, 이런 생각도 해 볼 수 있어. 기술 혁신으

로 생산성은 올라갔는데, 우리 삶에서 여유가 늘어났나?

Z 흠… 다른 나라는 모르겠지만, 한국의 생산성이 그렇게 높다고 볼 수 있나요?

K 그렇다고 볼 수 없지. 그런데 과연 그게 기술의 문제일까?

Z 사람이죠. 사람과 제도.

K 확실한 건, 기술 혁신 덕분에 우리는 몇 십 년 전 사람들보다 훨씬 더 편하게 삶을 살 수 있어. 그런데, 과연 우리 개개인들이 옛날 사람들보다 일을 덜 하고, 여가를 더 즐길 수 있나? 개인의 시간이 더 많아졌나?

Z 전혀 아니죠. 시간은 늘 모자라죠. 저 같은 평민들 중에는 투잡 뛰는 사람들 많아요. 가족의 생존을 위해서.

K 인플레이션은 그렇게 우리의 시간도 빼앗아 가는 거야. 돈보다 더 중요한 자원이 시간인데.

나처럼 가진 게 별로 없는 사람은 돈보다 시간이 훨씬 많다. 하지만 인플레이션이 내 돈만 갉아먹는 게 아니라 나의 시간까지 잡아먹고 있다는 사실에 충격을 받았다. 인플레이션은 조용히 내 인생을 훔쳐가고 있었다.

Z 인플레이션 시대에는 월급만 빼고 모든 게 다 올라요. 임

금 상승은 물가 상승을 절대로 따라잡을 수가 없어요. 아니 임금이 심지어 좀 올라간다 해도, 소득세 구간은 훨씬 더 느리게 개정돼요. 소득세 구간 바뀌는 데 한 십 년 걸리나? 그러면 월급이 아무리 올라도 세금은 물가 오르기 훨씬 전에 정한 구간 그대로 떼어가고, 실질 소득은 오히려 더 줄어들 수밖에 없어요.

K 인플레이션은 정부가 시민들을 속이면서 걷는 세금이야. 입법화 없는 세금.

Z 그러면, 인플레이션 시대에는 주식 투자를 해야 되나요? 어차피 임금이 물가 상승도 따라가지 못하면…

K 그렇게 볼 수도 있는데, 만약에 터키처럼 인플레이션이 40%이상인 나라에서 주식으로 연 수익률 45% 내봤자, 실질 수익은 5%잖아. 그러니까 인플레이션 시대에는 실질 금리, 실질 임금, 실질 수익을 꼼꼼하게 계산해야 돼.

Z 사는 게 피곤하네요. 부동산이 좀 낫나? 상대적으로 안전자산 아닌가요?

K 부동산이 경질자산이라서 안전자산이라고 보는 사람들이 많지. 특히 한국인 다수는 강남 부동산 신화에 아직도 매료돼 있지. 그런데 말이야, 단순 비교할 수는 없지만, 강남보다 훨씬 더 잘나가던 곳들도 생각보다 빨리

망가져.

Z 어디요?

K 많은 유수 빅테크 기업들이 밀집해 있던 미국 샌프란시스코 상업 부동산이 최근에 폭락했지. 몇몇 도심 대형 오피스 빌딩들 가격이 1/5이 됐어.

Z 네?! 아니… 그럼 1000억짜리 빌딩이 200억에? 와… 완전 땡처리 초특가 세일이네.

K 그렇게 헐값에 매물이 나왔는데도 안 팔리는 빌딩들이 많아.

Z 말이 돼? 아니 어쩌다…

K 공실률이 1/3을 훌쩍 넘은 도심 건물들이 다수야. 코로나 때 시작한 재택근무를 시발점으로 보는 사람들도 있지만, 더 큰 문제는 치안이야. 샌프란시스코 범죄율은 사법당국이 감당 못할 수준이야. 경찰, 검찰도 모자라고, 교도소 유지 비용도 부족해. 정부가 예산이 없어. 그래서 많은 대형 매장들이 도심에서 철수를 했고, 그러자 재택근무를 하던 사람들은 출근을 더 기피하게 됐어. 시내는 순식간에 유령도시로 변해 버렸고 범죄도 빈번해졌지. 도시 하나 망가지는데 오래 걸리지 않아.

쿤쌤 이야기를 들으며 검색해보니 상상 이상이었다. 도심 곳곳에 약에 쩐 좀비들과 홈리스들이 득실거렸고, 대낮에 마스크를 쓴 괴한이 애플스토어를 사람들이 보는 앞에서 털고 있었다. 아름답던 샌프란시스코는 이제 완전 세계 종말 이후 분위기였다. 쿤쌤의 팩폭이 이어졌다.

K 그래서 최근에는 많은 테크 기업들이 샌프란시스코를 떠나 텍사스주 오스틴 같은 곳으로 옮겨갔어. 그런데 말이야, 상업 부동산이 1/5가격에 매각되면 세금이 덜 들어오겠지? 재산세가 확 줄어들고. 일하는 사람들이 도시를 떠나서 소득세도 줄지. 가게들 줄줄이 문 닫으면서 판매세도 줄고. 그러면 지역과 주정부 세수 역시 더 줄어들고, 치안이 더 나빠지는 악순환으로 이어져. 더 큰 문제는, 이런 상업용 부동산 가격 폭락은 건물주들만 손해 보는 걸로 끝나지 않고, 은행권 부실로 번질 수도 있어. 미국 오피스 빌딩은 통상 5년 고정금리로 대출이 돼. 2019년 코로나 이전에 금리가 정말 낮을 때 막차를 탄 건물주들은 2024년에 만기가 돌아왔는데… 건물의 1/3이상이 텅텅 비어 있으면 그 부동산을 재평가했을 때, 대출 연장을 해 줄 은행은 많지 않아. 그때까지 안 팔린 건물은 경

매로 넘어가고 더 헐값에 팔리겠지. 이러면 상업용 부동산 공실률로 인한 부실의 불씨가 얼마 후 은행권으로 번질 수도 있다는 이야기야.

Z 무섭네요. 진짜 '역사적 라임'이 딱딱 떨어지네. 그런데, 샌프란시스코 같은 문제는 단순히 금리를 내리고 돈을 푼다고 조속히 해결될 문제는 아닌 것 같네요.

K 축적된 문제들이 한꺼번에 터진 거니까.

Z 이 모든 게 코로나 때문도 있지만, 어떻게 보면 하도 오랜 기간 저금리로 돈을 풀어서 리스크라는 개념 자체를 상실한 사람들이 너나 할 것 없이 미친듯이 부동산 투기를 한 것도 문제 아닌가요?

K 사람들이 오랜 기간 저금리에 익숙해지면, 레버리지가 늘어나고 또 부채의 규모도 커질 수밖에 없어. 그리고 망각해. 고금리라는 개념 자체를. 레버리지가 극심한 사회의 큰 문제 중 하나는 중앙은행이 금리를 함부로 못 올린다는 거야. 통화 정책의 옵션이 줄어들어. 극단적인 사례가 일본이지. 미국 연준은 인플레이션을 잡겠다고 금리를 한 번에 0.25%, 0.5%, 0.75%, 심지어 1% 올린 적도 있지. 그런데, 일본은 안 그래. 아니 못 그래. 일본 중앙은행은 심사 숙고해서 0.1% 올려. 일본은 주요 경

제국 중에서 GDP 대비 정부 부채 비율이 가장 높은 나라니까.

Z 미국이 아니라 일본이라고요?

K 절대적인 수치는 물론 미국 정부의 부채가 세계에서 가장 크지. 하지만 부채 비율로 보면 일본이 더 커. 일본은 정부뿐만 아니라 기업, 개인까지 최대치로 레버리지 돼있는 경제야. 예를 들어, 일본에서 안정적인 우량 기업에 종사하는 신용 좋은 사람은 집을 살 때 대출을 집값의 100% 가까이 받을 수 있어.

Z 100프로요?! 그러면 신용 하나로 현금 안 들이고 집을 살 수 있단 말이죠. 와~!

K 가능하지. 신용만 좋으면. 이사 비용, 집수리 비용, 인테리어 비용 같은 명목으로 어느 정도 대출이 가능하니까.

Z 좋은 나라네.

K 글쎄… 30년 이상 월급의 큰 비중을 빚과 이자 갚는 데 쓰고 살 수도 있는데…

Z 역시… 일본 월급쟁이들도 비참하군요.

K 일본 주택담보 대출은 미국 모기지와 달라. 고정금리가 아닌 변동금리야. 무엇보다 오랜 기간 제로와 마이너스 금리에 익숙해지고 길들여진 일본 사회는 금리 인상 같

은 충격을 감당할 체력이 안 돼. 그래서 일본 중앙은행은 인플레이션을 잡고 싶어도 금리를 크게 못 올리고 찔끔 찔끔 올리는 거야. 일본 중소기업 중에는 빚으로 연명하는 좀비 기업들도 상당히 많아. 2024년 1분기에 중앙은행이 금리 0.1% 올렸더니, 5월 한 달에만 도산한 일본 기업이 1,000개 이상이 나왔어.

Z 레버리지로 묶인 일본 열도가 부채기반 경제의 진수를 보여주는군요.

K 부채기반 일본은 정부 주도로 이뤄졌다고 봐야 돼. 그래도 가계 부채는 한국만큼 심각하지는 않아.

Z 경제 강국 일본은… 어쩌다 이렇게 스텝이 꼬이게 된 거죠?

K 글쎄. 우리가 메이지 유신까지 거슬러 올라가는 이야기를 지금 할 수는 없고. 1985년 '플라자 합의'를 시발점으로 봐야 되겠지.

Z 왜죠?

K '플라자 합의'는 미국의 강압으로 이뤄진 엔화 절상이었어. 달러가 엔화 대비 약해지자, 일본 대미 수출이 줄었지. '엔고 불황'에 몰린 일본은 내수 촉진을 위해 돈을 열심히 풀었어. 그 여파와 효과가 버블경제 형성과 붕괴야. 이를 수습하기 위한 경기 부양 과정에서 정부 재정

적자는 크게 악화됐어. 자산 가격 하락과 함께 금융권의 회수 불능 불량채권이 늘어나며 일본의 경기 침체와 디플레이션이 시작됐어. 이걸 고쳐보겠다고 아베노믹스[12]가 양적완화와 엔 평가절하에 '올인'했지만… 일본 경제의 실질적인 회복은 이뤄지지 않았지. 이 모든 과정이 현재 일본을 레버리지 열도로 만드는데 기여했다고 봐.

Z 흠… 들으면 들을수록, 우리가 선진국으로 알고 있는 미국과 일본도 일반인들에게는 그렇게 경제적으로 안정적이고 안전하다는 느낌이 안 듭니다.

K 인플레이션은 보이지 않게 역사적으로 누적된 사회 경제적 문제들을 한 번에 터트릴 수 있으니까.

Z 쿤쌤, 미국 연준이 1970년대 말 1980년대 초 스태그플레이션 때려잡을 때처럼, 눈 딱 감고 일시적인 불황 감수하고 금리를 화끈하게 올려서 인플레이션 잡으면 안 되나요?

K 그게 이제는 그렇게 쉽지 않아.

Z 정치권 눈치를 봐야 돼서?

K 아니. 1980년과 오늘날의 미국 경제, 아니 세계 경제는

---

12 Abenomics - 2012년부터 아베 신조 정부에서 추진한 대규모 양적완화 정책과 고용 확대를 위한 공공투자 확대 정책.

많은 면에서 비교가 무의미할 정도로 너무나도 달라. 가장 큰 차이점은 부채야. 미국의 국가 부채. 1980년 미국 정부 부채는 9140억 달러였어. 오늘날 미국 정부 부채는 36조 달러야. 그리고 이 액수는 나날이 불어나고 있어.

Z 36조 달러… 한국 원화로 계산하면… 5경 600조 원! 아니 도대체 0이 몇 개야! 오 마이 갓. 이건 도무지 실감이 안 되는 숫자입니다.

K 물론 경제 규모가 확장되는 한, 국가 총부채는 늘어날 수밖에 없어. 자연스러운 현상이야. 그러나, 36조 달러는 부담이 되지. 이거 이자만 갚는 데도 미국 정부 예산 16% 이상을 사용하니까. 부채 이자 비용이 미국 국방비보다 많아.

Z 헉! 그러니 미국 정부 입장에서 금리를 파격적으로 올릴 수 없군요. 아니, 금리를 어떻게 해서라도 내려야 되는 인센티브가 있네. 미국 정부는 이런 이자 비용을 어떻게 하려는 거죠?

K 이자 비용을 지급하기 위해서 미국 정부는 국채를 더 발행할 거야. 피할 수 없는 현실이야.

Z 카드 돌려막기.

K 그렇지. 국채는 원래 미국 주요 수출품 중 하나야. 많은

나라 외환 보유고에 있는 달러 역시 현금이 아닌 미국 국
채로 보관하니까.

Z 달러가 아닌 미국 국채로?

K 국채 수익률이 달러 예금 금리보다 높으니까.

Z 아, 그렇죠. 근데, 이런 미국 정부의 국채 돌려막기, 이거
결국 문제가 되지 않나요?

K 음… 국가 부채를 관리 감당하기 어려운 상황을 '누적채
무위기'라고 해. 이 문제의 해법은 네 가지밖에 없어. 1
번. 지출을 엄격하게 극단적으로 줄인다. 2번. 채무 불이
행과 함께 대대적으로 사회 경제적인 구조조정을 단행
한다. 3번. 과격한 증세를 시도한다. 4번. 중앙은행을 통
해 돈을 찍어낸다.

Z 정답 4번. 정부는 그냥 돈을 찍어낸다.

K 맞아. 이유는 명확해. 정부 지출을 줄이는 건 국가적 이
득이나 사회적 혜택보다는 더 많은 고통과 비용을 초래
해. 채무 불이행과 구조조정은 국가적 혼란을 초래하고
이에 따른 불확실성과 경제적 손실이 너무 커. 미국이 채
무 불이행을 할 수는 없잖아? 헤비급 고릴라의 체면과
위상이 있지. 마지막으로 과격한 증세 역시 현실적인 해
결책이 못 돼.

Z 왜죠? 세금 많이 걷으면 일부 반발은 있지만, 좋지 않나? 누적채무위기 돌파하는데.

K 과격한 증세는 일단 가진 사람들이 싫어해. 부유층, 중 상층과 중산층. 법인세를 올리면 기업들이 나라를 떠나 듯이, 부자들 역시 세금이 과해지면 다른 나라로 이민을 가. 어차피 세금 대부분은 기업들과 가진 사람들이 내지, 서민들이 내는 게 아니니까.

Z 세금을 많이 내서 사회 기여를 많이 하는 사람들이 소수 인데 반해, 세금을 적게 내는 유권자들이 다수인 사회에 서는 포퓰리즘으로 부자 증세가 인기있지 않나요?

K 그걸 몇 년 지속하면 몇몇 남미 국가들처럼 경제가 파탄 날 수 있지. 빈부 격차와 민주주의가 잘못 섞인 칵테일은 치명적인 독약이 될 수 있어.

Z 결국 누적채무위기에서는 정부는 돈을 계속 찍어서 풀 수밖에 없군요. 그러면 또 인플레이션.

K 그리고 빈부 격차를 가장 빠르게 벌리는 요소는 인플레 이션이야.

Z 물가 상승은 자산이 많고 부채가 많은 부자들에게 절대 적으로 유리하죠.

K 부자들이 소유한 부동산, 주식, 심지어 예술품 같은 자산

도 가치가 상승하지만, 고소득층 임금은 인플레이션과 빠르게 맞춰져. 저소득층이랑 달라. 그러니까 경제적 불평등 그리고 빈부 격차는 엄청나게 벌어지지. 이런 양극화는 극단적인 사회적 갈등과 분열로 가는 지름길이고.

Z 그러고 보면, 자본주의라는 게 민주주의랑 썩 잘맞는 결합은 아닌 거 같아요.

K 민주주의는 자본주의가 필요할 지 몰라도, 자본주의는 민주주의가 필요 없어. 자본주의는 이념이 아니야. 자본주의는 인간 사회의 본성, 본능에 가깝지. 중력 같은 거야. 물론 이런 자연스러운 본성을 우리가 사회적 합의를 통해 제어 관리를 적절하게 해야 되겠지. 문명 사회가 자연의 법칙대로만 갈 수는 없잖아? 시장 만능주의는 아주 무지한 발상이야. 우리 대화에서도 짚었지만, 시장 실패는 반복되고 시장 경제의 부작용도 만만치 않아. 정부의 역할은 분명히 있어. 샌프란시스코 사례에서 봤듯이, 정부가 돈이 없으면, 치안은 너무나 쉽게 무너져. 정부는 사회 경제 구성원 모두가 균등한 기회를 갖고, 원칙 있게 분배된 혜택으로, 성장을 도모할 수 있는, 공정한 게임을 보장해줘야 하니까. 물론 그런 본연의 역할을 정부가 현실에서 제대로 하고 있는지는 또 다른 논쟁거리지만.

순간 나는 쿤쌤의 말에 격하게 동의하며 천천히 끄덕였다. 자본주의는 이념이 아니고 자연의 법칙에 가깝다. 그러나 우리는 자연 속에 사는 본능에 충실한 야만인이 아니다.

Z 정부는 피아트를 찍어내면서 사람들에게 가치가 아닌 가격만 정신없이 쫓아다니게 몰고가는 것 같아요. 그렇게 지배하는 거 같아요.

K 연금술사의 문제가 뭔지 알아?

Z 네? 연금술사?

K 연금술사가 가치 없는 쇠붙이를 금으로 바꿀 수 있으면 금의 희소성은 당연히 없어지겠지? 너무나 저렴한 비용으로, 금을 무한대로 만들어 낼 수 있으니까. 그러면 궁극적으로 연금술사는 금의 가치와 가격을 제로에 가깝게 만들어버려. 단기적으로 연금술사와 그 주변부는 벼락부자가 되지만, 총체적인 파국은 면할 수 없어.

Z 연금술사 패거리들은 금값이 똥값 되기 전에 잽싸게 챙길 것 다 챙기고 먹튀. 아하! 중앙은행이 연금술사네요. 엘리트 집단이 왜 정부와 은행 근처에 얼씬거리는지 잘 설명되네요. 그러면, 인플레이션 시대에 우리는 금을 사모아야 하나요?

K 금은 확실히 경질자산이지. 금이 많은 면에서 어중간한 부동산보다 더 안전하니까.

Z 근데 금은 부피가 있어서 금고가 필요하죠.

K 음… 금을 집에 보관하는 건 아니니까. ETF[13]도 있고.

Z 금은 인플레이션 방어 수단으로 좋고, 가격도 꾸준히 상승하고.

K 21세기에 금값이 꽤 오른 건 사실이야. 사람들은 금이 안전자산이라서 올랐다고 생각하지만, 금값 대비 달러 구매력이 떨어진 부분도 커.

Z 아, 달러의 가치저하. 그러면, 아무리 중앙은행의 통화 정책에 제한이 있다고 해도, 금본위제가 더 안전한 시스템 아닌가요?

K 현실적으로 불가능해. 완전지급준비제를 하는 금본위제를 할 수도 없고. 부분지급준비제 금본위제를 한다고 해도 브레턴우즈 시절처럼 다른 국가 화폐들이 미국 달러에 고정될 수 있는 시대가 아니야. 무엇보다 금은 세계적으로 골고루 분배돼 있는 자산이 아니야. 전 세계에 유통되는 금 대다수는 중국, 러시아, 호주, 캐나다, 그리고 미국. 이 다섯 나라에서 채굴돼.

---

13 Exchange Traded Fund: 상장 지수 펀드.

Z 아하… 그리고 금 최대 보유국은 미국이죠?

K 그렇지. 지금 미국 정부가, 물론 그럴 리는 만무하지만, 만약에, 다시 금본위제를 시행하면 그렇지 않아도 비싼 금값은 더 천정부지 올라갈 거야. 지금 세계에 퍼져 있는 달러를 고정하고 보증할 만큼의 금 역시 턱없이 부족하고. 금본위제는 다시 돌아갈 수 없는 과거의 제도야. 금본위제 재도입 검토 의견은 2008년 금융 위기 이후 일부에서 잠시 나왔어. 그런데 금본위제 검토를 주장한 사람들도 진짜로 현재 체제를 바꿀 수 있다고 생각해서 그런 의제를 들고나온 게 아니라, 자신들이 보유한 금값을 올리려는 목적이 있었다고 보는 게 맞아.

Z 금본위제도 이제는 현실적으로 불가능하고, 피아트는 태생적인 결함이 너무 많고. 부분지급준비제를 없앨 수도 없고. 그렇다고 성장과 직결돼 있는 부채기반 경제를 이제 와서 멈출 수도 없고. 이건 뭐가 어디서부터 잘못된 건지 잘 모르겠네요. 복잡하네요. 잠깐! 그러면 인플레이션은 피아트 체제에서만 일어나는 현상인가요?

K 그렇지는 않지. 16세기 스페인도 아메리카 식민지에서 너무나 많은 금과 은이 본토로 유입되면서 극심한 인플레이션에 시달렸어.

Z 돈의 공급이 문제군요. 그렇다고 돈의 공급을 늘리지 않을 수도 없고.

K 음… 다른 시각에서 이 문제를 볼 수도 있지. 양분화된 돈의 구성 요소 '장부'와 '물리적 매개'. 이 두 가지가 움직이는 속도의 차이가 만든 '균열'. 어쩌면 이 '균열'이 우리가 오늘날 경제 체제에서 겪는 많은 부작용의 시발점이었다고 볼 수 있지. 그리고 더 현실적으로는, 우리가 직면한 오늘날 돈의 문제는 피아트 화폐가 태생적으로 시장이 아닌 정부에 의해 정치적으로 운용돼서 많은 사회 경제적 문제를 야기한다고 볼 수 있지.

장부와 물리적 매개의 균열로 생긴 신용 거래. 피아트와 부채기반 경제 그리고 인플레이션. 과연 이 모든 문제의 해결책은 무엇일까? 아니 있기나 할까?

Z 그러면… 우리는 이런 '역사의 라임'을 언제까지 들어야 하나요? 경제 위기는 역사적으로 반복될 수밖에 없어 보이는데. 미국 정부 경제 전문가들도 이걸 알고 있죠?

K 물론 인지하고 있지. 하지만 그들은 문제가 없다고 해. 이유는 간단해. 빚을 내서 성장하는 부채기반 경제에서

는 성장이 이자보다 크면 되니까. 달리 말해, 부채 액수를 GDP와 비교하는 건 무의미하고, 부채의 이자 비용을 GDP 성장률에 대비해서 보는 게 유의미하다는 거야.

Z 어차피 미국 정부는 원금은 갚을 계획이 없고 이자만 낼 거니까.

K 그렇지. 미국 GDP가 정부 이자 비용 부담 상승보다 빠르고 크게 성장하면 된다는 논리야. 적어도 미국 입장에서는. 미국의 영향을 받는 다른 나라들은 알 바 아니고.

Z 그러다 미국 성장이 침체되고 불황이 오면?

K 그러면 돈을 찍고 푸는 거야. 이자 비용도 줄이고, 국가 부채 실질 가치도 떨어트리고, 시중에 더 늘어난 돈으로 성장 자극하고.

Z 그러면 또 인플레이션.

K 다시 말하지만, 피아트 체제 부채기반 경제에서 인플레이션은 불가피해. 인플레이션이 진짜 무서운 건 물가가 계속 오르면 금리도 따라서 올라.

Z 중앙은행이 물가를 잡기 위해 금리를 올리니까?

K 아니. 심지어 연준이 금리를 내려도 시장 금리는 오를 수 있어. 인플레이션이 지속되면 시장 금리는 연준 금리랑 따로 놀 수 있지.

Z 아니, 어떻게?

K 간단하게 생각해. 실질금리가 마이너스가 되면 안 되잖아? 은행들이 고객 돈을 더 끌기 위해서라도 금리를 올리겠지? 대출도 마찬가지고. 시장 금리는 물가만큼 올라가. 물가에는 돈 빌리는 가격도 포함돼. 돈 빌리는 가격이 금리야.

Z 헉. 경질자산이 없는 저 같은 평민 월급쟁이들은…

K 아주 가난해지지. 아까 이야기했듯이, 빈부 격차를 가장 빠르게 벌리는 게 인플레이션이야.

Z 기업은 수익을 우선시하고, 정부는… 일반인들을 좀 챙겨야 되는 거 아닌가요?

K 미국 달러는 세계 경제 기축통화야. 연준은 미국 정부야. 미국 정부가 일반 미국인들도 그렇게 신경을 쓴다고 볼 수 없는데, 한국인들까지 배려하기를 바라는 건 무리 아닌가?

Z 미국 정부가 괴물이네. 아니, 인플레이션이 진짜 괴물이네.

K 미국발 인플레이션은 세계 경제를 뒤흔드는 거대한 괴물이지. 인플레이션 시대에 살면 사람들은 호흡이 짧아지고 시야도 좁아져. 숲은 고사하고 나무도 제대로 못

봐. 이파리에만 집중하게 되지. 사람들은 생각보다는 걱정, 문제 해결을 위한 고민이 아니라 걱정만 하게 돼. 제어할 수 없는 여건에 시달리고 쪼들리면 사회나 환경 문제는 고사하고, 개인의 앞날도 설계하기 어려워져. 개인이나 사회나 미래가 없어져.

Z 그게 딱 제 인생입니다. 제가 그렇게 살아왔고, 그렇게 살고 있어요.

K 불과 반세기 전만 해도, 한 가구의 가장이 벌어서 핵가족 하나를 먹여 살렸어. 저축도 하고 집도 사고 애들 교육도 시키고. 그러다 부부가 다 일하는 시대가 됐지. 그런데도 저축은 점점 줄어들었지. 그러다 빚을 져야 살 수 있는 시대가 됐어. 그러면서 사람들이 출산을 미루다가 포기하는 데까지 이르렀지.

Z 이제는 아예 결혼을 포기하고, 연애도 포기해요. 그리고 취직도 포기하죠. 제가 바로 그 '유예 세대'예요. 중산층이 소멸되는 게 문제가 아니라, 몇 십 년 후에는 한국이라는 나라가 사라질 수도 있죠?

K 생존하기 어려운 환경에서 번식이 멈추고 인구가 급격히 줄어드는 건 자연스러운 현상이야. 그러면, 지난 몇 십 년간 이런 사회적 변화들이 과연 피아트 체제 부채기

반 경제와 무관할까?

내가 살고 있는 세상은 안전하지도 안정적이지도 않다. 이게 사실이고 진실이다. 나는 이걸 받아들이기 두려워 부인하고 외면하며 이제까지 어린아이처럼 살아왔다.

Z 쿤쌤… 이 피아트 지옥에서 저 같은 평민은 어떻게 살아남을 수 있을까요? 출구가 있을까요?
K 출구가 없지는 않지.

비트코인 처방전

"우리는 부분적으로 알고 부분적으로 예언하니,
온전한 것이 올 때에는 부분적으로 하던 것이 폐하리라."

- 고린도전서 13:9-10 1Corinthians 13:9-10

"우리가 '좋은 돈'을 다시 가지려면
정부의 손아귀에서 돈을 **빼앗아야** 돼.
물론 폭력적으로 정부로부터 가져오는 건 안 되니까,
우리가 할 수 있는 유일한 건 정부가 막을 수 없는
'뭔가'를 에둘러서 은밀하게 도입하는 거겠지."

- 프리드리히 하이에크 Friedrich August von Hayek

8. 동기화.

Synchronization

예술은 공간적 예술과 시간적 예술로 나눌 수 있다. 건축과 미술이 공간적 예술이라면, 문학과 음악은 시간적 예술이다. 시공간을 동시에 구현하는 예술도 있다. 영화다.

영화도 처음부터 온전하게 시공간을 전달하는 매체는 아니었다. 영상과 음향이 따로 노는 분열과 부조화로 표현의 한계가 많았다.

1920년대 미국 경제 황금기에 발명된 영상과 음향을 동기화하는 기술은 영화를, 인류사를 완전히 바꿔버렸다. 사운드 필름의 탄생은 혁신을 넘어 혁명이었다.

시간과 공간, 사진과 소리, 생각과 느낌이 동기화되며 인류는 정보와 정서를 정교하고 정확하게 교환하며 교류할 수 있게 됐다. 현실을 있는 그대로 마찰 없이 전달하고, 현실을 왜곡 없이 파악할 수 있게 됐다.

이제는 누구나 손쉽게 지구 반대편 상대와 영상통화를 하는 시대다. 우리는 더 복잡하고 미묘한 의도를 더 효율적이고 효과적으로 소통할 수 있다. 고도화된 소통 수단으로 인간은 현실을, 타인을, 세상을, 우주를, 그리고 자신 스스로를 더 깊고, 더 넓게 이해할 수 있게 됐다. 불과 백 년 전 온전한 전달 매체가 나와서 가능한 결과다.

9. 순간이 아닌 시간.

The Opposite of Eternity

K 발명은 아이디어에서 시작해. 인류사의 모든 혁신은 다 축적된 지식에서 나왔어. 바퀴, 돈, 문자, 수학, 활자, 화약, 주식회사, 전기, 기차, 비행기, 인터넷. 이런 것들은 어느 날 갑자기 하늘에서 뚝 떨어진 게 아니라, 오랜 시간 많은 자원이 투여됐기 때문에 실현될 수 있었어. 이런 유의미한 아이디어들은 인간이 가용할 수 있는 시간을 증가시켜 준 도구들이야. 그렇게 문명의 진화 진보는 인간의 시간을 아끼는 방향으로 흘러왔어. 우리에게 가장 소중한 자산은 시간이야. 현실의 본질은 희소성이니까.

Z 사람은 누구나 다 죽죠.

K 만약에, 죽을 수 없는 불멸의 인간이 있다고 상상해 봐. 그 인간은 모든 일을 기한 없이 미룰 수 있겠지? 무한대 시간을 가지면 시간의 가치가 있을까? 시간의 가치가 없

비트코인 처방전

어지면 모든 것의 가치가 사라져 버리고, 그 인생 자체가 무의미해지지 않겠어? 모든 것의 가치는 제한된 시간에서 의미가 부여되는 거니까. 무한대 시간을 가진 영원한 존재에게 소유가 의미 있을까? 한 개인이 살아가며 백년대계는 필요 없을 지 모르지만, 내일을 고려하지 않고 오늘만 사는 것 역시 바람직하지 않겠지? 영원의 반대는 순간이 아니라 시간이야.

Z 방금 든 생각인데요. '나는 바쁘다'가 왠지 '나는 가난하다'랑 비슷한 거 같아요.

K 음… 시간이 없는 사람이 빈곤한 사람이라고 볼 수 있지.

Z 제 얘기였어요. '바쁘다'를 입에 달고 살아온 저도 이제는 시간선호를 잘 짜는 버릇을 만들어 보겠습니다. 시간을 아껴주는 도구들을 잘 활용해서.

K 도구를 사용할 줄 아는 동물은 많아. 수달이나 원숭이처럼. 그런데, 인간은 단순히 도구를 사용하는 데 그치지 않고, 고도로 복잡한 도구를 발명해 내. 인간은 미래를 대비하고 계획할 수 있기 때문에 당장 본능적으로 하고 싶은 행동을 참고 많은 시간을 집중해서 뭔가를 창작할 수 있어. 미래에 어떤 보상이 가능하다고 상상할 수 있어서 긴 시간 앞을 내다볼 수 있는 거야. 또 반대로 긴 시간

앞을 내다볼 수 있어서 미래에 대한 보상도 상상하는 거고. 미래를 예측하고 대비하는 능력 덕분에 인간은 생산적인 협력이 가능한 공동체를 형성하고 수많은 복잡한 활동을 체계적으로 질서 있게 할 수 있는 거야.

Z   쿤쌤, 근데 우리가 불안감을 느끼는 이유도 미래를 상상해서 그런 거 아닌가요?

K   정확한 지적이야. 그런데 그게 꼭 나쁜 걸까? 인류가 생존하기 위해서는 미래의 불확실성에 대한 고민은 필요해. 그 과정에서 어쩔 수 없이 파생되는 게 불안감이고.

Z   그렇다고 계속 불안감을 안고 걱정만 하면서 살 수는 없잖아요.

K   대책 없는 걱정보다는 문제 해결 방법을 찾는 게 현명하겠지. 불안감을 물리친다기 보다는 다스리는 게 훨씬 더 현실적이고. 불안감을 외면하지 말고 대면해. 그러면 불안감의 실체가 보이겠지? 무엇을 바꿀 수 있고, 무엇을 바꿀 수 없는지도 보이고. 본인이 해결할 수 있는 문제를 파악하고 개선하는 데에 집중하지 않고, 제어할 수 없는 변수들을 걱정하는 건 시간 낭비야. 생산적이지 못해.

Z   저도 걱정이 아닌 문제를 파악하고 해결할 수 있는 능력을 키워 보도록 하겠습니다.

K 그러길 바래. 우리가 지금 대화를 하는 이유이기도 하
   니까.

Z 쿤쌤 말씀 듣다 보니, 이런 생각도 들어요. 요즘 애들이
   지들은 다 특별하고 개성이 있다고 하는데, 어떻게 보면
   다 너무 비슷비슷하거든요. 회사 사람들뿐만 아니라, 제
   주변도 그래요. 그것도 시간선호가 높고 근시안적으로
   살아서 그런 거 같아요. 뭐랄까… 그 어떤 축적 같은 게
   없어서 독창성이나 매력이 없어요. 자세히 보면 다들 밋
   밋하고, 이야기를 해봐도 다들 완전 진부해요.

K 흥미로운 관찰이네. 그러면, 그 사람들은 왜 그렇게 진부
   할까? 아니, 왜 본인은 그들이 진부하다고 느끼지?

Z 아는 게 없어요. 다 하나같이 '복붙'한 얘기만 하니, 들을
   가치가 없죠.

K '복붙'한 이야기가 뭐지? '복붙'?

Z 컨트롤C 컨트롤V. 걔네들 지식이라는 게 다 유튜브에서
   하는 얘기 짜깁기 리믹스 라서요.

K 지식이 아니라 정보. 정보는 어디서 주워들을 수 있지만,
   지식은 축적이 필요해. 그리고 진부한 경험을 한 사람들
   은 진부한 이야기만 하게 돼. 사람이 개성이 있으려면 지
   적 노력이 동반돼야 해. 그러면… 그 진부한 사람들이 언

제부터 그렇게 됐을까?

Z   글쎄요… 발전이 없어요. 생각의 발전. 성장 못한 애들 같기도 하고.

K   유치원 다니는 꼬마 아이들은 다음 주나 다음 달의 차이 를 몰라. 미래에 대한 감이 전혀 없어. 미래의 불확실성 에 대한 개념이 없으니까. 그래서 유아들은 현재 지향적 이고 그 어떤 계획도 없어. 미래에 대한 예측, 대비 또는 계획은 성인이 될수록 생기는 능력이야. 성숙한 인간이 되는 과정은 시간선호를 낮추는 과정이기도 해.

Z   시간을 훔쳐가는 피아트 체제가 사람들의 성장을 더디 게 만드는군요. 사람들이 시간선호를 높게 유지할 수밖 에 없게 만들면서. 어른들을 아이들로 돌려놓네요.

K   우리가 시간을 멈추거나 시간의 방향을 바꿀 수는 없지 만, 우리는 시간과의 관계를 설정할 수는 있어. 시간을 어떻게 어떤 의미로 해석하는 지에 따라, 우리의 가치, 또 가치관도 결정될 수 있으니까. 장기적인 목표가 있으 면 단기적인 근심이 사라지잖아?

축적. 의미. 목표. 왠지 나의 삶과 무관한 단어들처럼 들렸 다. 그러나 동시에 직관적으로 알 수 있었다. 축적, 의미와 목표는 내가 찾는 희망과 무관하지 않다는 것을. 쿤쌤은 시간에 대한 강의를 이어갔다.

K 흔히 시간이 돈이라고 말하지. 틀린 말이야. 시간은 돈보다 훨씬 값져. 아직은 본인이 상대적으로 젊어서 못 느낄 수 있지만, 돈으로 살 수 없는 게 시간이야. 시간을 아껴야 돼. 소음에 가까운 소모적인 말만 하거나 언쟁 자체를 즐기는 이상한 인간들 많아. 그런 인간들에게 말리면 안 돼.

Z 알아요. 그런 것들 대하다 보면, 저도 모르게 소음에는 소음으로 대응하며 에너지와 시간만 낭비하게 되죠. 요즘은 무논리, 무지함, 무례함으로 무장한 무뇌한 인간들이 넘쳐나는 세상입니다.

K 사소한 공격성은 적개심으로 이어져. 생산적이지 못해. 시간 낭비로 판단되는 사람들이나 작업은 가능하면 피하는 게 좋아. 불필요한 교류는 정신건강에 안 좋아.

Z 왜 제가 다니는 회사가 떠오르죠?

K 회사? 그건 본인 상황과 여건에 맞춰서 판단할 문제지. 본인에게 가치도 없는 무의미한 일을, 또 적절한 보상도 받지 못하면서 참여하고 있다면, 다시 진지하게 생각해

볼 필요가 있겠지.

Z 적절한 보상. 그 부분이 걸리네요. 아, 제 연봉이 높다는 얘기는 아니고요. 저는 그 쥐꼬리 같은 월급이라도 있어야 연명할 수 있다는 말씀입니다.

K 시장의 가격은 거래 당사자들 간 합의된 가치에 대한 적절한 평가라고 볼 수 있어.

Z 불편한 진실이지만 인정합니다. 제 가격이 제 가치에 대한 적절한 평가라는 것을. 그래서 아직도 저는 제 자신을 회사에 팔고 있습니다.

내 입에서 한숨이 절로 나왔다.

K 우리의 모든 선택은 시간이라는 자원을 기준으로 이뤄져.

Z 네… 근데, 쿤쌤은 왜 저에게 이렇게 시간을 내주세요.

K 그게 무슨 뜻이지?

Z 아니, 제가 보기에는 제가 지불하는 상담 비용이 생활에 꼭 필요한 분 같아 보이지 않아서요.

K 그건 내 판단이고 선택이지. 나의 가치관이겠지.

가치관. 무엇이 중요한 지를 알아보는 능력. 우선 경중을 정하는 질서. 선택의 기준. 나에게 중요한 건 뭐지? 나에게 가치는 과연 무엇일까?라는 질문이 머릿속을 맴돌았다.

K 아, 오해하면 안 돼. 효율적으로 시간을 쓰며 살라는 게 바쁘게 살라는 뜻이 아니야. 우리가 분주함과 생산성을 헷갈리면 안 돼.

Z 그럼요. '바쁜 게 좋은 거다'는 만트라로 사는 돌대가리들 너무 많아요. 아무 생각도 계획도 없이 그저 대가리 박고 존나 삽질하면서 성취감 느끼는 회사원 아재들. 진짜 너무 피곤해요. 완전 노답. 정부에서 걔네들 격리 좀 해줬으면 좋겠어요.

K 모든 것을 시간의 효율성으로만 따지면 시간에 구속되고 종속될 수 있어. 우리가 돈을 버는 이유는 시간을 버는 거잖아? 각자 개인이 쓰고 싶은 의도와 선택에 따라 쓸 수 있는 시간을 갖기 위해서. 시간을 벌고 모으는 것에만 몰두하면 주객이 전도되겠지.

Z 시간의 노예가 되지 않고, 시간을 쓰는 법을 위한 계획. 저도 진지하게 생각해봐야 될 거 같네요.

K 시간이라는 개념은 너무나 많은 면에서 비트코인의 가치를 잘 설명해줘.

Z 네? 아니 시간이 왜 비트코인이랑?

K 비트코인은 '고유의 시간'을 갖고 있어.

Z 네? 그게 무슨 말씀이세요? 아니… 비트코인 '고유의 시
　 간'이 뭐죠?

K 내가 먼저 물어볼게. 비트코인이 뭐지?

10. 시간에 숨겨진 보물.

Treasure Hidden in Time

K 비트코인이 뭐냐고. 비트코인 몰라?

Z 그게…… 아니… 그 질문을 저한테 하시면…

K 본인이 생각하는 비트코인의 정의가 있을 거 아니야? 암
   호화폐 투자 좀 했다며?

Z 아… 저는 솔직히 비트코인보다는 잡코인 위주로. 줏대
   나 지식 없이 그저 풍문을 따라 샀다 팔고를 좀 했지…
   비트코인에 대해서는 잘 모릅니다.

K 이해하지 못하는 것에 투자하는 건, 확률을 따지지 않고
   도박을 하는 것처럼 바보 같은 짓 아닌가?

Z 헉! 인정. 너무나 지당하신 말씀입니다.

K 그러면, 본인이 생각하는 비트코인이 뭔지 말해 봐.

Z 비트코인은 블록체인이고 돈이죠. 디지털 자산. 사토시
   나카모토라는 인물이 만들어낸 최초의 P2P(개인 간) 암호

화폐. 뭐 그 정도가 미천한 제 지식 같습니다.

K 알았어. 우리가 비트코인을 논하려면, 먼저 암호화폐와 네트워크를 구분하자고. 편의상, 암호화폐는 'BTC', 네트워크는 '비트코인', 경제 기술적인 요소를 전체적으로 가리키는 포괄적 의미 역시 '비트코인' 또는 '비트코인 체제'라고 칭하자고.

Z 네. 비트코인은 체인이나 코인 이름이 똑같으니 헷갈릴 수 있죠.

K 비트코인은 2009년 1월 3일에 탄생했어. 그날 채굴된 제네시스 블록에는 그 날짜 신문 기사 제목이 하나 새겨져 있어. '더타임스 2009년 1월 3일. 재무장관의 두 번째 은행권 긴급 구제금융 임박.'[14]

Z 오~! 신문 기사로 비트코인의 탄생 이유와 날짜를 체인 첫 블록에 기록했군요.

K 무한대로 생산할 수 있는 피아트 화폐는 가치저하가 불가피해. 태초부터 공급량이 2천 1백만 개로 한정된 BTC는 시간이 갈수록 구매력이 올라가. BTC는 인플레이션이 없어. 시간으로 잃지 않는 가치를 갖고 있으니까.

Z 희소성.

---

14 'The Times 03/Jan/2009 Chancellor on brink of second bailout for banks.'

K 희소성 또는 제한된 공급량만으로 가치가 올라가는 것은 아니지. 시장에서 가치에 대한 가격을 지불할 수요가 있고, 또 그 수요가 시간이 갈수록 늘어나야 되겠지. BTC가 우월한 자산이고 돈이라는 걸 입증하는 게 바로 늘어나는 수요야.

Z BTC의 역사가 그걸 입증하죠. 단기로 보면 이렇게 변동성 심한 자산도 없지만, 큰 그림에서 보면 신고가를 계속 갈아치우면서 우상향을 이어가고 있죠. BTC라는 게 생각하면 참 신기해요. 볼 수도 없고 만질 수도 없는 말 그대로 '무형자산'인데.

K BTC라는 건 물리적인 '동전'이 아니지. 비트코인이라는 개념은 가상공간에 있는 소프트웨어이자 프로토콜이고 장부야. 이걸 더 세분화하면 그저 정보일 뿐이고. 그래서 비트코인은 형이상학적인 면도 있지만, 또 다른 면에서는 직관적으로 이해하기 어려운 부분도 많아. 비트코인에서 '비트'는 존재하지만 '코인'은 존재하지 않아.

Z 0과 1로 이뤄진 '비트'는 있지만, 동그란 모양의 '코인'은 없죠.

K 우리가 아는 BTC 역시 이 세상 누구에게나 공개된 분산장부의 숫자일 뿐이야. 그 어디에도 존재하지 않지만, 분

산된 장부가 있는 모든 곳에 존재하는 '동전'이기도 하지.

Z 디지털 자산.

K 디지털 자산이지. 그러면, 우리가 흔히 아는 디지털 파일의 취약점이 뭐지?

Z 불법 다운로드. 불법 복제.

K 정보라는 건 누구에게 보내지는 게 아니라 '복제'되는 거야. 내가 물건을 누구에게 주면 그 물건은 물리적으로 전달이 되지만, 내가 나의 생각, 아이디어 또는 어떤 정보를 주면 나와 받는 사람은 그걸 공유하게 돼. 만약에 비트코인에서 이런 문제를 사전에 방지하지 못했다면, BTC가 '돈'이나 '자산'의 기능을 할 수 없겠지?

Z 불법복제가 되면 이중지불이죠.

K 그런 이중지불 문제를 없애 주는 기술이 암호화된 분산장부기술, 블록체인이야. 암호화는 거래 관련자들이 내역을 안전하게 기록하고 보존해서 네트워크상 모든 참여자들이 검증하고 확인할 수 있게 해줘. 공개된 분산장부에는 모든 거래의 시간이 정확하게 순차적으로 찍혀. 누가 누구에게 언제 얼마를 지불했다. 여기서 '언제'가 제일 중요해. 모두가 알 수 있게 순서가 정리되고 기록돼야 이중지불이 불가능하니까.

Z 쿤쌤, 그러면… 비트코인의 근간이라고 할 수 있는 블록
  체인이라는 건 어떻게 작동하나요?

K 분산장부기술의 일종인 블록체인은 1991년 디지털 문서
  들에 타임스탬프를 찍어 순서를 지키고 기록의 훼손과
  조작을 방지하기 위해 만들어졌어. 사실, 블록체인이라
  는 개념을 1982년에 최초로 논문으로 제안한 건 암호학
  자 데이비드 차움(David Chaum)이었어. 그런데 상용화 또
  는 실용된 사례는 없었지. 그러다가, 2009년 비트코인의
  탄생으로 빛을 보게 됐어. 블록체인은 말 그대로 블록을
  기차처럼 순차적으로 이어가는 체인이야.

Z 지속적인 기록이 축적되는 공유 데이터베이스군요.

K 각 블록에는 크게 세 가지 정보가 새겨져. 그 블록에 기
  록된 데이터, 블록의 '지문'이라고 할 수 있는 고유 해시
  (hash), 그리고 바로 이전 블록의 해시가 기재돼.

Z 모든 블록을 바로 이전과 이후 블록과 묶어 놓으며 기록
  의 불변성을 보장하는군요.

K 비트코인을 예로 들면, 각 블록 데이터는 처리한 BTC 거
  래와 결산 기록들이고. 해시는 각 블록만이 가진 고유
  ID라고 생각하면 돼. 비트코인 블록 해시는 16진수 64자
  리 숫자로 기재가 돼.

Z 16진수 64자리는 정말 어마어마한 숫자네요.

K 그러니까 블록이 가진 고유 '지문'의 보안을 지킬 수 있지. 블록체인에서 거래는 발송자의 암호화된 디지털 서명 없이 유효하지 않고, 생성된 블록은 고유 해시 검증 없이 유효하지 않아.

Z 디지털 서명?

K 일상 생활에서 본인 의사로 동의하는 내용의 문서에 서명을 하지? 돈 거래는 말할 것도 없고. 블록체인에서는 위조 또는 훼손이 불가능한 암호화 디지털 서명을 사용해. 예를 들어, Z가 K에게 돈을 보낸다는 내용을 Z가 서명하면 네트워크 모든 참여자들이 Z의 서명과 내용이 진본이라는 것을 확인 검증할 수 있어.

Z 그게 어떻게 가능하죠?

K 단순하게 비유하면, Z는 고유 암호를 찍어서 이메일 계좌에 들어가 메시지를 작성해. 그리고 그걸 네트워크 모든 이들에게 보내. 그러면 네트워크 공동체는 Z의 이메일 주소를 알기 때문에 이 내용이 Z가 작성한 것이 확실하다는 것을 알 수 있겠지?

Z 아… 이해됐어요.

K 디지털 서명은 발신자와 메시지를 묶어 줘. 암호화된 디

지털 서명은 필기 서명과 달리 제3자에 의한 위조가 불가능해. Z가 서명한 내용 역시 디지털 서명처럼 위조나 훼손이 불가능하고.

Z   그러면 디지털 서명된 거래를 승인하는 건…?

K   거래 승인은 채굴자들 몫이지. 비트코인 신규 블록을 생성하는 노드(node)를 채굴자라고 해. 모든 노드가 채굴자는 아니지만, 모든 채굴자는 노드야. 블록 생성에 성공한 채굴자들은 BTC를 보상받게 돼. BTC는 한정된 총량이 정해져 있으니까, 어쩌면 '찾아낸다'는 표현이 적합하겠지.

Z   금을 캐는 광부들처럼. 채굴자.

K   BTC가 아니라, 신규 블록을 채굴하는 거야. 이 차이는 중요하니까 나중에 다시 심도 있게 다루도록 하자고.

Z   네? 근데 왜 언론에서는 비트코인 또는 BTC가 채굴된다 그러죠?

K   그 또한 비트코인과 BTC에 대해서 많은 이들이 잘못 알고 있는 부분이지.

Z   오케이. 블록은 채굴, BTC는 보상.

K   BTC 또는 사토시로 보상을 받지.

Z   1억 사토시가 1 BTC니까.

K 채굴자들의 주 임무는 거래를 결산하고 네트워크를 안전하게 운영하는 거야. 보상은 인센티브일 뿐이고. 블록체인이 대단한 건, 서로를 모르고 신뢰하지 않는 익명의 노드들이 원활한 운영을 위해서 신속한 의사결정을 동시에 내릴 수 있는 합의(consensus) 알고리즘이 작동한다는 거야. 채굴된 블록 하나 하나가 고유 암호화 돼있고, 이는 모든 노드들에 의해 검증 확인이 되고, 모든 노드들에게 장부 사본이 동시에 업데이트 된다는 게 블록체인의 특징이자 장점이지. 그러니 다수의 동의 없이는 그 어떠한 규칙 변경도 불가능해.

Z 블록체인이라는 게 결국 암호학과 분산컴퓨팅을 융합해 안전성, 불변성, 투명성을 보장하는 공공장부군요. 통제 기관이나 중앙 서버 없이 알고리즘으로 돌아가는 시스템.

K 뭐 대략 그렇게 정리할 수 있지. 물론 블록체인도 종류가 많고, 분산장부기술 역시 블록체인 외에도 다양한 기술이 있지.

Z 블록체인 말고 다른 종류의 분산장부기술은 또 뭐가 있나요?

K 많이 알려진 건 DAG.[15] DAG 기반 암호화폐도 꽤 있어.

Z 분산장부기술이라는 개념을 활용해 돈 또는 화폐를 만들어 낸 발상이 놀랍고 신기하네요.

K 그 시초가 비트코인이지.

Z 그러면… 분산컴퓨팅을 활용한 블록체인으로 '탈중앙화'도 이뤄지는 건가요?

K 반드시 그렇지는 않아. 블록체인과 탈중앙화 개념을 동일시하는 경우가 종종 있는데, 블록체인 자체가 탈중앙화를 보장하는 건 아니야. 하지만 비트코인은 확실한 탈중앙화 체제지. 비트코인은 참여자들의 합의로 운영되는 인류 역사상 가장 민주적인 통화 체제니까.

Z 네트워크상 제안과 결정들이 모두 투표로 이뤄진다고요?

K 어. 블록체인 특성상 비트코인의 다수결은 선거의 투표보다는 시장의 선택에 더 가깝지. 말 그대로 이어지는 블록에 줄을 서고 힘을 보태주는 거니까.

Z 어떻게?

K 예를 들어, 신규 블록 생성에 필요한 문제의 답을 동시에 맞힌 채굴자 A와 B가 나왔다고 가정해 보자. 그리고 그 채굴자들의 정답을 검증하는 전 세계 모든 비트코인

---

15 Directed Acyclic Graph: 방향성 비순환 그래프 기술.

노드들이 정확하게 50대 50으로 갈리는 거야. 말 그대로 동점 상황이 되면 어떻게 돼?

Z 연장전?

K 그렇지. A와 B가 생성한 블록 둘 다 일단 유효해. 하지만 10분 후 생성되는 다음 블록 채굴에서 A를 지지했던 누군가가 성공하면, 방금 전 잠시 두 갈래로 나뉘었던 체인은 다시 A가 생성한 블록의 뒤를 이어서 지속돼. 그리고 B가 완성했던 블록은 '고아 블록'(Orphan Block)이 되며 메인 체인에서 무의미해져.

Z 공정하고 합리적이네요. 그러면 비트코인 체제에서 이런 '투표'를 통해서 BTC 총량을 늘릴 수도 있는 거 아닌가요?

K 제한된 BTC 공급량을 바꾸려는 시도가 몇 번 있었지만, 그때마다 전 세계에 분산돼 있는 비트코인 네트워크 노드들의 과반 이상 동의를 얻지 못했고, 앞으로도 그럴 거야.

Z 그건 왜죠?

K 비트코인 공동체는 연금술사 놀이를 일삼는 피아트 체제의 최후를 잘 알고 있으니까. 2천 1백만 개라는 제한된 공급량, 즉 희소성의 가치를 지키려는 거야. 물론, 더

많은 결제를 더 빠르게 처리하기 위해 블록 사이즈를 키우자는 제안으로 비트코인 체인에서 하드 포크(hard fork)해 나온 비트코인 짝퉁 비트코인 캐시 BCH도 있지.

Z 잠깐. 하드 포크? 소프트 포크(soft fork)랑 어떻게 다르죠?

K 소프트 포크는 수정 보완으로 인한 체인의 변화 이전과 호환성이 있는 거고. 하드 포크는 호환성이 없고 기존 체인에서 분리돼 새로운 체인이 만들어지는 거야. 비트코인에서 하드 포크해서 만들어진 우리가 이름도 모르는 체인들도 꽤 많아.

Z 아… 비트코인의 짧은 역사에서도 분리가 많았군요. 그러면 BCH는 내전의 결과였나요?

K 내전? 일종의 종교 개혁?을 시도한 거였지. 그러나 개혁파 BCH는 성공했다고 보기 어려워. 시장의 냉혹한 판단이 그걸 입증해. 시가 총액으로 보나, 공동체 능력으로 보나, BCH는 BTC와 비교 자체가 안 돼. 아니 둘을 같은 선상에서 논하는 게 무의미해.

Z 쿤쌤이 말씀하시는 비트코인 공동체는 누구죠?

K 비트코인 생태계를 이루는 구성원들은 크게 네 부류지. 첫째, 소프트웨어를 돌리며 분산장부를 검증하고 비트코인 의제에 '투표권'을 가진 노드들이 있지. 말 그대로

전체 네트워크의 '마디'들을 형성해. 둘째, 이 노드들 중에는 신규 블록을 생성하는 채굴자들이 있어. 셋째, 비트코인을 개선하고 새로운 기능을 만드는 개발자들이 있지. 마지막으로 BTC를 사고 팔고 거래하는 사용자들이 있어. 비트코인은 완전 개방형 체제라서 누구나 언제 어디에서 어떤 방식으로든 생태계에 참여할 수 있어.

Z 비트코인의 새로운 기능이라고 하시면?

K 비트코인의 개선안이나 업그레이드. 물론 개발자들의 제안은 노드 다수가 받아들이지 않으면 채택되지 않아. 비트코인 기반 위에 개발된 프로그램 역시 마찬가지고. 아무래도 프로그램의 경쟁력이 떨어지면 사용자들이 외면하겠지.

Z 비트코인 기반 위에 만들어진 기능이 어떤 것들이 있을까요?

K 스마트 컨트랙(smart contract). 미리 정해진 조건이 갖춰지면 제3자 없이 자동적으로 거래를 집행하는 기능.

Z 오호~! 금융 기관만 불필요한 게 아니라, 변호사도 필요 없군요. 당사자 간 사전에 합의한 계약을 프로그램 자체가 자동 실행하면.

K 스마트 컨트랙은 에스크로(escrow)제도[16]로 사용할 수 있지. 스마트 컨트랙은 BTC가 아니라도 일반 피아트 화폐로도 응용해서 실행할 수 있으니까.

Z 오~! 부동산 전세사기 같은 건 바로 없앨 수 있겠네요.

K 스마트 컨트랙 외에도 대중적으로 더 많이 사용되는 비트코인 기반 응용프로그램은 BTC 소액결제를 빠르고 저비용으로 처리하는 라이트닝 네트워크(Lightning Network).

Z 속도.

K 속도도 중요하지. 이메일 보내듯이 송금이 편리한 P2P 거래도 비트코인의 여러 장점 중 하나야. 비트코인은 시간을 아껴주는 기술이니까.

Z 비트코인이 생각보다 기능이 많네요.

K 그런데 말이야, 내가 강조하고 싶은 부분은 비트코인이 가진 '고유의 시간'이야.

Z 쿤쌤, 비트코인 '고유의 시간'이 도대체 뭐죠?

K 비트코인만의 시간. 일단, 비트코인 네트워크상 모든 거래를 결산하는 블록 생성은 채굴자들에 의해서 약 10분

---

16 에스크로는 '조건부 날인증서'를 뜻하는 법률용어. 에스크로 제도는 부동산 매매계약 체결 후 권리 이전과 대금 지불을 제3의 독립적인 회사가 대행하는 계약. 에스크로 제도는 전자상거래의 안정성을 위해 거래대금을 제3자에게 맡긴 뒤 물품 배송을 확인하고 판매자에게 지불하는 방법이기도 함.

마다 이뤄져.

Z 채굴자들이 고성능 컴퓨터를 동원해서 난해한 수학문제 같은 걸 푸는 거죠?

K 그건 아니야. 수학문제를 푸는 게 아니지. 해시 함수를 푸는 건, '추측게임'에 가깝지. 제출된 랜덤 숫자를 맞히거나 가장 근접하게 맞히는 추측게임. 쉽게 비유하면, 어떤 랜덤 결과값이 미리 정해져서 나와. 이 결과값은 동전 뒤집기를 256번 해서 나온 결과야. 숫자로 표기하면 2^{256}!

Z 2^{256}!? 아! 말씀하셨던 16진수 64자리 숫자!

K 그렇지. 우주보다 큰 어마어마한 숫자. 채굴자들은 경쟁적으로 특정 2^{256} 조합과 동일한 결과값이 나올 때까지 256번의 동전 뒤집기를 빠르게 반복해. 그리고 결과값을 맞히거나, 가장 근사치를 맞힌 채굴자가 승자가 돼. 다른 노드들은 이 채굴자의 결과값이 정답인지 바로 검증할 수 있어. 모든 수수께끼는 답을 맞히는 게 어렵지, 답을 확인하는 작업은 훨씬 쉽잖아?

Z 오… 그러니 채굴자와 정답의 진위를 네트워크 노드들이 합의하는 게 수월하군요.

K 그렇지! 분산장부라서 바로 가능하지. 그래서 비트코인

을 어떤 심판이나 중앙 관리자가 필요 없는 체계라고 하는 거야. 승자가 된 채굴자는 신규 블록을 생성한 대가로 보상을 받게 돼. 비트코인 네트워크상 탈중앙화 합의를 가능하게 하는 이 추측게임을 PoW[17] 채굴방식이라고 해.

Z   헉! 추측게임? 비트코인, 이거 생각보다 완전 무식한데요. 무작위 랜덤 숫자를 찾기 위해 시행착오를 거듭하는 컴퓨터 노가다. 그 대가로 BTC를 보상 받는다는 거죠? 와… 근데 왜 언론에서는 이걸 수학문제라고 하죠?

K   그것도 잘못 알려진 거야. 비트코인에 대해 잘못 알려진 정보들은 의외로 너무나 많아. 방금 말한대로, 채굴에는 시간과 에너지가 들어가. 하지만 이건 아주 고도로 계산된 설계야. 철학적이면서도 실용적인 의도가 담겨 있는 규칙이야.

Z   그건 무슨 뜻이죠?

K   채굴자들은 대기 중인 거래들을 결산하고 신규 블록을 생성하며 BTC를 보상 받게 된다고 했지? 이런 안정적인 블록 생성을 위해서 2주마다 '난이도 조정 알고리즘'이 작동해. 많은 채굴자들이 경쟁해 총 연산력이 상승하게

---

17 Proof of Work: 작업증명 채굴방식.

되면, 추측게임의 난이도가 더 어려워지고, 반대의 경우에는 난이도가 쉬워지지.

Z 추측게임의 난이도가 경쟁자들의 컴퓨팅 파워에 맞춰서 조정된다고요? 오… 그러면 이론적으로는 채굴에 단 하나의 컴퓨터만 참여하면 BTC 보상을 독식할 수 있네요. 그럼 아무도 채굴을 하시 않으면요?

K 전 세계 그 누구도 채굴을 하지 않는 상황이면, 그때는 블록 생성이 지연될 수 있지. 하지만 경쟁 없이 쉽게 받을 수 있는 BTC 보상을 아무도 원치 않는 상황은 현실적으로 있을 수 없겠지. 그보다는 수많은 채굴자들이 막강한 연산력을 동원했을 때, 난이도가 올라가는 장치가 더 기발하다고 봐야 되겠지. 시장 경제 원리를 그대로 활용해서 새로 보상되는 BTC 액수는 변하지 않게 하면서, 동시에 신규 블록 형성 시간인 '블록타임'을 평균 10분에 계속 안정적으로 맞춰 주니까. 만약에 비트코인에 내장된 '난이도 조정 알고리즘'이 없고 신규 블록 생성이 10분에 맞춰져 있지 않다면 어떻게 될까? 엄청난 연산력을 발휘하는 컴퓨터들이 치열하게 경쟁해서 PoW를 빨리 맞히고, 블록 생성 역시 빨라지겠지? 이게 광속으로 빨라지면 1초 미만에 해시 함수를 맞힌 채굴 동점자들이

여러 명 나오는 상황이 벌어지고, 네트워크 노드 합의가 복잡해지고 '고아 블록'이 부지기수로 나오고, 체인 자체가 계속 갈라지고 네트워크 합의가 불가능해지겠지?

Z 그러면 네트워크는 완전 개판 되는 거죠.

K 그런 혼란을 방지하기 위해서 '난이도 조정 알고리즘'과 함께 '블록타임'을 10분으로 설정한 건 절묘하다고 볼 수 있지. 거듭 말하지만, 비트코인 설계는 정교하고 숭고해.

Z 와… 대단하네요. 사토시 나카모토.

K '난이도 조정 알고리즘'으로 단 한 명의 선수 또는 100만 명의 선수가 참여해도, 게임은 시간에 맞춰 진행되고, 대기 중인 거래들은 제때 결산되고, 승자에게는 예측 가능한 숫자의 BTC가 정확하게 보상되는 거야.

Z 그럼 랜덤 숫자를 맞힌 채굴자에 대한 보상은 얼마죠?

K 2012년부터 2016년까지는 25개. 2016년부터 2020까지는 12.5개. 2020년부터 2024년까지는 6.25개. 2024년부터는 3.125개. 그러니까 요즘에는 대략 하루에 450개 정도가 나오지. 그리고 2028년부터는 1.5625. 이게 4년마다 이뤄지는 비트코인 반감기(halving)야. 반감기는 시장의 수요 공급을 잘 활용한 설계야. 시간이 지나며 비트코

인의 입지가 확고해지고, BTC에 대한 수요 역시 증가한다고 볼 때, 채굴 보상량이 줄어드는 건 BTC 가격을 받쳐주는 역할을 할 수 있으니까.

Z 윤년, 하계 올림픽과 맞춰서 보상이 반으로 줄어드는군요.

K 라고 볼 수도 있고, 미국 대선이 있는 주기와 맞춰졌다고 볼 수도 있겠지.

Z 오호. 정치적인 피아트를 견제한다는 의미에서.

K 그럴 수도 있지. 사람들이 만든 선거라는 제도는 불확실하지만, 코드로 정해진 BTC의 증가 수량과 일정은 확실해. 사람이 언제 죽을지는 알 수 없어도, BTC가 언제 얼마큼 세상에 나온다는 건 미리 알 수 있어. 변수가 얽히고설킨 미래에 예측 가능한 상수가 하나 생긴 거야. 이건 경제사에서 혁명적인 일이라고 볼 수 있어.

Z 그러면 2천 1백만 개의 BTC가 언제 다 나오죠?

K 2140년. 그 이후부터는 채굴자들은 보상 대신 거래 수수료만 챙길 수 있어.

쿤쌤의 이야기를 듣고 검색해 보니, 현재 약 2천 만 개의 BTC가 시중에 나와 있다고 했다. 그중 최소 400만 개 이상은 이미 영구 분실된 것으로 추정된다. 여기서 '영구 분실'이라고 하면, 소유자가 시드(seed) 암호 또는 지갑 자체를 잊어버렸거나 잃어버린 경우, 또는 소유자가 사망해 해당 BTC를 찾을 수 없는 상태를 뜻했다. 사토시 나카모토가 초창기에 채굴로 획득한 약 100만 개의 BTC가 들어 있는 지갑에서도 지난 10여년간 단 한 번의 인출이 일어나지 않았다. 그리고 앞으로도 그럴 것으로 추정된다. 그렇다면, 약 1천 5백만 개의 BTC가 시중에 돌고 있다는 얘기가 된다. 결코 많은 숫자가 아니다. 지난 16년간 사람들이 잃어버린 BTC 수량이, 향후 100년간 늘어날 BTC 수량의 4배라는 사실이 그저 놀라울 뿐이었다.

Z 그래도 아직 100년 이상 남았군요.

K 그게 비트코인의 묘미라고 할 수 있지.

Z 뭐가요?

K 기다려지는 미래.

Z 일종의 희망 같은 건가요?

K 아무리 막대한 자금을 가진 기업이나 정부도 아직 세상에 나오지 않은 BTC를 소유할 수 없어. 만약에, 향후 금값이 몇 십 배로 치솟을 것이라고 예측한다면, 거대 자

본을 동원할 수 있는 세력은 지구상 모든 금을 더 많이, 더 빨리 캐낼 수 있는 기술을 개발해서 몇 년 내에 다 채굴해내겠지. 이론상 가능한 일이야. 하지만 BTC는 그게 불가능해. 억만장자 몇 명이 원자력 발전소를 지어서 채굴을 하더라도 남은 BTC를 다 쓸어담을 수 없어. 애초에 BTC는 그런 독과점을 할 수 없게 설계돼 있으니까. 인류가 지난 5천년간 안전자산이라고 여겨온 금은 '공간'에 묻혀 있지만, 21세기에 발명된 BTC는 '시간'에 묻혀 있기 때문이지. 자연 속 혼돈에서 질서와 의미를 찾아내 가치를 창출하는 비트코인은 우리에게 시간에 대해 많은 것을 생각하게 만들어.

Z 대박…! 비트코인은 시간에 숨겨진 보물이군요.

K 모든 기술은 인간의 가용 시간을 증가시켜 줘. 그리고 돈도 기술이야. 동의하지?

Z 네, 돈은 기술 맞습니다. 아주 훌륭한 기술이죠.

K 그러면, 우리는 왜 시간을 더 가용하고 싶어할까?

Z 시간이야 늘 모자라죠. 그러니… 멀리 보고 넓게 보고 싶어서… 목표와 계획을 갖고 싶어서? 라고 말씀하지 않으셨나요?

K 그렇지. 시간과의 관계 설정을 위해서라고 했지. 그러면

바람직한 시간과의 관계 설정, 안정적인 시간의 해석은 우리에게 뭘 주지?

Z 시간? 글쎄요… 쿤쌤 질문이 무슨 무한반복 짤 같아서 헷갈리는데요.

K 안정적인 시간의 해석은 우리에게 '질서'를 가져다 줘. 혼돈이 아닌 질서. 랜덤이 아닌 의미. 비트코인 채굴작업이 무의미한 추측게임처럼 보이지만, 실은 시간과 에너지를 투입해서 얻는 질서와 의미야. 모든 혁신적인 아이디어는 혼돈에서 질서를 찾아내거나 창조해내. 시계라는 발명품이 나오기 전에도 자연의 시간은 있었잖아? 탈중앙화 비트코인 체계는 그 어떤 권력 기관이나 제3자가 정한 시간에 의존하는 게 아니라 '고유의 시간'을 갖고 있다는 말은 이런 뜻이야. 비트코인은 PoW를 통해 통계학적으로 고유의 질서, '고유의 시간'을 만들어내. 자연의 소리에서 소음이 아닌 음악을 찾고 창조해내는 거야.

비트코인 '고유의 시간'? 직관적으로 이해가 되는 개념은 아니었다. 나는 일단 쿤쌤의 설명에 집중했다.

K 분산장부기술의 가장 큰 장점은 '단일 장애 점'이 없다는

거야. 핵전쟁이 일어나도, 단 하나의 노드만 작동하면 비트코인의 모든 기록은 그대로 복원 보존돼.

Z 인류가 있는 한 비트코인은 영원한 체인이군요. 조작 불가능한 영구적인 기록.

K 이걸 단순히 장부가 아니라, 역사라고 생각하면 의미가 더 크지. 비트코인 이전 중앙화된 체제에서는 누가 장부를 정리하고 역사를 기록했지?

Z 자본과 권력을 가진 사람들.

K 맞아. 비트코인에서는 누구나 장부를 정리하고 역사를 기록할 수 있어. PoW를 수행하는 게 특권층의 전유물이 아니니까. PoW를 통한 비트코인의 탈중앙화는 누군가를 믿고 의지하는 체제가 아니야. 그냥 해시 함수를 제대로 풀었는지 검증할 뿐이지. 수학에 기반한 함수에는 정치적 성향이나 문화적 충돌이 개입할 여지가 없어.

Z 요즘처럼 정치적 양극화로 각기 다른 세계관을 갖고, 각자의 진실만 믿고 사는 세상에서 사람들이 합의할 수 있는 건 어쩌면 수학뿐일지도 모르겠네요.

K 사실 탈중앙화 체제에서 합의를 이룬다는 게 결코 쉬운 일이 아니야. 그 어떤 지도부도 없는 상황에서 구성원들이 어떤 결정에 합의를 이루고 실천한다는 건 불가능해.

심판 없이도 서로 규칙을 반드시 지켜야 진행이 되는 체스나 바둑 같은 게임이 아니면 불가능하지. 현실에서는 누구나 다 각자 다른 판단과 의견이 있고, 무엇보다 서로를 신뢰하지 못해. 우리가 속한 사회만 봐도 그렇지 않나?

Z 다들 저만 잘났다고 생각하고, 알지 못하는 타인은 더더욱 믿을 수 없는 사회죠.

K 그런데 탈중앙화 비트코인에서는 서로를 모르는 이들끼리 합의가 10분마다 이뤄져. 이걸 가능하게 하는 게 바로 PoW야. 작업은 증명되고, 증명은 기록되고, 기록은 보존되고, 보존은 연결돼서 축적돼.

Z 오호~! 무슨 말씀인지 알겠어요. 근데… PoW는 연산력과 전기를 많이 동원할 수 있는 집단이 훨씬 유리하지 않나요? 이 부분이 왠지 공정하지 않게 보이는데…

K 그럴 수 있지. PoW는 로또처럼 확률 게임이니까, 연산력이 강하면 승률이 높아지는 건 통계학이지. 하지만, 연산력이 미약한 개인 채굴자가 PoW를 완성해서 BTC 보상을 챙기는 경우도 간혹 있어. 로또를 한 장 샀다고 당첨이 안 되는 건 아니잖아?

Z 아… 그렇네요. 흙수저도 참여 가능한 로또랑 비슷하

네요.

K   우리가 잊으면 안 되는 사실이 하나 있어. 억만장자 고래 투자자들도, 그 어떤 대형 채굴 집단도, 비트코인을 좌지우지할 수 없어. 비트코인 민주주의는 노드들에 의해 결정돼. 물론 채굴자들도 노드들이지만, 채굴자가 아닌 노드의 수가 절대 다수야. 누구나 비트코인 노드로 참여할 수 있고, 누구나 채굴을 할 수 있어. 그래서 BTC를 인류 역사상 가장 민주적인 돈이라고 하는 거야.

Z   쿤쌤, 비트코인도 블록체인인데, 과반 이상의 노드들이 합작하면 51% 공격이 가능하지 않나요? 아니 근미래에 나올 슈퍼 양자 컴퓨터에 의한 공격 역시 위험하지 않나요? 이런 위험 요소들은 어떻게…?

K   일단, 양자 컴퓨터가 비트코인 네트워크를 공격한다는 건 경제적인 이익보다는 세계 경제에 대한 테러에 가까워. 그런 테러가 발생하는 상황이면, 우리가 비트코인을 걱정할 겨를이 없을 거야. 더 거대한 재앙들이 터질 테니까. 미국 정부가 해킹돼 불능해지고, 특정 국가 핵무기들이 난사될 수도 있고.

Z   아, 진짜 그렇네요. 양자 컴퓨터가 공격을 한다면, 비트코인 같은 돈 걱정할 때가 아니겠네요.

K 비트코인에 대한 51% 공격은 이론상 가능하지만, 현실
   적으로는 불가능해. 예를 들어, 중국이나 인도 정부가
   막대한 자원을 동원해 네트워크를 공격한다? 여기에는
   어마무시한 자본, 전기, 연산력과 시간이 소요돼. 일단
   51% 공격을 시도하려면, 7백만 대 이상의 ASIC[18] 채굴기
   가 필요해. 이걸 요즘 시세로 계산하면 최소 200억 달러
   이상의 비용이 들지. 한국 원화로 28조 원 정도.

Z 헉! 200억 달러! 비트코인 체인 과반수 이상 확보해서
   200억 달러 이상의 수익이 보장되지 않는 이상…

K 200억 달러는 공격을 시작하는 데 드는 비용이고, 공격
   을 지속하려면 더 많은 추가 비용이 들어가겠지. 51% 공
   격은 일어날 확률도 거의 없지만, 가령 벌어진다고 해도
   성공할 수 없어. 오히려 그런 일이 일어나면, 비트코인이
   세계에서 가장 막강한 네트워크라는 것을 입증하는 또
   하나의 계기만 될 거야.

Z 비트코인을 공격하는 세력보다 네트워크를 지키는 기존
   세력의 인센티브가 훨씬 더 크니까.

K 그렇지. '난이도 조정 알고리즘' 역시 비트코인에 대한 공

---

18 Application Specific Integrated Circuit: 주문형 반도체. 생산 업체가 특정 주문에
   맞춰 생산하는 반도체 제품.

격을 너무나 무모하고 소모적인 행위로 만들어버리고.

Z 흠… 결국 비트코인을 이해하는 데 있어서 핵심 요소는 PoW라고 할 수 있겠네요.

K 맞아. PoW의 의미를 모르면, 비트코인의 진정한 가치를 이해할 수 없어. 비트코인이 여러모로 진정한 의미의 탈중앙화를 실현하는 건 PoW 덕분이지. PoW를 제일 처음 고안한 사람은 아담 백(Adam Back)이야. 백은 1997년에 해시캐시(Hashcash)라는 프로그램에서 스팸메일과 DDoS공격을 방어하는 방법으로 PoW라는 기발한 개념을 발명했지. 사토시도 이 사실을 비트코인 백서에 명시했어. 사토시는 PoW와 블록체인을 융합한 후, 거기에 '난이도 조정 알고리즘'을 만들어 추가하며 비트코인을 완성해냈지.

Z 오~! 근데요… 쿤쌤 여기서 우리가 지금 말하는 '탈중앙화'라는 게 정확히 뭐죠?

K '단일 장애 점'이 없는 체제. 기술적인 작동과 구현이, 경제 활동 방식과 결과물이, 그 어떤 중앙지도부의 개입 없이 참여자들에 의해 기능할 수 있는 체제. 네트워크는 그 어떤 특권을 가진 세력 없이 자발적인 참여자들에 의해 공정한 규칙과 합의로 운영 관리되는 체제. 진정한 의미

의 개인 간 거래, 즉 정부나 은행이나 금융기관 같은 제3
자 개입 없이 익명으로 직거래가 가능한 체제. 그리고 다
시 말하지만, 탈중앙화된 시간을 갖고 있는 체제. 그 어
떤 기존 체제의 달력 또는 시계로부터 자유롭고, 독립적
인 탈중앙화된 '고유의 시간'을 가진 체제.

Z 탈중앙화된 시간… 쿤쌤, 저는 아직도 비트코인 '고유의
   시간'이 정확히 무엇인지 와닿지 않습니다. 이해가 잘 안
   됩니다.

K 시간의 특성은 여러 가지가 있겠지만, 우리에게 와닿는
   핵심을 고른다면, '시간의 방향'이야.

Z '시간의 방향'? 어제, 오늘, 내일. 그런 거요?

K 그렇지. 우리가 사는 물질적인 현실 세계에는 원자가 있
   고, 엔트로피가 있고, '시간의 방향'이 있어. 우리가 느끼
   는 시간은 한 방향으로 흘러. 과거는 바꿀 수 없고, 미래
   는 알 수 없어. 그리고 우리는 늙고 죽어.

Z 엔트로피.

K 하지만, 디지털 세계에는 숫자만 존재할 뿐이야. 모든 게
   비트, 데이터, 정보로만 이뤄진 디지털 세계에는 '시간의
   방향'이 없어.

Z 사이버 공간에 시간이 없다는 게 무슨 말씀이죠? 아이폰

이나 컴퓨터에 시간이 있잖아요?

K 그건 우리가 인식하기 위한 현실 세계의 시간을 표기한 것이지. 디지털 세계에서 시간이 방향을 갖고 흐른다는 건 아니지.

Z 흠… 제가 아직도 이해를 못 하고 있습니다.

K 자, 다른 건 다 잊어버리고 '시간의 방향'에 대해서만 생각해. 디지털 세계는 숫자 1 뒤에 2가 오고 1전에 0이 온다는 순서는 알지만, 2에서 일어나는 불확실성은 없어. 0, 1, 2 모두 동시에 공존하니까. 과거를 기억하고 미래를 모른다는 '시간의 방향'이 없어. 정보로 이뤄진 디지털 세계에서는 그 무엇도 늙지 않고, 미지의 미래라는 건 없으니까.

Z 넷플에서 영화를 중간중간 건너뛰어 볼 수도 있고, 뒷부분부터 먼저 보고 처음부터 다시 볼 수 있는 거랑 비슷한 건가요?

K 그렇게 이해할 수도 있지. 물리적인 현실 세계와 달리, 디지털 세계에서는 과거, 현재, 미래가 한 방향으로 흐르지 않고 동시에 공존하니까.

Z 사이버 공간은 엔트로피가 없으니… 아하, 이제 조금 이해가 됩니다.

K 우리는 '시간의 방향'이 있는 현실 세계에서 살아. 비트코인은 '시간의 방향'이 없는 디지털 세계에 있어. 엄밀히 말하면, 우리와 비트코인은 완전히 다른 차원에 있어. 이 두 차원을 연결해주는 다리가 PoW야. PoW는 현실 세계 속 '시간의 방향'을 디지털 세계가 이해할 수 있게 '번역' 또는 '전환'을 해주는 역할을 해.

Z 네? 어떻게…?

K PoW는 전기와 연산력 같은 물리적인 자원을 활용해서 블록이라는 '결정체'를 생성해. 비트코인은 생성된 블록을 이어가며 순차적인 체인으로 지속돼. 블록체인 특성상, 비트코인의 과거는 조작이 불가능하고. 미래에 어떤 거래들이 이뤄질지, 또는 누가 BTC를 보상받게 될지 알 수 없어. 이렇게 현실 세계에서 이뤄지는 PoW는 디지털 세계에 있는 비트코인에게 '시간의 방향'을 만들어 줘.

Z 오호~!

K 블록생성 기준으로 한 방향으로 흘러가는 비트코인의 시간은 탈중앙화된 시간이야. 탈중앙화된 시간에는 탈중앙화된 시계가 필요해. 현실 세계에서 분 초 단위의 정확한 측정을 목적으로 하는 시계와는 성격과 용도가 달라. 그래서 블록타임은 대략 10분인 거야. 그리고 PoW

의 '난이도 조정 알고리즘'은 비트코인의 시계를 안정적
으로 작동할 수 있게 하는 거고.

Z 와~! 대박! 탈중앙화된 시계! 완전 천재적이네!

11. 가치를 지키는 자원.

Resources to Preserve Our Values

K 만물을 움직이는 힘이 뭐지?

Z 네? 만물을 움직이는 힘은 돈? 신? 한국인 입장에서는 돈과 신이 같은 개념이라서요.

K 에너지. 만물을 움직이는 힘은 에너지. 그러면 에너지는 뭐지?

Z 에너지는… 일을 가능케 하는 힘? 능력? 뭐 그런 거 아닌가요? 에너지 없이는 아무것도 못 하니까.

K 맞아. 에너지는 작업을 가능하게 하는 자원이야. 모든 움직임의 근원이고, 생명의 본질이라고 할 수 있지. 그러면, 우리가 비트코인의 가치를 만들고 지키는 핵심 요소가 PoW라는 건 이해하고 동의했지?

Z 네. 비트코인 '고유의 시간'.

K PoW라는 채굴방식 역시 에너지가 필요해.

Z 필요한 정도가 아니라, 엄청난 연산력과 전기를 사용하죠. 그래서 환경단체들, ESG[19] 강요 기관들이 난리를 쳤잖아요. 비트코인이 웬만한 국가보다 전기를 훨씬 많이 쓴다. 비트코인은 환경을 파괴하고 기후변화를 악화시킨다. 블록체인 업계 안에서도 PoW는 소모적인 에너지 낭비라는 비판이 많죠. 그래서 이더리움(Ethereum)같은 경우에는 PoS[20]로 바꿨고.

K 거듭 말하지만, 많은 이들이 비트코인에 대해서 잘못 아는 부분이 너무나 많아. 비트코인을 반대하고 공격하는 세력들 역시 비트코인에 대한 무지에서 출발하는 경우가 많고.

Z 그럼 쿤쌤은 비트코인이 전기를 많이 쓰지 않는다는 말씀이신가요?

K 내 말은, 많은 이들이 경제적 이익을 위해서 이런 선동을 기획하고 전파한다는 거야. 그리고 천박한 언론은 이를 받아쓰고 앵무새처럼 반복하면서 대중에게 비트코인에 대한 잘못된 선전을 확산시키고.

---

19 Environmental, Social and Governance - 환경문제, 사회 의제와 기업 지배구조와 같은 비재무적 요소를 고려하는 투자 원칙.

20 Proof of Stake: 지분증명 채굴방식.

Z 잠깐, 비트코인에 대한 네거티브 캠페인을 통해 이득을 보는 세력이 누굴까요? IMF? 각국 중앙은행이나 대형 은행들?

K 그런 기관들 역시 기울어가는 기득권을 지키려고 애를 쓰지. 하지만 비트코인을 공격하며 이익을 보는 집단은 아무래도 BTC 가격에 민감한 거대 자본가들이겠지.

Z 어떤…?

K 쉽게 말하면, 비트코인을 ESG 차원에서 비판하던 이야기들이 언제 갑자기 언론에서 사라졌지? BTC ETF가 승인되면서부터. 더 정확하게는 세계에서 가장 큰 자산운용사 블랙록(BlackRock)이 BTC ETF를 신청하면서부터.

Z 아하! 그전에는 블랙록이 ESG 많이 설파했죠. 다보스 WEF[21] 같은 데서.

K 이미 2022년부터 미국 뉴욕주는 주내 비트코인 채굴자들의 화석연료 사용을 금지했어. 그래서 다수 채굴업자들은 정치적으로 사회적으로 '환경 파괴범'이라는 공격을 피하기 위해서 재생 에너지를 꾸준히 사용하고 있지. 지금 이 순간에도 그들은 조금이라도 더 친환경적이고, 더 경제적인 에너지를 찾기 위해 노력 중이야. 여기서 우

---

21 World Economic Forum: 세계 경제 포럼.

리가 명확하게 짚고 넘어갈 사실은 비트코인은 전기를 많이 사용해. 맞아. 하지만, '환경을 파괴하고 기후변화를 악화시킨다'는 부분은 사실이 아니야. 거짓 선전이야. 비트코인 네트워크에 사용되는 에너지 절반 이상은 재생 에너지야.

검색해 보니 실제로 비트코인 PoW 채굴방식에 소요되는 총 에너지의 54% 이상이 재생 에너지라는 게 공신력 있는 기관들의 보고였다.[22]

K 블록이 채굴되는 것이지, BTC가 채굴되는 게 아니라는 점을 내가 강조한 이유부터 설명할게. BTC 총량과 보상 일정은 시간에 고정돼 있지, 채굴에 고정돼 있지 않아.

Z '시간에 숨겨진 보물'이죠.

K BTC가 시중 유통에 추가되는 일정은 에너지와 무관하게 설계돼 있어. 많은 이들이 오해하는 것처럼 BTC가 시장에 추가되는 과정에 에너지가 들어가는 게 아니라, 블록생성을 위해 에너지가 들어간다는 말이지.

---

22 연구기관 Bitcoin ESG Forecast는 2024년 1월18일 이후 전 세계 비트코인 채굴에 사용되는 에너지의 54.5%가 재생 에너지라고 발표함.

Z 이해했습니다. 단 하나의 채굴 노드만 작업해도 보상 BTC는 10분마다 2140년까지 계속 나오게 돼 있죠. 그후 로는 채굴자들이 수수료만 받고.

K 그러면 만약에, 2140년까지 채굴을 한두 대의 컴퓨터가 하는 체제라면 전기도 얼마 안 쓰고 저렴하겠지. 하지 만, 비트코인 네트워크 자체는 너무나 불안하고 취약해 지겠지?

Z 탈중앙화는 고사하고 아예 체인 자체가 위태롭겠죠.

K 보상이라는 인센티브를 위해 많은 채굴자들이 참여하 기 때문에, 비트코인 네트워크는 안정적으로 유지되고 운영되는 거야. 채굴자들의 주 임무는 사용자 거래를 안 전하고 안정적으로 결산하면서 네트워크 보안과 운영을 지속시키는 거야.

Z 네. 채굴자들이 보상을 받는 이유는 신규 블록을 생성 하는 데 많은 에너지를 동원해서 작업을 완수하기 때문 이고.

K 채굴작업의 에너지 사용을 논할 때, 많은 이들이 언급하 지 않는 부분이 있는데, 그건 바로 PoW에 소요되는 에 너지 비용이 고정돼 있지 않다는 사실이야. '반감기'와 '난이도 조정 알고리즘'이 있어서 채굴자들마다 단가가

달라질 수 있고, 총체적인 채굴 전기 사용량 또한 변할 수밖에 없어. 예를 들어, 반감기를 통해 보상 BTC가 반으로 줄어들거나 BTC 가격이 하락하면, 많은 채굴자들은 사업을 접게 돼. 실제로 그런 경우가 다반사고.

Z 오… 채굴업자들이 경영 전략과 전술을 잘 짜야 되는군요. 비슷한 맥락에서, 중국이 비트코인 채굴을 전면 금지시키면… 미국 텍사스 채굴자들 숫자가 많이 늘어나죠.

K 비트코인은 설계 자체에 시장 경제 원리가 전반적으로 녹아 들어가 있어. 시장 경제 원리와 민주주의 원칙이 절묘하게 결합돼 견고한 탈중앙화 체제가 유지되지. 비트코인이 수많은 공격에도 무너지지 않고 계속 성장할 수 있는 이유야.

Z 면역 체계가 좋으니 맷집도 좋군요. 시간과 에너지가 들어간 난공불락 요새.

K 그렇지. BTC의 희소성은 2천 1백만 개라는 제한된 공급량에서 나오기도 하지만, 우리가 좀 더 깊게 들여다보면 BTC의 희소성은 시간과 에너지라는 제한된 자원에서 나와. 새로 발견되는 BTC는 에너지가 아닌 시간에 묶여 있고, 비트코인의 탈중앙화와 보안은 에너지와 묶여 있으니까.

Z   BTC는 시간에. 비트코인은 에너지에. 결국… PoW가 비트코인의 경쟁력을 지켜주네요.

K   PoW와 '난이도 조정 알고리즘'. 채굴자들의 소모적인 경쟁을 피하게 해주면서 효율적이고 효과적인 자원 활용을 도와주니까. 채굴자의 수익은 BTC 가격, 연산력, 전기 비용 그리고 '난이도 조정 알고리즘'의 영향을 받으니까.

Z   무슨 말씀인지 알겠어요. 채굴자들은 늘 조금이라도 저렴한 에너지를 찾을 인센티브가 크다는 말씀이군요.

K   그래서 채굴자들은 기존 전기 공급망에서 소멸되거나 낭비되는 잉여 전력을 활용할 수 있는 혁신적인 방법을 궁리하고 개발해왔지. 어떤 면에서는 전기는 가장 민주적인 에너지 자원이야. 쉽게 말해, 금이나 석유는 자본을 동원해야 구할 수 있지만, 전기는 구리선과 자석만 있으면 누구나 만들 수 있어. 전기라는 자원은 누구나 활용할 수 있는 자연적 현상이니까.

Z   잠깐, 우리가 일반적으로 생각할 때, 비트코인 채굴에 가장 이상적인 장소는 평균 기온이 낮은 지역이나 대형 폭포 수력발전소가 있는 곳 아닌가요? 전력도 저렴하고, 채굴기들을 식힐 수도 있잖아요.

K   그렇지. 단순히 외진 곳이 아니라, 전력망이 없는 곳이라
도 괜찮지. 교통 인프라가 없어도 되고, 사람이 거주하는
장소일 필요도 없어. 그저 적당한 대역폭으로 와이파이
만 연결되면 채굴작업이 가능하니까. 그래서 아이슬란
드, 엘살바도르에서는 활화산 근방에서 원래 사용되지
않던 에너지를 비트코인 채굴에 적극 활용하기도 하지.
사람보다 소가 더 많이 사는 아일랜드에서는 엄청난 양
의 쇠똥을 활용하는 비트코인 채굴장도 있고.

Z   쇠똥? 아, 메탄 가스를 전기로 바꿔서.

K   비트코인 채굴장은 다른 유형의 데이터센터와 달리, 일
관된 전력 흐름을 필요로 하지 않아. 24시간 전력이 반
드시 필요한 시설이 아니야.

Z   그게… 무슨 말씀이죠?

K   데이터센터나 공장, 주택가는 전력 공급이 안정적이고
일정해야 되지? 24시간 사용 가능하고. 하지만 비트코인
채굴장은 24시간 돌릴 필요가 없어. 채굴장은 언제든지
껐다 켰다 해도 상관이 없어. 이런 독특함 덕분에 비트코
인 채굴장은 세계 어느 곳에나 있을 수 있고, 또 그래서
잉여 전력을 활용할 수 있지. 전기라는 에너지는 운반이
돼야 되고, 사용자들에게 멀면 멀수록 운반 비용이 증가

해. 그리고 운반 과정에서 적지 않은 부분이 소실돼. 하지만 비트코인 채굴장은 전기를 운반하는 비용이 전혀 없어. 전력을 그대로 BTC로 '전환'해서 '저장'하니까. 이렇게 BTC에 '저장'된 에너지의 운반 역시 이메일 보내듯이 빠르고 쉽고 간단해. 에너지 손실도 전혀 없고. 이런 면에서 BTC는 용이하고 우월한 에너지 '배터리'라고 볼 수 있어. 가치를 저장하는 배터리. 시공간 이동에 가치 손실이 전혀 없는 배터리.

Z 오 마이 갓! 진짜 배터리 맞네요. 폭발이나 화재 위험도 전혀 없는 배터리. BTC 자체가 에너지 결정체 맞네. 시장에서 거래가 가능한 자산이자 돈이고, 시공간 이동에다 유용하고. BTC는 금과 달러를 합쳐 놓은 우성종자 같네요.

K 재생 에너지 많은 부분 역시 사용하지 못하고 손실돼. 이문제를 해결하려면 송전망을 지금보다 훨씬 더 촘촘하게 깔아야 되는데, 그런 인프라 구축은 비용도 비용이지만 시간이 상당히 오래 걸려.

Z 우리는 현재 재생 에너지를 제대로 활용 못하고 낭비하고 있다는 말씀이군요.

K 그렇지. 풍력과 태양광 에너지의 단점은 생산력이 예측

불가능하고 일정치 못해. 수요량을 못 미치는 경우도 있지만, 더 많은 경우에 수요량을 초과하지. 그래서 전력망과 연결된 많은 풍력 또는 태양광 시설들이 운영을 멈추는 경우가 자주 발생해. 너무 많은 에너지를 생산하는데, 잉여 전력을 저장할 곳이 부족하니까. 그리고 이런 재생 에너지 시설들은 도시에서 멀리 떨어진 외진 곳에 있어.

Z 그런 곳들에 비트코인 채굴장이 있으면 경제적이겠군요.

K 미국에서는 이미 많은 비트코인 채굴업자들이 대형 에너지 기업들과 연계해서 외딴 지역에서 사용되지 못하는 에너지를 쓰고 있어. 이보다 놀라운 사실은 아직 전력망과 연결되지 못한 재생 에너지 시설들이 수두룩하다는 거야. 그런 곳들만 찾아 들어가 현지 시설 업체와 협업하는 비트코인 채굴업자도 최근 몇 년 사이에 급속히 늘고 있지.

Z 기존 전력회사는 왜 이런 사업들을 추진 안 하죠?

K 추진하지. 일본에서 가장 큰 전력회사 도쿄전력(TEPCO)은 초과 생산 재생 에너지를 비트코인 채굴에 지원하고 있지. 환경 경제적으로 아주 바람직한 시도라고 볼 수 있지.

Z 비트코인 채굴은 에너지를 낭비하는 게 아니라, 오히려 낭비되는 에너지를 효율적이고 효과적으로 활용하고 저

장하는 역할을 수행하네요.

K 좀 더 현실적인 이야기를 해볼까? 거의 모든 재생 에너지 시설은 정부 보조금 없이는 만들어질 수 없어. 그래서 많은 환경단체들이 정부 지출이 반드시 필요하고, 또 늘려야 된다고 주장하지. 나름 일리 있는 말이야. 그러나, '지속가능'이라는 구호를 외치는 많은 환경주의자들이 간과하는 게 있어. 재생 에너지 시설들은 수익이 나지 않으면 지속가능 하지 않아.

Z 그렇죠. 정부도 밑도 끝도 없이 돈을 퍼줄 수 있는 산타클로스가 아닌데.

K 아프리카 외딴 오지에 국제기구 지원금으로 건립된 미시 수력발전소가 하나 있어. 지역에 전기를 공급했지만, 주민들에게는 비용이 부담되는 액수였어. 그래서 부과되는 전기 비용을 낮췄어. 그러자 발전소 입장에서는 적자가 빠르게 증가하며 수력발전소 운영 자체가 어려워져 사업을 중단하려고 했어. 때마침 이곳 상황을 전해들은 채굴업자들이 현지에 작은 채굴장이 들어가는 걸 제안했고, 발전소와 지역 주민들은 이를 허락했어. 현지 주민들 전기 사용이 많지 않은 주간에만 채굴을 진행한다는 조건으로. 수익을 낼 수 있는 수력발전소는 문을 닫지

않았고, 오지 마을에는 안정적인 전기 공급이 계속될 수 있었어. [23] 이건 무슨 영화가 아니라 실화야.

Z 와… 대박! 윈! 윈! 윈! 좋네요! 진짜 감동적입니다!

K 앞으로 가까운 미래에는, 에너지 회사가 비트코인 채굴을 할 것이고, 비트코인 채굴자들이 에너지 회사가 될 거야.

Z 말 됩니다. 근데, 그러고 보면 한국전력은 완전 개병신 집합소 같아요. 만성 적자라고 허구한 날 징징거리면서 요금도 정권 눈치 보느라 마음대로 못 올리고. 이런 사업들이나 좀 추진하지.

K 그렇게 볼 수도 있지만, 아직까지 많은 사람들이 비트코인에 대한 이해 또는 기본 지식이 부족해서 그런 생각을 못 할 수 있지. PoW의 가치를 알고 이해하면, PoW에 들어가는 에너지가 네트워크의 보안과 안정적인 운영을 위한 비용이고 또 탈중앙화 체제에서 가장 공정한 BTC 배분을 위해 활용되는 자원이라는 것을 이해하면, 비트코인의 가치를 알고 탈중앙화된 디지털 돈 BTC의 필요성과 소중함을 이해하면, 비트코인 채굴작업이 에너지

---

23 2023년 케냐(Kenya)의 본도(Bondo)지역에서 비트코인 채굴 기업 그리드리스(GRIDLESS)가 실현한 프로젝트.

를 '소모'한다 또는 '낭비'한다 같은 말은 하지 못하겠지.

Z '비트코인은 에너지 낭비다'라는 주장에 현혹되는 사람들은 비트코인에 대해서만 모르는 게 아니라, 에너지에 대해서도 무식하다는 생각이 듭니다.

K 소중한 것은 지킬 가치가 있어. 인간은 아주 오래전부터 가치가 있는 것을 보호하기 위해 장벽을 쌓았어. 중국의 만리장성을 완성하는 데는 1300년 이상 걸렸다고 하지? 만약에 우리가 만리장성을 쌓는 그 긴 세월 동안 투입된 자본, 노동력, 시간, 에너지를 오늘날 가치로 환산할 수 있다면… 그 비용은 아마 어마무시할 거야.

Z 헉! 상상이 안 갑니다. 고대 이집트 피라미드 이후 지상 최대 노가다판이었을텐데.

K 하지만… 완성된 만리장성을 관리 보수하는 데 들어가는 에너지는 상대적으로 얼마 되지 않을 거라고. 첫 1300년간 들어간 막대한 비용에 비하면 비교도 안 될 만큼 작은 액수겠지.

Z 아하! 비트코인 네트워크 역시 안착을 위해서 130년 정도의 시간이 필요해서 2140년까지 채굴자들에게 BTC 보상을 주며 작업을 시키고… 또 그 와중에 반감기로 공급을 줄이며 시중에 유통되는 BTC 수량을 적절한 속도

로 늘려가는… 스마트하네요.

K 바로 그거야! 소중한 것을 지키는 데에는 전략과 자원이 반드시 동반돼야 해. 비트코인 채굴에 들어가는 에너지는 비트코인의 보호막이자 안전장치야. 새로운 네트워크, 새로운 돈 또는 '공공장부'가 부트스트랩(bootstrap)하는 기간을 사토시 나카모토는 대략 130년 정도로 본 거야.

Z 쉴드 같은 거군요. 비트코인 성장기를 지켜주는 쉴드. 완전 스마트하네요.

K 비트코인이 몇몇 국가보다 전기를 많이 쓴다고 하지? 사실이야. 그런데 라스베가스는 일개 도시에 불과하지만 비트코인보다 전기를 훨씬 많이 써. 그러면 세계의 모든 은행, 금융권에서 사용하는 전기는 얼마나 될까? 금을 채굴하는데 들어가는 에너지 비용은 얼마나 되고, 환경 파괴는 얼마나 될까? 전 세계 모든 헤어드라이어가 쓰는 전기 사용량은 얼마나 될까? 모두 비트코인보다 전기를 훨씬 많이 써.

스님머리 쿤쌤에게는 헤어드라이어의 에너지 사용은 불필요한 낭비로 느껴질 것 같았다.

Z   결국 가치관의 차이죠.

K   그래서 나는 비트코인과 에너지에 대한 논쟁 자체는 에너지의 문제가 아니라 비트코인에 대한 이해의 문제라고 보는 거야.

Z   아무리 비트코인이 전기를 아껴도, 비트코인의 가치를 모르면, 네트워크가 사용하는 그 어떤 소량의 에너지도 아깝다고 볼 수 있죠.

K   무엇이 낭비인지 아닌지를 누가 정하지? 특정 사업이나 네트워크가 에너지를 사용할 가치가 있는지 없는지를 누가 정하지?

Z   비트코인의 가치를 아는 사람들?

K   시장이 정하지. 무엇이 낭비인지, 보존인지, 효율적인지는 시장이 정하지.

쿤쌤은 시선을 돌려 잠시 창밖을 응시했다.

K   자원을 지키는 가치보다 중요한 건, 어쩌면 가치를 지키는 자원이야. 오늘날 우리는 소비지상주의를 권장하고, 미래 세대의 돈과 자원을 아무 죄책감 없이 끌어 쓰며 현재를 충족하고 사는 게 정상이자 기본값이 된 부채기반

경제에 살고 있어. 미래 세대에 대한 배려는 전혀 없어. 그러니 환경이 파괴되고, 기후변화가 악화되지. 너무 당연한 거 아니야? 그 누구도 미래를 진지하게 고민하고 대비하지 않는데.

Z 현재를 위해 미래를 포기하는 높은 시간선호.

K 한번 진지하게 생각해보자고. 과연 뭐가 진짜 '낭비'일까? 우리가 지금 살고 있는 체제가 과연 지속가능할까? 우리가 앓고 있는 문제들을 과연 몇몇 정부가 모인 국제 기구나 환경 비정부 기구 몇몇이 고칠 수 있을까?

인류는 스스로를 속이며 죽음을 향해 날아가는 불나방 같다. 기존 체제에서 나온 문제를 어떻게 기존 체제 방식으로 해결할 수 있을까? 정신병은 같은 짓을 되풀이하면서 다른 결과를 기대하는 것이다.

Z 쿤쌤… 문제는 돈이에요. 피아트. 오염되고 훼손된 돈이 오염되고 훼손된 사회를 만들었고, 오염되고 훼손된 사회가 오염되고 훼손된 환경을 초래했어요. 망가진 돈이 망가진 사회를 그리고 망가진 환경을 만들었어요. 거짓된 돈이 문제의 근원이죠.

K 그러면… 이 병든 세상을 고칠 수 있는 것 역시 돈이 될 수 있지 않을까? 새로운 돈. 순수한 돈. 온전한 돈. 정직한 돈.

12. 커피보다 맛진 대화.

Conversation Over Coffee

K 모든 아이디어는 복제가 가능해. 정보는 그래서 확산되는 거야. 진화론적으로 보면, 선택적 기억에 의해 살아남는 아이디어 또는 정보가 우월종이야.

Z 바이럴. 밈(meme).

K 그렇지. 아이디어는 정보로 이뤄져 있어. 물론 빠르게 확산되는 우월한 정보가 반드시 옳거나, 진실되거나, 사실에 근거하지는 않아. 정보 역시 병균, 세균처럼 우리에게 해악을 끼치는 경우가 많으니까.

Z 페이크 뉴스. 쿤쌤, 그럼 어떤 밈들이 살아남는 건가요?

K 어떤 아이디어가 살아남느냐? 그건 인류에게 유익한 지 유해한 지의 기준으로 이뤄지는 건 아니지. 그건 시장이라는 공간과 역사라는 시간이 선택하는 거니까.

Z 그렇네요.

K   지금 우리는 커피를 마시며 대화를 나누고 있지. 커피와 대화의 차이는 뭘까?

Z   네?

뜬금없는 질문을 던진 쿤쌤이 자기 앞에 놓인 커피잔을 내 앞으로 밀어줬다.

K   내 커피를 이렇게 건네주면, 내 입장에서는 커피가 한 잔 줄고 본인은 커피가 한 잔 늘게 되지. 그런데 내가 하는 이야기, 내가 공유하는 아이디어는 우리 둘 다 소유하게 돼. 아이디어나 정보는 대차대조표가 없어. 커피는 물리적으로 교환이 가능하지만, 대화를 통해 오가는 정보는 복제를 통해 공유되지. 커피는 소유할 수 있지만, 공유한 생각은 독점할 수 없어. 정보는 복제가 되니까. 우리가 나눈 정보가 생명력이 있다면 더 많은 사람들에게 전파되겠지. 디지털 세상에서 정보가 복제되는 속도는 우리가 상상하기 어려울 정도로 빨라.

Z   틱톡에서 퍼진 밈 보면 하루만에 조회수 천 만 이상 찍는 것도 많죠.

K   비트코인도 밈이야. 비트코인이라는 밈은 비트코인이라

는 네트워크보다 크고, BTC라는 화폐보다 훨씬 막강해. 네트워크나 화폐는 밈 없이 존재 못 하고, 또 확장할 수 없으니까. 심지어 비트코인을 비판하는 세력들이 비트코인을 부정적으로 언급할 때조차 비트코인이라는 밈은 확산되고 있어.

Z   비트코인 티셔츠, 물리적인 BTC 동전 같은 것도 많이 팔죠.

K   솔직히 나는 비트코인을 형상화하는 걸 지지하는 사람은 아니야.

Z   아니 왜요? 비트코인이나 BTC가 널리 홍보되고 더 많은 사람들이 알게 되는데?

K   음… 비트코인은 상당히 크고 넓은 개념인데 이를 형상화하는 건 왠지 비트코인을 단순화하고 섣불리 정의하는 것 같아. 그리고 무엇보다 그런 밈들이 비트코인을 '우상화'하는 거 같아서 불편해.

Z   우상화? 황금 송아지처럼?

K   비트코인을 우상화하는 순간, 우리는 비트코인에 종속되는 거야. 믿고 쓰는 기술이라고 우리가 기술에 의해 좌지우지 휘둘리면 안 되겠지? 돈 역시 기술이야. 우리가 기술에 종속되면 안 되듯이 돈에도 종속되면 안 돼. 주객

이 전도되면 안 돼.

Z 흠… 무슨 말씀인지 알 것도 같아요. 그런데, 밈이라는 건 상징, 기호에 가깝지 않나요? 뭐랄까… 사랑 역시 정의하기 어려운 개념이지만, 우리가 사랑을 하트 모양으로 표시하잖아요?

K 비트코인과 사랑은 다르지. 이성과 감성의 차이라고 할까? 비트코인은 수학에 기반한 '믿음'에 가깝지. 비트코인은 기술이고, 사랑은 예술이잖아? BTC도 사랑은 살 수 없어.

Z 오~! 쿤쌤! 로맨티스트시네.

K 여튼, 밈이라는 게 생각보다 훨씬 무서운 거야.

Z 복제되고, 변이되고, 변형되고, 죽지도 않죠.

K 그리고 진화하지.

Z 생물처럼. 바이러스처럼.

K 자, 그러면 여기서 다시 우리가 아는 돈의 문제점으로 돌아가보자. 돈은 장부와 물리적 매개로 이뤄졌다고 했지? 장부와 물리적 매개는 이동할 수 있는 속도의 차이가 있고. 과학기술 발전으로 이 속도의 차이는 너무나 크게 벌어졌고. 이 '시차'로 인해 너무나 많은 경제적 문제들이 야기됐고.

Z   네. 돈의 본질은 장부지만, 장부상 성립된 거래는 물리적 매개로 정산돼야 하니까요.

K   장부는 정보라고 했지? 돈은 현실 세계 거래에 대한 장부야. 장부는 사람들의 욕망, 필요, 수단, 행위를 기록한 정보야.

Z   아하! 비트코인! 암호화폐 BTC는 매개, 비트코인은 장부! 속도의 차이도 없고, 시차도 없는 하나의 덩어리로 동시에 움직이는 미스매치가 없는 돈! 대박!

K   그렇지. 비트코인이라는 장부와 BTC라는 화폐가 동기화된 돈. 그래서 BTC는 이제까지 인류가 알던 그 어떤 돈도 할 수 없었던 많은 작업을 수행할 수 있지. BTC는 거래와 동시에 최종정산이 이뤄져.

Z   최종정산. 기존의 돈이 갖고 있던 태생적인 부조화와 모순이 없는 새로운 개념의 돈!

갑자기 쿤쌤이 아이패드로 내게 그림을 하나 보여줬다. 담배 파이프를 그린 그림 하단에는 'Ceci n'est pas une pipe' 라고 적혀 있었다.

Z   이게… 뭐죠?

K 이것은 파이프가 아니다.

Z 네? 아… 프랑스어군요. 근데… 이게 파이프가 아니면 뭐죠?

K 이미지. 담배를 피울 수 있는 파이프의 이미지. 이미지는 실체가 아니잖아?

Z 이미지는 실체가 아니죠. 진짜 담배를 피울 수 있는 파이프가 아니니까.

K 이미지는 정보야. 정보. 지도는 영토가 아니야. 현실에 관한 정보는 현실이 아니야.

Z 지도는 지도일 뿐이지 실제 지형은 당연히 아니죠. 근데, 이게 다 무슨 얘기죠…?

K 비트코인은 BTC야. 장부와 매개가 동기화된 돈이야. 비트코인은 진짜 파이프야. 비트코인에서는 지도가 영토고, 영토가 곧 지도야.

Z 아!!!

순간, 나는 머리를 한 대 맞은 충격으로 잠시 숨을 쉬지 못했다. 누구나 살면서 그런 순간을 경험했을 것이다. 예상치 못한 순간에 뭔가를 접하고 깨닫게 된다. 그런데 알게 된 내용이 너무나 단순하고 자명하다. 그러면 반사적으로 자문한다. 나는 어떻게 이제까지 이걸 모르고 살았지? '비트코인에서는 지도가 영토고, 영토가 지도다'라는 사실을 들었을 때가 바로 그런 순간이었다.

K 혹시 체스 좋아하나? 둘 줄 아나?

Z 아뇨. 어려서 몇 번 둬 봐서 규칙은 대충 알지만, 체스를 둔다고 할 수는 없죠. 왜요?

K 체스는 가로세로 8칸씩 64칸 사각형에서 양쪽이 기물을 움직이면서 하는 게임이지.

가로 8칸은 알파벳 a에서 h까지, 세로 8칸은 숫자 1에서 8까지. 좌표가 표기돼. 그래서 체스를 조금 진지하게 두는 수준급 선수들은 물리적인 체스판 없이도 게임을 즐길 수 있어. 예를 들어서, 백을 잡은 선수가 e4라고 하면 흑을 잡은 선수가 d6라고 하고, 다시 백이 Nc3라고 하고 흑이 g6라고 하면, 두 선수의 머릿속 체스판에는 백색 폰(pawn)이 e4로 움직이자 흑색 폰이 d6로 옮겨졌어. 그러자, 백색 나이트(knight)가 c3로 갔고 흑색 폰은 g6로 이동한 것이지. 어떤 물리적인 매개 하나 없이 대화만으로 정보를 교환하며 체스를 즐길 수 있어. 바둑도 이론적으로는 이와 동일한 형식으로 둘 수 있겠지.

Z 아하! 서로 규칙을 알고 또 규칙을 지켜야만 진행이 가능한 게임이라서.

K 바로 그거야. 체스는 제3자 심판 또는 중계자 없이 양쪽이 규칙을 지키면서 할 수밖에 없는 게임이지. 서로가 상대방을 믿고 안 믿고, 좋아하고 안 하고 상관없어. 서로가 누구지 모르고 양쪽 모두 익명으로 게임을 즐길 수 있지. 지적인 게임에서는 물리적인 폭력이 들어올 여지가 없어.

Z 폭력이 아닌 지력으로 푸는 문제.

K 비트코인도 마찬가지야. 비트코인은 승부가 아닌 거래를 하지. 서로 모르고 믿지 못하는 철천지 원수들끼리라도 규칙을 지키면서 각자 필요에 따라 거래하고 결과에 합의해. 비트코인은 협력과 협업에 대한 인센티브를 제공하는 네트워크니까.

Z 그래야만 경제적 이익을 도모할 수 있으니까. 비트코인은 언어 게임이네!

K 비트코인의 모든 노드들은 승인된 거래를 동시에 알게 돼. 정보의 비대칭이나 시차가 없어. 그래서 비트코인은 비폭력적인 방식으로 약속이 반드시 지켜지는 세상을 만들지.

Z 500파운드 고릴라 마음대로 돌아가는 현실 세계와는 차원이 다르군요.

K 세상의 모든 합의는 두 종류밖에 없어. 자발적이거나 강압적이거나. 불행히도 인류사 대부분은 후자로 이뤄졌지. 국가 간 교류도, 개인 간 교류도.

Z 힘의 논리에 의한 합의가 효율적이죠.

K 단기적으로는 효율적일 수 있지만, 중장기적으로는 후유증과 대가가 따르지.

Z 강압적인 또는 비자발적인 합의가 바람직하지는 않죠.

K 비트코인은 우리에게 많은 의문을 시사해. 합의는 무엇으로 이뤄질까? 명령인가, 대화인가? 평화적인 교류인가? 아니면 무력에 의한 강요인가? 무역이 재화와 서비스의 교환이라면, 대화는 정보와 생각의 교환이야.

Z 오~! 그렇네요. 정보와 생각 역시 가치라고 볼 수 있으니, 가치를 교환하는 것이 대화 맞네요.

K 조금만 깊이 생각해 보면, 우리가 친구들과 대화를 통해 느끼는 정서적인 위안이나 위로 역시 감정적인 교감이고 교환이야.

Z 섹스 역시 교감이고 교환이네요. 생물학적이고 화학적인. 쿤쌤 그럼 사랑은요?

K 사랑? 사랑을 교환이라고 생각해?

Z 글쎄요… 그렇게 생각할 수도 있죠. 이기적 유전자를 가
   진 동물 인간이 장기적인 신뢰를 기반으로 서로 뭔가를
   주고받는 거래…?

K 사랑하는 사람을 거래의 대상으로 생각할 수 있지. 노력
   에 대한 보상, 투자에 대하 수익처럼. 요즘 시대 개인주
   의에 빠진 사람들은 그렇게 계산적으로 생각할 수도 있
   지. 행복은 개인이 누리고 소유하고 사용하는 것에 의해
   결정된다고 생각하면 충분히 그럴 수 있지. 하지만, 그렇
   게 생각하면 아주 불쌍한 인생이지.

Z 아니 뭐… 제가 그렇게 생각한다는 게 아니구요. 그렇게
   생각할 수도 있지 않나 해서요.

K 사랑을 행복이나 쾌락 같은 만족 또는 목적을 위한 수단
   으로 생각하기 쉽지만, 그건 사랑을 아주 단편적으로 천
   박하게 이해하는 거야.

Z 그럼 사랑의 목적은 뭐죠?

K 사랑하고 있다는 상태 그 자체가 보상이고 목적이지. 사
   랑의 대상은 존재 자체로 영감을 주니까. 사랑은 그 자체
   가 즐거움이지.

Z ……… 쿤쌤은 사랑이 뭐라고 생각하세요?

K 사랑은 사랑하는 대상의 관점으로 세상을 보는 거 아닌
가? 사랑하는 대상에게 헌신하고 싶은 마음이 생기니까.
혼자만의 주관적 관점에서 벗어나, 다른 사람 입장에서
다자의 관점으로 세상을 보는 게 사랑 아닌가? 나는 그
렇게 생각해.

Z 그래서 사랑하는 대상과는 서로 허물이나 경계나 구분
이 없어질 때가 많죠.

K 그런데, 어쩌면 사랑을 정의하는 것 역시 어리석은 짓일
수 있어. 그래도 내가 확실하게 말해줄 수 있는 건, 돈은
사랑의 수단이 될 수 있지만, 돈으로 사랑을 살 수는 없
어. 돈과 사랑은 섞으면 안 돼.

Z 저도 돈과 사랑은 분리해야 된다고 봅니다. 그러나, 현실
적으로 요즘 시대에 그건 상당히 어려운 일이죠.

K 알아. 그런데 돈과 사랑을 섞으면 우리가 사랑을 기술적
으로 바라보게 돼. 그러면 사랑이 오염될 수밖에 없어.

Z 피아트처럼.

K 비트코인은 기술이고 돈이야. 하지만 사랑은 기술이 아
닌 예술의 영역에 속해. 기술이 예술에 활용되면 훌륭한
예술이 되지만, 예술이 기술에 차용되면 그건 세련된 기
술일지 몰라도 예술은 아니잖아?

비트코인이라는 기술은 잠시 우리를 예술의 영역까지 데리고 갔다. 덕분에 나는 아주 오랜만에 '오염되지 않은 사랑'에 대해 잠시 생각해 볼 수 있었다. 스피커에서는 내가 모르는 오페라의 아리아가 애절하게 흘러나오고 있었다. 창밖으로 보이는 도심 공원 숲은 부분 부분 물들어 있었다. 가을이었다. 잠시 말 없이 커피를 몇 모금 마신 우리는 다시 예술이 아닌 기술의 영역으로 돌아왔다.

K '상품이 국경을 넘지 못하면 결국 군인들이 넘는다'는 말은 국가 간에만 해당되는 명언이 아니야. 사람 사이 대화에도 해당돼. 사람들은 물리적인 폭력이 아닌 합리적인 대화로 너무나 많은 문제를 해결하며 함께 성장할 수 있어. 단지 이제까지는 우리에게 그걸 보장할 수단이 없어서 익숙하지 않을 뿐이야.

Z 비트코인이 발명되기 전까지는.

K 비트코인은 폭력과 강압에 의한 기록이 아니고, 강자의 입맛에 맞게 기록된 역사가 아니야. 비트코인은 순수 정보 그 자체야. 디지털 세상에서 인터넷으로 정보를 교환하는 건 너무나 쉽고, 복제로 확산되는 것 역시 그래. 하지만 암호화된 분산장부기술은 소유권을 지켜줘. 불법

복제가 기술적으로 불가능하니까. 정보의 공유를 통해 소유를 보장하는 기술이 비트코인의 특별함이지.

Z 암호화. 블록체인. 그리고 PoW.

K 우리가 일반적으로 BTC를 소유한다고 할 때, BTC는 어디에 있지?

Z 그 어디에도 없고, 비트코인 체인상 모든 곳에 있죠. 그래서 언제 어디에서나 확인할 수 있죠.

K 정보는 시간과 공간에 구애받지 않아. 그러면 내가 소유하는 BTC는 어디에 있을까?

Z 네? 글쎄요…

K 내가 소유하는 BTC는 내 머릿속에 있어. 정보니까. 거래소가 아닌 내가 직접 보유하는 BTC는 12개 이상의 시드 단어들로 잠겨 있잖아?

Z 핵미사일 코드처럼 랜덤 단어들이 비번처럼 작동하죠.

K 음… 비밀번호보다는 오히려 마법 주문에 가깝지. 패스워드는 우리가 어떤 금고나 문을 열기 위한 방법이나 수단에 가깝지만, BTC의 시드 단어들은 내가 가진 자산을 활성화시킬 수 있으니까. 미묘한 차이 같아 보이지만, 둘은 본질적으로 달라. 내가 보유한 BTC는 내 시드 단어들이라는 주문을 통해서만 돈으로 살아날 수 있어. 그리

고 그 시드 단어들은 오직 나만 알 수 있고. 그 어떤 강압이나 고문에도 내가 발설하지 않으면, 이 세상 그 누구도 알 수 없지.

Z 대박! 비밀이 재산이고, 나의 기억이 나의 금고가 됐군요. 그러면, 애초에 내가 BTC를 얼마만큼 갖고 있는 지 타인에게 알리지 않는 게 어쩌면 현명한 처신이네요.

K 사적인 정보를 아무에게나 불필요하게 누설할 필요는 없겠지.

Z 과시와 허세가 안 먹히는 세상… 흥미롭네요.

K 비트코인이 동기화하는 건 장부와 매개만이 아니야. 정보와 사유재산 역시 동기화 되고 동일화돼. 나의 생각이 곧 나의 자산이니까.

Z 와… 아는 게 힘이 아니라 돈이군요. 비트코인에서는 기억이 곧 자산이자 정보네요. 그리고 필요에 따라 나의 정보를, 나의 돈을 인터넷으로 누구의 허락 없이 타인에게 전송할 수 있고. 근데, 만약에 시드 단어들을 잊어버리면……

K 그럼 뭐… 다 날렸지. BTC 다 잃어버린 거야. BTC를 개인이 보관하면 그런 위험이 따라. 하지만 그건 책임이야. 자유와 함께 가는 책임.

Z 헉… 개인 보관을 하지 않으면 거래소에 보관해야 되고. 근데 그건 수탁이죠. 흠······

K 시드 단어들을 그 누구에게도 알려주지 않으면, 소유한 BTC는 죽음까지 갖고 갈 수 있어. 사토시 나카모토도 BTC의 이런 특징에 대한 언급을 했어.[24] 무덤까지 가져가는 BTC는 다른 보유자들에게도 해를 끼치지 않고 이익이 된다고.

Z 아, 2천 1백만에서 줄어드니까!

K 할 피니(Hal Finney)라는 사람이 그랬지. 비트코인 창세기 멤버인 피니는 2009년 1월 12일 사토시 나카모토로부터 BTC를 받으며 역사상 첫 비트코인 거래를 한 사람이야. 2014년 루게릭병으로 죽었는데, 피니의 사체는 인체 냉동 보존술로 화씨 영하 320도에 보관되고 있어. 물론 그가 개인 지갑에 BTC를 얼마만큼 갖고 죽었는지는 확인되지 않지만, 미래에 과학기술 발달로 그가 다시 살아나면 아주 빈털터리는 아닐 수 있어.

---

[24] Fr: Satoshi Nakamoto
Re: Dying bitcoins
June 21, 2010, 05:48:26 PM

"Lost coins only make everyone else's coins worth slightly more. Think of it as a donation to everyone."

Z 완전 대박! 저승까지 가져가는 재산. 그 누구도 가져갈 수 없는 나만의 것. 찐소유.

K 그게 핵심이지. 이 세상에서 진짜로 소유할 수 있는 자산은 BTC밖에 없어. 비트코인처럼 돈과 자산이 '물리적인 세상'에서 '정보의 세상'으로 넘어가면, 현실에서 폭력을 동원한 절도와 찬탈의 동기가 너무나 많이 줄지 않을까? 거리의 소매치기에서부터 전쟁터의 군인까지. 인간은 생각, 표현, 그리고 교류를 통해 환경을 다루고 바꿔왔어. 이런 인간들의 노력으로 문명이라는 것도 자연에서 만들어졌고. 있는 그대로의 자연은 예술도 기술도 아니야. 인간이 만들어 낸 작품이 예술이고 기술이지. 그게 문명 사회야. 그러면 문명 사회에서 생각과 재화의 교환이 굳이 강압적이고 폭력적일 필요가 있을까?

상상하기 힘든 세상이었다. 그러나 이미 실현돼 가고 있는 세상이기도 했다. 비트코인이라는 진실된 기록이 역사가 되고, 모두가 약속을 지킬 수밖에 없는 세상에서는, 거짓과 사기, 허세와 꼼수가 과연 필요할까? 시그널링 효과라는 게 의미가 있을까? 샤넬 판매도 줄어들고 핵전쟁 위험도 결국 사라지지 않을까? 내 머릿속에는 많은 상상이 반짝이고 있었다.

K 많은 이들은 사토시가 노벨 경제학상을 받아야 된다고
   주장해. 하지만, 나는 그렇게 생각하지 않아. 사토시는
   노벨 평화상을 받아야 돼.

Z 그렇네요. 비트코인의 비폭력적인 합의 기능 때문에…

K 아니. 노벨 경제학상은 스웨덴 중앙은행에서 주는 상이
   니까.

Z 헉! 하긴, 어디 피아트 잡것들이 사토시 나카모토한테
   상을 들이대.

K 내 말이.

건조한 유머를 구사한 쿤쌤은 커피를 한 모금 마시고 다시
말을 이어갔다.

K 한 개인에게 있어서, 가장 사적인 영역은 생각이야. 말
   그대로 그 누구도 들여다볼 수 없는 사생활이니까. 프라
   이버시는 개인의 자유야. 프라이버시가 없는 사회는 진
   정한 개인도 없고 진정한 자유도 없어. 사람의 생각만으
   로 차별이나 처벌 또는 불이익을 받을 수 없잖아? 그래
   서도 안 되고. 심지어 전체주의 독재 국가에서도 생각을
   파악하고 처벌할 수 있는 수단을 만들지는 못했어. 권위

주의 정부, 아니 지구상 모든 정부들이 가장 두려워하는 건, 시민들의 저항과 봉기야. 그래서 정부라는 기관은 정도의 차이는 있지만, 사람들의 표현을 통제하고 싶어해. 겉으로는 아닌 척할지 몰라도, 정부라는 괴물의 본심은 개인의 프라이버시를 존중하지 않아.

Z 정부들만 그런 게 아니죠. 대형 플랫폼 IT기업들도 마찬가지죠. 앱을 쓸 때마다, 소비자들은 자발적으로 데이터와 정보를 계속 헌납하고 있잖아요? 동영상 알고리즘부터 쇼핑 추천까지, 사실 다 나에 대한 정보로 던지는 떡밥들이죠. 그러면 우리는 다시 소비를 하게 되고.

K 하나 짚고 넘어갈 건, 데이터와 정보는 달라. 데이터는 관찰과 조사로 얻은 기초적 사실 또는 객관적 수치야. 정보는 데이터의 해석이고. 데이터가 재료라면, 정보는 요리야. 그런데 모든 요리가 가치가 있지는 않아. 요리에도 등급이 있겠지? 아무래도 건강식이면서 맛도 훌륭한 요리가 많은 이들이 원하는 요리가 되겠지.

Z 비트코인은 고급 요리군요.

K 여튼, 소비자의 정보 헌납은 앱이나 대형 플랫폼에만 국한된 이야기가 아니지. 신용카드를 쓸 때마다, 소비자는 두 종류의 비용을 지불하니까. 상품에 대한 값을 지불하

고, 동시에 금융기관과 판매자에게 자신의 정보를 고스란히 지불하고. 소비자 본인이 언제, 어디서, 얼마에, 무엇을 샀는지에 대한 정보를 기업들이 갖게 되면, 본인이 소비를 하는 이유는 AI가 잊을 만하면 친절하게 다 알려주잖아?

Z 그쵸. 물건을 사는 이유뿐만 아니라 인생을 사는 이유까지 가르쳐 주죠.

K 공짜로 사용하고 있다면 진짜 상품은 사용자라는 말이 있지? 진리에 가까운 격언이야. AI가 소비자를 간파하고 농락하는 세상에서는 개인들의 프라이버시는 본인이 직접 지켜야 돼. 그리고 인터넷 세상에서 프라이버시를 지키게 해주는 기술이 암호학이야. 암호학에 기반한 블록체인을 대중화시킨 네트워크가 비트코인이고.

Z 비트코인을 설계하고 창시 발명한 인물이 사토시 나카모토라는 가명을 쓴 것도 프라이버시와 무관하지 않죠?

K 그렇지. 본인 프라이버시를 지킨다는 의미도 있지만, 비트코인이라는 네트워크를 태초부터 사용자의 사생활이 존중받고 보호받는 문화로 설정했다고 볼 수 있지.

Z 사토시 나카모토⋯ 과시욕에 빠진 자아도취형 관종은 확실히 아니었네요.

K 에고에 매몰된 사람은 아니라고 볼 수 있지. 형식보다 중요한 게 내용이고, 작가보다 중요한 게 작품이야. 그 사람이 누구인가보다 그 사람의 생각이 훨씬 더 중요하지 않나?

Z 사람들은 달을 안 보고 손가락을 보는 경향이 많죠.

K 사람들은 그 손가락이 누구의 것인지에 더 관심이 많지.

Z 그렇죠. 하지만 비트코인은 콘텐트 그 자체만으로 교류.

K 비트코인은 만들어지는 과정부터 결과까지 전부 다 오픈소스(Open Source)야. 누구나 개발, 응용, 변화, 사용, 검증, 수정, 보완 작업에 동참할 수 있는 오픈소스 소프트웨어는 공공적인 성격과 협업정신으로 시간이 흐를수록 성능과 기능에 대한 신뢰와 보안이 강해지는 생태계야.

Z 집단 지성.

K 비트코인은 지식을 공유하고 집단 지성을 활용하는 사상이 태초부터 모든 부분에 깃들여 있어. 국적, 인종, 성별, 나이, 계급, 업종, 재산, 학벌, 과거, 태생, 외모와 전혀 상관없이, 개인의 생각과 의견만으로 교류하는 것이지. 대화 내용과 무관한 정보는 전부 가려진 상태에서. 그 어떤 편견도 없이 서로 모르는 사람들이 모여 생각을 공유하고, 정보를 교환하면 엄청난 업적을 이루고 역사

를 바꿀 수 있다는 것을 증명하는 게 바로 비트코인이야.

순간 나도 모르게 소리를 내며 감탄했다.

Z 와…! 비트코인… 알면 알수록 놀랍고 대단합니다. 그리고 저는 사토시 나카모토가 한국인이 아니라는 데 500원, 아니 500억 걸겠습니다.

K 사토시 나카모토라는 가명을 쓴 인물은 개인보다는 인류를 위해 비트코인을 만들면서 동시에 한 개인의 기본권을 지키는 걸 놓치지 않았어. 그래서 비트코인은 그렇게 길지 않은 역사에도 불구하고 인류 역사상 가장 막강한 네트워크로 자랄 수 있었어.

Z 경제적 사익을 위해 개발된 프로그램이었다면 지금처럼 비트코인이 확산되지도 않았겠죠. 그럼, 프라이버시를 개인이 비밀을 가질 자유? 그렇게 정의할 수 있을까요?

K 프라이버시는 개인이 공유할 정보를 선택할 권리라고 정의할 수 있겠지. 예를 들어, 면허증에 운전할 자격이 있다는 것만 표기하면 되는데, 굳이 주소, 나이, 성별이 공개적으로 노출되는 게 필요한가? 합리적인가?

Z 아! 이해했어요. 안심번호 개념이네요. 여론조사에 응답

할 의무 없고, 정치 성향을 밝히지 않을 권리 같은 거죠. 그러나 기발한 사업 아이템을 죽을 때까지 혼자 머릿속에 갖고 있을 이유도 없는 거고.

K 대화나 소통이 없는 생각은 아무짝에도 쓸모가 없고, 공유되지 않는 정보는 확장성이 없어. 인류사의 예술작품 또는 혁신 기술은 모두 생각의 표현이고 집단 지성의 축적에서 나온 발명품들이야. 사상의 자유와 표현의 자유는 동일 선상의 개념이야.

Z 자발적인 대화. 생각의 교환.

생각의 교환을 통해 지도는 영토가 됐고, 나 역시 그 어떤 커피보다 훨씬 가치 있는 건 대화라는 사실을 체험하고 있었다.

13. 비트코인이라는 언어.

Bitcoin as a Language

K '행복 추구권'이라는 게 뭐지?

Z 네? 갑자기 무슨 행복? 글쎄요… 만족스러운 삶을 추구
   할 수 있는 권리? 모호한 표현이죠. '행복'이라는 단어가
   애매하죠. 주관적이고 해석도 다양하고.

K '행복 추구'라는 표현은 1776년 미국 독립선언문을 통
   해 널리 알려졌는데, 원래는 '행복 추구'가 아니라, '재
   산'(property)이었어. 생명, 자유 그리고 재산. 이 세 가지
   가 17세기 계몽주의 사상이 제시한 기본권이었으니까.

Z 재산. 명확하고 좋네요. 알아듣기 쉽고. 사유재산은 오
   해 소지가 없잖아요? 근데, 왜 미국 독립선언문은 '재산'
   을 '행복 추구'로 바꿨죠?

K 가장 큰 이유는 노예제도였지. 독립선언문을 작성한 토
   마스 제퍼슨(Thomas Jefferson)은 노예제도를 반대하는 인

물이었어. 왜? 그가 죽을 때까지 사랑하고 동거했던 여성이 장인한테 물려받은 흑인 노예였어. 장인의 또 다른 딸이기도 했으니까, 처제라고 할 수 있지.

Z 오우~! 이거 재밌네요! 미국 건국 아버지의 막장 드라마!

K 제퍼슨은 노예제도가 도덕적으로 문제가 많다고 생각했지만, 당시 분위기상 대놓고 노예 주인들의 반발을 사는 언행을 할 수는 없었어. 특히 영국과의 독립전쟁을 앞둔 상황에서. 그런데 '재산'이라는 표현을 독립선언문에 새겨 넣으면 노예가 재산이라고 당연하게 믿는 노예 주인들에게 훗날 정치적 명분을 실어줄 수 있다고 판단했지. 그리고 인권 특히 개인주의에 대한 고찰이 깊었던 제퍼슨은 개인마다 '행복' 또는 만족적인 삶이 주관적일 수 있다고 믿었어. 그래서 단순히 물질적인 재산을 넘어 각자가 원하는 삶을 자유롭게 추구할 수 있는 철학적인 표현이 필요하다고 생각했지. '행복'이라는 표현은 확장될 수 있는 개념이기도 하고.

Z '재산'을 '행복 추구'로. 제퍼슨 아저씨가 언어의 마술사네. 그래서 미국의 지대한 영향을 받는 한국의 개정헌법에도 들어가 있군요. 행복 추구권.

K 정작 미국 헌법에는 '행복 추구'라는 표현이나 '행복'이라

는 단어가 안 나와. 그 대신 '재산'이라는 표현이 많이 등
장하지.

Z 재산 없이 행복 추구하기 힘들죠. 스님이 아닌 이상.

K 이 세상 거의 모든 법적 분쟁은 뭐 때문에 일어나지?

Z 돈? 아, 재산.

K 그렇지. 대부분 변호사들은 자산이 있는 의뢰인들, 기업
또는 자본가들의 재산을 정리해서 나누거나 합치는 거
래나 분쟁으로 돈을 벌지.

Z 대기업과 부자들 덕분에 먹고사는 게 로펌들이죠. 대한
민국 전관예우 판검사들도 고액 송사로 먹고 살고.

K 개인 간 직거래가 가능한 비트코인은 법적 대리인이 이
론적으로 불필요해. 기본 합의 알고리즘 자체가 약속이
지켜지는 네트워크니까.

Z 네, 거기에 스마트 컨트랙도 가능하고.

K 여기서 우리가 분명히 짚고 넘어가야 할 부분이 있어. 생
명, 자유, 재산 - 이 세 가지 기본권은 법 이전에 있었고
법보다 우선시되는 개념들이야. 법이 생기고 나서 만들
어진 개념들이 아니야. 인권이 있고 법이 있는 것이지,
법이 있어서 인권이 있는 게 아니야.

Z 기본권을 지키기 위해 법이 만들어졌으니까… 자유와

　재산권을 위협하는 법치주의는 위험한 발상일 수도 있군요.

K 그러면, 기본권 중 하나인 재산권. 도대체 사유재산이라는 건 뭐지?

Z 개인의 소유물? 개인의 영역?

K 사유재산은 한 개인이 생각, 시간과 노동이라는 자원을 동원해 산출한 결과물이라고 할 수 있지. 사유재산이 보장되지 않는 사회는 개인의 자유가 보장되는 사회가 아니야. 사유재산이라는 건 정부를 포함한 그 누군가에게 의존하거나 의지하지 않고 살아갈 자유의 범주에 속해. 사유재산은 개인의 자유를 누리고, 축적하고, 확장하고, 지속시키는 수단이니까. 사유재산 개념이 분명한 사람은 남의 것을 부러워하지 않아. 가치관이 명확한 사람이 타인과 자신을 비교하지 않듯이.

Z 오…

K 재산권을 포함한 기본권은 정부의 시혜가 아니라는 걸 우린 기억해야 돼. 법이라는 건 이런 기본권을 사회가 보장하는 장치일 뿐이야.

Z 쿤쌤, 법이라는 것도 사회적으로 합의된 약속 또는 규칙이죠? 하지만 법이라는 것도 몇몇 사람들이 동의해서 적

어 놓은 문구에 불과하고, 시대에 따라 또 나라마다 제각기 조금씩 다르고, 불변성이 있거나 일관성이 있다고 볼 수는 없는 거 같은데요. 상당 부분 말장난 같은 부분도 많고.

K 정확한 지적이야. 법이라는 건 시공간이 다르면 수정되고 변하지. 이 변화가 인간의 기본권을 더 잘 지키고 보호하는 방향으로 가길 바라지만, 항상 그렇다고 볼 수는 없지. 하지만 법은 변할 수밖에 없어. 법이라는 게 무슨 절대적인 신의 계명 같은 게 아니니까. 법이라는 건 문구야. 법은 언어야. 사회적 합의를 본 언어. 언어라는 건 시대에 따라 변해. 우리가 쓰는 말만 해도 그렇잖나? 뉘앙스와 의미도 변하고 없던 단어가 생겨나기도 하고. 심지어 지금 우리 대화에서도 새로운 단어와 조합어를 만들어내고 있잖아?

Z 그렇죠. 언어라는 게 마술 같은 면이 있죠.

K 사용하는 언어의 한계가 인식하는 세계의 한계이기도 하지만, 인식하는 세계의 한계가 사용하는 언어의 한계이기도 해. 인류가 발전하면서 세계가 확장되고, 인식 지평 역시 넓어지면서 언어는 그에 맞춰 세련되고 정교하게 진화하니까. 진화하는 언어로 우리의 생각은 더더욱

고도화되고 정보의 교환인 대화도 수월해지고.

Z 물물의 교환인 무역 역시 정확해지고.

K 생각을 교환하는 대화처럼 물물을 교환하는 무역에서도 표현적 언어가 중요하지.

Z 거래의 언어는 돈이죠. 경제적 소통 수단은 돈이니까. 돈을 쓰는 것 역시 표현의 자유라고 보는 사람들도 많잖아요?

K 정확한 지적이야. 돈이라는 언어는 법이라는 언어보다 훨씬 더 인류 보편적이지. 그런데 말이야, 법이라는 언어는 시대에 맞춰서 역사적으로 진화해 왔는데, 돈이라는 언어는 어땠지?

Z 피아트라는 오염물질은 고인물로 계속 썩어만 갔죠. 그 어떤 혁신도 없었죠.

K 인류가 진화하며 종교와 정부를 분리했듯이, 이제는 돈 또한 정부에서 분리해야 되는 게 아닌지 한번 진지하게 생각해 볼 필요가 있어.

Z BTC.

K 비트코인 역시 언어야. 거래라는 대화를 완벽하고 정확하게 성사시키는 언론이지. 비트코인이라는 네트워크는 컴퓨터 프로그램이고 코드야. 문자와 숫자로 된 텍스트

라고. 말 그대로 언어라고 할 수 있지. 언어인 비트코인은 언론이기도 해.

Z 네. 언어이면서 언론. 생각을 말이나 글로 표현하는 행위를 언론이라고 하니까.

K 앞서 말했지만, 정보는 복제되고 확산되지만 누군가의 소유물이 될 수는 없어. 비트코인은 정보를 전달하는 수단이 수학을 포함한 언어야. 언어를 독점한다는 건 불가능해. 누군가 특정 단어나 숫자를 독점할 수 있나? 소유권을 주장할 수 있나? 수학 같은 언어를 불법화할 수 있나?

Z 언어의 특정 조합, 특정한 의미를 소유할 수는 있잖아요. 저작권, 판권, 상표권.

K 지적재산권 같은 것들이 그런 범주에 해당되지만, 언어 자체를 독점하는 건 아니지. 책에 대한 저작권은 있지만, 그 책의 아이디어와 사용된 언어에 대한 소유권은 없잖아?

Z 정보를 전달하는 수단인 언어는 일종의 공공자산이네요.

K 언론의 자유, 표현의 자유를 침해하는 건 정부에 의한 법과 제도에 국한돼 있지 않아. 예를 들어, 뉴스를 보도하는 언론사는 객관적인 사실을 정확하게 수신자들에게

전달해야 할 의무가 있어. 그런데… 한국 언론에서 사용하는 '극단적 선택' 또는 '유사 성행위' 같은 표현들은 애매모호하단 말이지. 시각적인 사진이 아닌 문자로 전달하는데, 굳이 이렇게 두리뭉실한 표현을 써서 다양한 해석으로 오해 소지를 만들 필요가 있나? 특히 구어체가 아닌 문어체를 쓰는 신문은 정확할 필요가 있는데.

Z 자살. 구강성교. 항문성교. 이런 표현들이 무슨 쌍욕이나 비속어도 아닌데. 이런 표현을 쓰지 못하는 게, 무슨 가이드라인 같은 권고사항이죠? 그렇게 잘난 척하는 기자들은 이런 지침에는 회사원들처럼 고분고분 잘 따르는 것도 참 신기해요. 아니 사실 기자들도 회사원들이지.

K 이건 보이지 않는 검열이라고 할 수도 있고, 사안의 본질을 회피하는 행위로 볼 수도 있어. 있는 그대로를 전달하지 않으니까.

Z 뉴스 소비자들도 한심하죠. 미디어에서 어떤 식으로 뉴스를 보도해도 그냥 그런가보다 해요. 아무 생각 없는 양 떼처럼.

K 보기보다 언어에 민감하네. 좋은 거야. 소통의 힘을 아는 거니까. 그런데, 양들이 온순하고 좋지 않나? 사회생활도 무난하고.

Z 같이 무리로 움직이니까. 자발적인 사고 없이 남의 말만 잘 따르면 다 착해지죠.

K 양 떼 입장에서는 늑대라는 위협을 늘 두려워하면서 양치기만 바라보며 사는 게 안전하지. 하지만, 그렇게 양치기를 잘 따라봤자… 평생 자기 털 삭발해서 헌납하다가 도살장으로 끌려가서 램찹, 프렌치랙, 양케밥, 양꼬치로 끝나.

쿤쌤의 블랙 유머에 나도 모르게 헛웃음이 나왔다.

Z 우리는 유년기부터 양이 되도록 교육을 받는데, 현실에서는 양이 아닌 늑대로 사는 게 훨씬 만족스럽고 자유롭다는 걸 아무도 가르쳐 주지 않는 것 같아요.

K 그렇게 생각해? 늑대도 무리를 지어서 살아.

Z 그래도 늑대는 스스로 생각하고 주동적으로 삶을 선택하죠. 맹목적으로 양치기만 따르다가 저항 없이 도살장으로 가는 양들과는 본질적으로 달라요. 삶의 질이 다르죠.

K 어떤 환경에도 잘 적응하고 진화하는 동물이 강한 생명체지. 순응하는 양들의 문제는 길들여짐이 아니야. 양들의 비극은 무언가에 종속된다는 거야.

Z 늑대처럼 자기만의 길을 가야죠.

K 걸어가면 만들어지는 게 길이야. 그러면, 본인은 늑대가 되고 싶은 양인가?

Z 양꼬치 운명을 피할 방법을 열심히 모색 중이죠. 사실, 양이 늑대로 변하는 것이야 말로 '극단적 선택'이죠.

K 적절한 표현이네. 사회적 압력으로 특정 표현을 못 쓰게 하면 표현의 자유만 침해되는 게 아니라, 정확도가 떨어지는 의사소통이 만연하게 돼. 사회적 규범이라는 명분으로 터부시되는 표현이 늘어나는 게 과연 바람직한 지는 생각해볼 만한 문제야.

Z 정확한 표현을 구사하지 않으면 효율적인 대화가 어렵죠. 무슨 암호를 푸는 것도 아니고. 모든 게 은어와 비유가 돼 버리면 원활한 소통에 장애가 있을 수밖에 없죠.

K 모든 생각의 교환은 정확해야 돼. 그게 대화가 됐든 무역이 됐든. 금기가 많은 사회는 창의적인 사고도 제한적일 수밖에 없고, 창조적인 발명 역시 기대하기 어려워.

Z 비트코인이 답이네요. 비트코인은 비밀이자 재산. 정보이자 생각. 언어이자 거래 수단. 비트코인이야말로 인간의 기본권이네요.

K 비트코인이 언론의 자유에 속한다면, BTC는 재산권에

속하겠지.

Z BTC도 언론이죠. 돈 역시 언어이면서 언론이니까요.

K 맞는 말이야. 비트코인은 포괄적으로 인간의 기본권에 속한다고 볼 수 있어. 언어를 사용해서 재산을 보호할 수 있는 자유가 비트코인이니까.

Z 비트코인을 통제하려는 몇몇 정부들은 도대체 무슨 생각을 하는 건가요? 아니 자유 시장 경제에서 그게 가능하다고 생각하나요? 비트코인을 금지하겠다는 건 마치 수학을 검열하겠다는 거랑 똑같잖아요?

K 비트코인을 금지하겠다는 정부는 스스로의 지식과 교양 수준을 적나라하게 드러낸다고 보면 돼.

Z 중앙은행의 권력을 유지하겠다는 본심도 물론 있겠지만, 자유로운 언론 소통으로 이뤄지는 생각의 교류를 차단하겠다는 불순한 의도도 확실히 있어 보여요.

K 특정 국가가 비트코인을 막는다는 건, 국민들 이메일 사용을 차단하는 것보다 훨씬 더 어려운 일이야. 전체주의 북한에서도 불가능해.

Z 그쵸. 인터넷, 위성으로 세계가 초연결된 시대에 분산컴퓨팅을 막을 방법은 없죠. 사유재산에 대한 이해가 흐릿한 인간들이 공공재산에 대한 개념도 명확하지 않고, 중

앙화된 권력을 남용하는 것들이 탈중앙화를 저지하는 것 같아요.

K 정부의 역할과 능력이 시대에 맞춰 진화하지 못해서 국가와 사회의 전반적인 경쟁력을 저하시키는 면이 많지.

Z 세금 아까운 새끼들이죠.

K 세금은 아까울 수 있지만 납세는 이뤄져야 되겠지?

Z 왜죠? 비트코인 기반, BTC 기준 경제가 되면 세금을 덜 내야 되는 게 맞지 않나요? 아예 안 낼 수 있으면 더 좋겠지만.

K 정부라는 기관도 서비스를 제공하는 조직이라서 공짜가 아니야. 서비스의 질을 떠나서 정부도 일을 해야 되니까 돈이 필요해. 사회적 인프라도 구축해야 되고, 사회적 부의 재분배도 해야 되고. 돈이 없어서 교육이나 치료를 받지 못하는 사람들이 있으면 안 돼. 정부의 역할은 분명히 있어.

Z 국채 발행하고 돈 열라 찍어내면 되잖아요.

K 그러면 이미 위태위태한 피아트 체제는 더 빠르게 폭망하겠지.

Z 쿤쌤, 그냥 해본 말입니다. 저도 그렇게 몰상식한 인간은 아닙니다. 그런데 BTC가 주류에 편입된 체제에서는 세

금을 BTC로 낼까요?

K 그보다는 피아트로 내는 게 정당하고 적절하지 않을까? 정부 중앙은행이 발행한 화폐로 내는 게 맞지 않을까? BTC는 정부와 무관하니까.

Z 일리 있는 말씀이네요. 카이사르의 것은 카이사르에게.

K 세금은 사회적 책임이야. 자유에 따르는 책임. 타인의 권리와 자유를 존중하는 게 책임이잖아? 표현의 자유도 마찬가지고. 내가 싫어하는 인간이 동의할 수 없는 이야기를 할 수 있게 보장하는 것이 표현의 자유지만, 정치적 경제적 이익을 위해 거짓 또는 내부정보를 활용해 시장을 교란하는 언행에 대해서는 법적 처벌이 단호하게 이뤄져야지.

Z 그런 짓거리 하는 정치인들과 기업인들에게도 책임을 물어야 되죠.

K 그런 걸 처벌하라고 있는 게 정부야.

Z 근데 정부가 스스로 거짓 선동을 하거나, 시장교란을 하면 무슨 책임을 지죠? 불손한 의도를 떠나서, 그냥 무식해서 행하는 멍청한 뻘짓들이 하나둘이 아닌데.

K 그래서 비트코인이 탄생하지 않았을까?

비트코인에 대한 대화를 나누다 보면 종종 샛길로 빠지곤 한다. 넓고 끝없이 뻗은 비트코인이라는 고속도로를 달리다 보면, 너무나 많은 교차로와 출구가 나타난다. 이 또한 비트코인의 매력이다. 자유롭게 오가는 여담이나 잡담 역시 표현의 자유이고 언론의 자유 아닌가?

중앙화된 대형 IT기업이 운영하는 소셜 미디어나 플랫폼이 알고리즘으로 매 순간 우리를 직간접적으로 조정하는 시대에 언론의 자유는 무엇일까? 과연 그런 자유가 있기는 할까? 어쩌면 우리는 '언론의 자유'를 걱정하기 전에 '의지의 자유'부터 확보해야 되는 거 아닐까? 비트코인은 다시 나에게 수많은 질문을 심어주고 있었다.

Z   쿤쌤, 사람마다 비트코인을 저마다 다르게 정의할 수 있겠지만, 비트코인의 본질을 이해하는 데 있어서 시간, 에너지, 정보, 언어. 이 네 가지는 각기 확연히 다른 성질을 갖고 있지만, 비트코인 구성 요소로는 서로 떼려야 뗄 수 없는 관계로 엮여 있네요.

K   맞아. 그리고 하나가 더 있지. 가장 중요한 요소. 돈.

Z   그죠. 비트코인이라는 네트워크가 애초에 새로운 개념

의 화폐를 위해 만들어졌죠.

K BTC는 그냥 화폐가 아니야.

Z 진화한 돈이죠.

K BTC는 인류 역사상 최고의 돈이야.

Z 그러면… 절대동전 BTC가 행복 추구권인가요?

K BTC는 행복의 원동력이 될 수 있어.

Z 행복의 원동력?

K 행복은 보상이 아니라 선택일 수 있어.

14. 가장 우월한 돈.

The Ultimate Money

K 우리가 돈을 어떻게 정의했지?

Z 에너지. 돈은 가치를 보존하며 시공간을 이동하는 경제
   적 에너지, 라고 정의했죠.

K 모든 생명체는 에너지를 더 효율적이고 효과적으로 활
   용하는 방향으로 진화해 왔어. 해바라기가 태양의 위치
   를 따라 움직이듯, 인류 역시 에너지를 보다 효율적이고
   효과적으로 얻고 다루는 기술을 터득해 왔어. 그래서 인
   간이 환경을 지배할 수 있는 우월할 동물로 진화할 수 있
   었던 거고.

Z 환경을 지배하고 우월종으로 진화할 수 있게 한 기술이
   라면… 불을 피우는 기술 같은 거겠군요.

K 그렇지. 인류가 불을 다루는 법을 알게 되면서 어두운 밤
   을 밝히고, 겨울을 따뜻하게 보낼 수 있었던 것도 도약

이라고 할 수 있지만, 더 유의미한 결과는 영양소 섭취의 변화였지. 불을 쓰면서 인류는 조리를 할 수 있게 됐으니까. 불이라는 에너지를 도구화하면서 인류는 생물학적으로 더 건강해질 수 있었어.

Z   건강해지면서 더 많은 에너지를 활용하게 되고, 그러면서 또 더 많은 에너지를 필요로 하게 되고.

K   그런데 말이야, 인류는 문명을 이루면서부터, 필요한 에너지를 찾지 않을 때는 금이라는 걸 채굴하는 데 자원을 투입하기 시작했어. 그렇게 나온 금은 다른 형태의 에너지를 구하고 활용하는 데 사용되기 시작했고.

Z   금은 돈이고, 재화와 서비스 역시 다른 형태의 에너지가 들어간 산출물이니까…

K   바로 그거야. 돈은 모든 에너지를 교환하고 활용할 수 있는 매개이자 동시에 인간이 에너지를 다룰 수 있게 해주는 에너지이기도 해. 왜? 돈이라는 수단이 없으면 에너지를 저장하거나 효율적으로 효과적으로 활용할 수 없으니까.

Z   불이 없으면 신체에 적절한 영양소 섭취가 어렵듯이, 돈이 없으면 사회의 에너지 배분이 어렵겠죠. 에너지가 모든 생명의 본질이라면 돈은 경제적 생명의 본질이네요.

K 어떻게 하면 에너지를 소멸 소실 없이 시공간을 이동할 수 있을까? 이 문제를 인류는 계속 고민해 왔고, 지금도 고민하는 가장 어려운 숙제 중 하나야. 예를 들어서, 우리가 지금 말을 하고 있는 건 소리 에너지를 움직이는 거야. 소리는 우리를 둘러싼 공기보다는 물에서 더 잘 이동해. 그리고 소리는 물보다 금속을 통해 더 잘 전달돼. 하지만 소멸 소실이 있지. 그런데, 내 목소리를 디지털파일로 저장하면 어떻게 돼?

Z 녹음된 소리는 손상을 피할 수 있고 영구성이 생기죠.

K 맞아. 하지만 디지털 세상과 달리 물리적인 세상에서는 에너지의 소멸 소실이 불가피해. 전기 역시 그렇지. 전선을 타고 이동하지만, 이동거리가 길수록 소멸 소실은 늘어나. 소멸 소실이 없는 배터리는 존재하지 않고. 에너지가 시공간을 이동할 수 있는 수단과 방법은 많을 수 있어도, 소멸 소실이 없는 매개는 없어. 피아트 화폐 역시 그래.

Z 아…… 인플레이션. 가치저하. 평가절하.

K 피아트 화폐는 전 세계 중앙은행이 매년 최소 2%의 가치 손실을 목표로 희석시키는 것도 모자라, 송금 시에 이런저런 수수료와 비용이 붙게 되지.

Z 2%?

K 중앙은행이 목표치로 잡는 연간 물가 상승률. 문제는 인플레이션이나 수수료 외에도 가치를 희석하는 요소와 변수들이 많다는 거야. 피아트 화폐가 아닌 물리적인 자산으로 분류될 수 있는 부동산이나 예술작품도 부식하고 퇴락해. 관리 유지 비용이 상당히 들어. 그 외에도 사건 사고 대비 보험 비용. 규제, 세제 또는 관련 법률 변화. 임차인과의 분쟁. 땅을 갖고 있으면 기후변화라는 변수도 있고.

Z 주식은요?

K 주식이라는 건 기업에 투자하는 거잖아? 사람과 기술. 여기에도 변수가 많지. 경쟁사들의 약진, 시장점유율 변화, 기술의 변화, 사업 관련 규제 변화, 노사 문제, 대주주 문제, 대리인 문제, 도덕적 해이, 인수합병, 기업지배구조 변화, 지정학적 변수, 정치적 변수. 일단 사람이 들어가 있는 투자대상은 변수가 많을 수밖에 없어.

Z 그렇네요. 사람이라는 건 변수 덩어리죠. 쿤쌤, 그럼 금은 어떤가요? 가치 저장 수단으로는 괜찮지 않나요?

K 금은 일단 물리적인 부피와 무게 때문에 장애가 많아. 이동 시 휴대가 불편하고 금의 순도를 확인하는 절차 역시

간단치 않아. 개인이 금을 직접 보관하려면 여러모로 만만치 않은 비용과 위험이 따라. 그래서 대부분 금을 위탁하지.

Z 기관이나 은행에 금을 맡기면 그에 따른 여러 비용이 또 들죠.

K 대공황 시절 미국 정부가 그랬던 것처럼 물리적인 자산인 금은 타자에게 압수 또는 몰수당할 수도 있어.

Z 쿤쌤 얘기를 듣다 보니, 경제적 에너지를 보존하면서 시공간을 이동하는 게 정말 어렵네요. 마치 손실을 피할 수 없고 시간을 이길 수 없는 엔트로피처럼.

K 지난 반세기 동안 기술 변천사를 들여다보면, 정보 확산과 기술 확장의 속도는 고체에서 액체로, 액체에서 증기체로 진화했다고 비유할 수 있어. 예를 들어, 메인프레임 초대형 컴퓨터라는 '고체'에서, 휴대 이동 가능한 노트북이라는 '액체'로, 그리고 클라우드 기반 장비 장치라는 '증기체'로 변해 왔지. 데이터와 정보가 디지털화되면서 이동과 확산은 너무나 쉬워졌으니까. 우리 생활 역시 이런 변화에 맞춰 진화해 왔어. 기업과 개인 구분 없이 모두 디지털 전환(Digital Transformation)이 이뤄진 시대야. 그러면 흔히 말하는 디지털 전환이라는 게 뭐지?

Z 디지털 트랜스포메이션은… 클라우드 기반으로 막강한 프로그램들을 효율적으로 가동해서 우리 업무와 생활의 생산성이 향상되는… 뭐 그런 거 아닌가요? 엑셀 같은 문서작업 소프트웨어부터 최신 GPT 프로그램까지 클라우드가 있어야 돌아가니까.

K 맞아. 그걸 다르게 말하면, 아날로그식이 아닌 디지털 방식을 일상에 활용하는 세상을 만드는 게 디지털 전환이겠지. 그러면 디지털 전환이라는 건 왜 이뤄졌을까?

Z 네? 아니 왜?라고 하시면… 과학기술의 발전으로 이뤄졌겠죠. 글쎄요…

K 물리적인 아날로그 자산은 제약이 많아. 쉽게 비유하면, 도서관의 모든 책을 전 세계 사람들에게 배포하려면 너무나 많은 나무가 잘리고 시간도 너무나 오래 걸려. 그러나 디지털 도서관은 이런 애로사항이 없지. 공실 문제로 머리가 아픈 도쿄의 건물주는 임대가를 낮추거나, 단기 계약으로 시장에 내놓을 수는 있지만, 공실들을 따로 떼어내 뉴욕 시장에 내놓을 수는 없어. 건물 하나, 아니 방 하나를 1억 명이 주식처럼 나눠서 소유하고 유동성 있는 시장에서 언제든지 거래할 수 있는 것도 아니고.

Z 없죠. 그러나 BTC는 그게 가능하죠. 오케이. 디지털 트

랜스포메이션은 아날로그의 한계를 극복하기 위해 이뤄졌다고 볼 수 있겠네요.

K 또 달리 말하면, 인간 활동의 확장성을 위해서. 누구나 사용하는 스마트폰이라는 기계가 대표적이지.

Z 스마트폰은 단순 통화를 넘어 방송을 할 수 있는 수단이죠. 말동무도 되고, 충실한 개인비서라고 할 수 있죠.

K 고도화된 소통수단은 사회적 관계 형성, 경제 활동 방식 같은 부분도 획기적으로 바꿔놨어. 스마트폰의 수많은 기능 중에서 지도만 봐도 그걸 알 수 있지.

Z 구글맵?

K 어. 구글맵은 그냥 지도가 아니잖아? 우리 위치를 알려주고, 길을 안내하고, 지역 정보를 알려주고. 아날로그 지도와는 비교 자체가 안 되는 게 디지털 지도야. 지구상 80억 인구가 동시에 필요한 교통상황과 이동정보를 확인할 수 있어. 반세기 전에 과연 이런 지도를 전 세계에 배포할 수 있었을까?

Z 막대한 비용이 들었겠죠.

K 아니. 비용을 떠나서 그냥 기술적으로 불가능했겠지. 아날로그 지도는 디지털 지도처럼 소프트웨어 업데이트가 안돼. 프로그램이라는 건 초기 설계 개발에 인력자원이

투입되지만, 그 이후로는 소프트웨어에 의해 운영되고 향상되고 확산될 수 있어. 아날로그 세상과 달리, 디지털 세상에는 고정 비용이 거의 없고, 관리 보수 비용 역시 지속적으로 줄어들어. 디지털은 우리에게 확장성을 가져다줘. 그러면 아날로그 자산과 디지털 자산, 둘 중 뭐가 더 투자 가치가 있는지는 명확하지 않나?

Z 오케이. 이해했습니다. 근데… 투자 가치? 쿤쌤의 투자 가치는 뭐죠?

K 내 투자 가치? 음… 가치는 주관적이고, 때와 상황에 따라 변할 수 있지만… 나는 나름 원칙을 갖고 투자를 한다고 말할 수 있을 것 같은데.

Z 원칙이라고 하시면?

K 단기 투자 보다는 장기 투자. 화폐 보다는 자본. 부식되는 자산 보다는 영구적인 자산. 로컬한 아이템 보다는 글로벌한 아이템. 물리적인 자산 보다는 디지털 자산. 대량 생산품 보다는 제한된 공급량. 이런 요소들이 내가 투자 우선순위를 정하는 원칙이야.

Z 저도 참고하겠습니다.

K 요즘 시대에 디지털 전환을 하지 않은 기업이 경쟁력이 있을까? 아니, 이제는 모든 기업이 IT기업이라고 할 수

있지. 그러니 돈 또한 시대 흐름에 맞춰 진화해야 돼. 아날로그식 자본의 한계를 극복하는 방법은 딱 하나뿐이야. 자본의 디지털 전환.

Z 자본의 디지털 트랜스포메이션이 BTC군요. 시공간을 이동하며 소멸 소실이 없는 경제적 에너지.

K 그렇지. 비트코인은 그 누구의 개입이나 허락이 필요 없는 탈중앙화 체제야. 그런데 우리가 잠깐만 생각해보면 자명한 점이 있어. 인류가 사용할 수 있는 탈중앙화된 돈 또는 화폐는 디지털 시대에만 가능한 기술이라는 거야. BTC 역시 인터넷 네이티브 돈이잖아?

Z 물리적인 아날로그식 탈중앙화 돈이나 화폐는 존립 자체가 어려웠겠죠. 설사 그런 돈이 만들어졌다고 하더라도 확장성이 있을 수 없고.

K 자 그러면, 지금까지 우리가 살펴본 기존의 돈이 가진 위험 요소들 - 인플레이션, 세금, 압수, 몰수, 법과 규제 변경, 대리인 문제, 도덕적 해이 - 이런 변수들은 모두 제3자에 의해 일어나.

Z 제3자 리스크?

K 여행 좋아한다고 했지? 혹시 사이프러스 가봤나? 남유럽 작은 섬나라.

Z 아뇨. 남유럽은 스페인하고 이탈리아 수박 겉핥기로 잠 깐 구경한 게 답니다.

K 2013년 3월에 사이프러스의 한 시민이 불도저를 몰고 은 행 건물을 향해 돌진하려 했어. 그를 포함한 폭력적인 시 위대의 요구사항은 지극히 정당했어. 자신들의 예치금 을 돌려달라는 거였지.

Z 뱅크런?

K 아니. 며칠 전 사이프러스 정부는 긴급 발표를 통해 10 만 유로 이상의 예치금에서 47.5%를 '특별 세금'이라는 명목으로 동결시키고 압수해 버렸어. 눈 깜짝할 사이에 기습적으로 벌어진 일이었지.

Z 네?!?! 아니 그게 무슨…

K 그때까지 2008년 금융 위기 여파에서 완전히 못 벗어나 고 있던 사이프러스 정부는 심각한 자금난을 겪고 있었 어. 75억 유로를 급히 마련 못하면, 사이프러스 은행권 전체가 붕괴될 수 있는 상황이었지. 그래서 정부는 '특별 세금' 징수를 통해 필요한 자금을 마련한 거야.

Z 이게 실화입니까?!

K 이게 무슨 제3세계 개발도상국 독재 정권 하에서 일어 난 일이 아니야. 사이프러스는 EU 회원국이야. 은행 고

객 입장에서는 얼마나 황당해? 자고 일어났더니 자기 예금 절반이 사라졌고, 그 대신 아무짝에도 쓸모 없는 거래 은행의 주식이 자기 계좌에 들어와 있으니까. 휴양지 사이프러스에 거주하던 많은 서유럽 부유층들에게 타격이 컸어. 사이프러스 국민도 아닌데 날벼락을 맞았지. 그래서 일부에서는 외국인들 자산을 겨냥한 꼼수였다는 음모론도 있었어.

Z   노염치. 노양심. 완전 날강도네. 하룻밤 사이에 정부가 도둑질을 했네요.

K   우리가 금융 위기 때 종종 경험한 구제금융 제도 '배일 아웃'(Bail-Out)에는 꽤 익숙하지만, 채권자 손실 분담 제도 '배일 인'(Bail-In)이라는 개념은 약간 낯설 수 있지. 은행이 부도 위기에 처한 경우, 주주, 채권자 그리고 예금자들까지도 손실을 분담하며 은행을 구제하는 제도가 '배일 인'이야. 2008년 금융위기 수습이후 미국에서도 관련 법이 만들어지면서 이런 '배일 인'이 유사시에 언제든지 실행될 수 있어. 아직까지 실제로 집행된 적은 없지만.

Z   '배일 아웃'은 세금을 쓰고. '배일 인'은 주주와 고객 돈을 쓰고. 이러나저러나 은행은 책임을 지는 것 같지 않네요.

K   우리가 금융 거래에서 제3자의 역할이 얼마나 위험한 지

를 평소에는 감지하기 어려워. 그저 은행이나 신용카드 회사가 수수료 떼고, 기술적인 문제로 거래 장애가 발생하는 정도로만 생각하지. 하지만 그렇지 않아. 우리가 늘 기억해야 될 것은 정부나 은행 모두 우리의 거래를 허가하고 통제하고 있다는 사실이야. 은행에 있는 내 돈은 온전한 내 돈이 아닐 수 있어. 언제 어떻게 그 돈을 쓰는지를 내 마음대로 할 수 없으니까. 생각해봐. 한국은 은행 예금이 안전할까? 위기에서 정부가 은행을 통해 '배일인' 같은 갈취를 안 한다는 보장이 있을까?

Z   한국은 사이프러스처럼 기습적으로 하지는 않겠죠. 그 대신, 정치인들이 점차적인 선동으로 말도 안 되는 당위성을 급조해서 빌드업 하겠죠. 국뽕과 가진 자들에 대한 증오를 적당히 믹스해서. 그 다음에 약탈하겠죠. 근데 이런 짓을 정부와 은행이 하면 돈도 돈이지만, 국가의 신뢰 회복이 가능한가요?

K   사이프러스 정부는 '특별 세금'으로 급한 불을 끄며 은행권 붕괴는 막을 수 있었지만, 은행권 신뢰가 나락으로 떨어지는 건 막을 수 없었지. 급격한 자본 유출이 일어났고, 불안해진 당국은 더 많은 규제를 집행했어. 특히 해외 송금 한도 부분에서.

Z 도둑놈 깡패 집단이 따로 없네요.

K 그런데, 한국도 그렇잖아? 해외 송금을 자유롭게 할 수
   있나? 내 돈을 내가 해외로 송금할 때, 한도가 있는 게 정
   당한가? 왜 은행과 정부의 허락을 받아야 되지? 내가 은
   행에 맡겨 놓은 내 자산을 은행이 자기들 멋대로 활용하
   는 것도 모자라서, 내가 내 돈을 사용하는 데 있어서 허
   락을 받는다는 게 이상하지 않아? 그 뿐인가? 시간도 너
   무 오래 걸리지. 특히 한국에서 해외로 달러를 송금하려
   면 며칠 걸릴 때도 많아. 이에 따르는 과도한 수수료는
   말할 것도 없고.

Z 위탁한 돈이나 자산은 내 것이 아니라는 말이 진리 같습
   니다.

K 사이프러스 사태를 통해 세계 많은 이들의 주목을 받게
   된 자산이 BTC야. 그전까지는 BTC는 일부 인터넷 괴짜
   애호가들에게만 알려져 있던 특이한 아이템에 불과했지
   만, 사이프러스 사태 이후로 모든 거래소에서 BTC 거래
   량은 급증했고, 가격은 47달러에서 88달러로 올라갔어.
   BTC에 대해 무지한 제도권 언론은 관심을 갖지 않았지
   만, 사이프러스 사태는 BTC가 대안 자산이 될 수 있다는
   가능성을 보여준 시발점이었어.

Z BTC의 글로벌 데뷔였군요. BTC는 원래 만들어진 목적에 충실하게 능력을 증명했네요. 사실 제3자 리스크라는 건 결국 사람이죠. 비트코인은 사람이 낄 여지가 없어서 안전한 것이고.

K 탈중앙화 외에도 BTC가 우월한 돈이라는 걸 증명하는 요소는 차고 넘쳐. 불변한 영구성과 2천 1백만 개라는 제한된 총공급량. 정보만으로 보유하고 이동할 수 있는 디지털 자산의 휴대성. 1개의 BTC가 1억 개 사토시로 나눠지는 가분성.

Z BTC는 위조가 불가능하고 진위 검증 또한 너무나 쉽죠.

K 용인성과 유동성도 보장되지. 전 세계 250개 이상의 대형 거래소들이 24시간 365일 운영돼. 거기에 탈중앙화 거래소 또는 P2P 거래까지 더하면, 누구나 스마트폰만 갖고 있으면 BTC를 언제 어디에서나 자유롭게 거래할 수 있어. 물리적인 아날로그식 금융 거래와 비교 자체가 안 돼. 주식시장은 주중에만, 그것도 하루에 7시간 정도 열고, 거래 정산도 바로 바로 되지 않아.

Z 은행도 주말이나 공휴일에는 문을 닫죠. 고객을 위해 은행이 업무를 보는 게 아니라, 은행 업무 시간에 맞춰 고객이 움직이는 시스템이죠.

K 그런데 이런 관행이 21세기 디지털 세상에 적합한가?

Z 은행이 백날 업무 수단과 방식만 디지털 트랜스포메이션 하면 뭐합니까? 업의 본질과 직결된 돈, 자본 자체는 디지털 트랜스포메이션이 안됐는데. 아… 이 부조화. 부조리. 미스매치. 이메일처럼 쉽게 쓸 수 있는 최종정산 BTC가 있는데, 아직까지도 금융 시스템은 구닥다리 피아트만 쥐고 있으니. 한심하네요.

K BTC는 쉽고 편리하고, 빠르고 경제적이지. 마찰이 거의 없어. BTC는 송금 당사자들이 어디에 있든, 얼마를 보내든, 언제 보내든 상관없이 익명으로 거래가 가능해. BTC는 10억달러 이상 계좌 간 송금도 한 번에 10분 이내에 수수료 5달러 미만으로 가능해.

Z 오~! 실제로 10억 달러 이상 송금 사례가 많나요?

K 검색해 봐. 대형 거래들이 종종 있어.

Z 대박! BTC는 확실히 킥보드가 아니라 탱크처럼 활용해야 되는군요. 물론 라이트닝 네트워크로 소액결제와 송금도 가능하지만.

K 그렇지. BTC를 커피값으로 쓰는 건 현명한 선택은 아니지. 혹시, 5월 22일이 무슨 날인지 알아?

Z 네? 아뇨. 무슨 날이죠?

K 비트코인 피자 데이. 2010년 5월 22일. 어느 프로그래머가 1만 개의 BTC로 파파존스 피자 두 판을 사 먹었어.

Z 헉! 미친! BTC 1만 개! 우리 돈으로 거의 1조원 정도되는데. 피자 한 판에 5000억!

K 추측이지만, 그때 BTC로 피자 사 먹은 그 양반. 오늘날까지 후회하지 않을까? 이 전설 같은 이야기의 교훈은 명확해. BTC로 피자 같은 거 사 먹지 마.

Z 넵! BTC는 킥보드가 아니라 탱크죠.

검색해 보니, 10억달러 이상의 단일 BTC 거래는 예상보다 많았다.

Z 오 마이 갓! 2만 6천 개 이상의 BTC가 단일 거래로 옮겨진 최근 사례도 있네요.

K 이 또한 BTC의 장점이지. 투명성. 비트코인은 익명을 보장하는 투명한 공공장부 잖아? 누구나 모든 거래를 다 확인할 수 있어. 하지만 누가 어떤 거래를 했는지는 알 수 없지. 실명을 요구하는 거래소에서 거래하지 않는 이상.

Z 아… 대형 거래소는 실명 계좌를 쓰죠. 근데… BTC 같은 탈중앙화 자본을 왜 굳이 거래소에 위탁을 하죠? 제3자

리스크가 있는데.

K 내 말이. BTC는 제3자 개입 없이 개인이 책임지고 보관하라고 만들어진 자본이고 돈인데. 이건 꼭 기억해. 내 지갑에 없는 BTC는 내 BTC가 아닐 수 있어.

Z 내 머릿속에 있는 BTC만이 진짜 내가 소유한 BTC입니다.

쿤쌤이 커피를 한 모금 마시며 말을 이어갔다.

K 매주 수요일 블룸버그 통신은 베네수엘라 수도 카라카스의 동일한 카페에서 커피 가격을 확인했어. 이걸 '베네수엘라 카페 콘 레체 지표'[25]라고 해. 조사를 시작하고 첫 4년간 커피 한 잔 가격은 450볼리바르에서 350억 볼리바르로 올라갔어.

Z 네?!?! 350억?!?! 가격이 몇 배로 뛴거야?!

K 이게 하이퍼 인플레이션이야. 물가가 천정부지로 오르니까, 베네수엘라 정부는 2021년 10월에 화폐 개혁을 단행했어. 3년 사이에 두 번째로 시행한 화폐 단위 조정이었지. 단위에서 0을 여섯 개 지워버렸어. 하지만 그런다

---

25 https://www.bloomberg.com/features/2016-venezuela-cafe-con-leche-index/

고 하이퍼 인플레이션이 멈추진 않지. 아직도 물가는 계속 오르고 있어.

쿤쌤이 아이패드로 검색했다.

K 카페 콘 레체 지표는 아직도 연간 가격 인상이 16% 이상으로 나오네.

Z 아니 그런 나라에서 어떻게 살아요? 월급쟁이들은 연봉 협상이 아니라 주급, 아니 일당 시급 협상을 매일 해야 되겠네.

K 카라카스에서 마트에 가면 없는 게 너무 많아. 일단 물건에 가격표가 없어. 그리고 마트에는 우유도, 설탕도, 빵도, 햄도 없는 날이 태반이야.

Z 물가 상승에 대비해서 다 사재기를 해대니.

K 베네수엘라의 많은 사람들은 그래서 BTC를 사. BTC만이 구매력을 지켜주는 유일한 수단이니까. BTC가 생명줄이야.

Z 아… 인플레이션 블랙홀의 구심력으로부터 보호해 주는 든든한 원심력. 마트에서 살 수 있는 게 없으면 BTC를 사야 되는군요.

K 베네수엘라는 극단적인 사례지만, 우리가 이미 말한 것
   처럼 인플레이션은 지구 어디에서나 일어나는 현상이야.

Z 피아트 체제의 숙명이네요. 경제적 에너지의 소멸 소실.
   엔트로피.

K 2021년 미얀마에서 쿠데타로 군사 독재 정권이 들어섰
   어. 윈 코코 아웅(Win Koko Aung)이라는 반정부 인사는 모
   든 재산이 동결되고 지명 수배 명단에 올랐지. 하루 아
   침에 빈털터리 도망자가 된 그가 살 수 있는 길은 국경
   을 넘어 탈출하는 거였어. 국제 인권단체들은 그를 돕기
   위해 BTC를 활용했지. 그가 구사일생으로 미국에 안전
   하게 망명할 수 있었던 건 BTC 덕분이었어. 금, 은 같은
   보석이나 달러 뭉치를 들고 정글을 탈출할 수 있을까?
   군인들이나 괴한들로부터 안전했을까? 국경 없는 디지
   털 자본, 머릿속에 지닌 재산, 빼앗길 수 없는 탈중앙화
   암호화폐 BTC는 이렇게 정치적 핍박을 받는 이들의 생
   명을 구하고 있어. 푸틴(Vladimir Putin)을 반대하는 러시아
   반정부 인사들. 캐나다에서 시위를 하다 후원 계좌가 동
   결된 트럭 노조원들. 이들은 모두 BTC를 통해 연명할 수
   있었어. 아, 줄리안 어산지(Julian Assange) 누군지 알지?

Z 위키리크스.

K 어산지는 2011년부터 비트코인 예찬론자야. 어산지라는 인물에 대한 호불호를 떠나서, 그가 위키리크스로 세상을 더 투명하게 만들며 긍정적인 변화를 가져왔다는 사실은 부정할 수 없잖아? 미국과 강대국의 금융 계좌 차단으로 재정적 어려움을 겪던 위키리크스 역시 BTC 후원금으로 연명하던 시절이 있었어.

Z 와… 사토시 나카모토가 진짜 여러 사람 살려냈네요.

K 아, 정작 사토시는 어산지와 위키리크스로 비트코인이 유명세를 타는 걸 부담스러워하며 반기지 않았어. 그 당시 비트코인은 걸음마도 제대로 떼지 못한 초창기였고, 아직 대중은 비트코인에 대해 전혀 모르던 시절이었어. 그런데 어산지와 연관되면 비트코인 이미지 하락도 문제지만, 각국 정부들에게 비트코인을 공격할 빌미를 제공할 수 있다는 점을 사토시는 걱정했지.

Z 아… 그럴 수 있겠네요. 사토시 나카모토 입장에서는.

K 물론 사토시의 우려와 달리 비트코인 네트워크는 별탈 없이 무럭무럭 잘 자라서 이제는 난공불락의 요새가 됐지만.

Z 저는 잘 몰랐었는데, 이미 오래전부터 제3자 허락 없이 개인 간 직거래가 가능한 BTC는 인류사를 바꿔 놓고 있

었네요.

K 그렇게 볼 수도 있지. 만약에 사람 한 명이 세상을 바꿀
수 있다면, 비트코인은 이미 수많은 사람들을 구하며 세
상을 바꿨고, 또 지금도 바꾸고 있으니까.

Z 저는 선진국에서 일하는 개발도상국 이주 노동자들이
송금할 때 암호화폐를 많이 사용한다는 뉴스는 봤던 것
같아요.

K 암호화폐 최대 수혜 계층 중 하나가 이주 노동자들이지.
피아트 화폐를 환전해서 여러 은행을 거쳐 고향으로 돈
을 보낼 때 지불하던 높은 수수료와 비용을 없애 주는 게
BTC 같은 암호화폐니까. 그런데 BTC는 단순히 송금 문
제만 해결하는 게 아니야. 지금 이 순간에도 수많은 난민
들은 BTC의 도움을 받고 있어.

Z 난민들까지?

K 아프리카 최대 난민 수용 국가 우간다에는 160만 명 이
상의 난민이 있어. 콩고 민주 공화국, 수단과 남수단에
서 온 사람들이지. 그런데, 난민 대다수는 신분증이 없
어. 이는 우간다 정부의 행정적 무능함에도 기인하지만,
난민들이 도시에서 멀리 떨어진 곳에 살고 있기 때문이
기도 해. 신분증이 없으면 은행 계좌도 갖지 못하고, 공

공 지원을 받지 못하고, 무엇보다 정상적인 경제 생활이 불가능해. 그러니 열악한 난민들의 삶은 더 빈곤하고 처참해질 수밖에 없는 악순환이지. UN 단체들은 난민들이 법적 신분 증명서를 갖지 못하는 건 인권 유린이라며 우간다 정부를 압박했지만, 진전은 별로 없었어. 그런데, 최근 몇몇 비트코인 운동가들 덕분에 난민들에게 BTC가 알려지기 시작했어. 이제 난민들은 지원받은 보급형 스마트폰에 라이트닝 네트워크 앱을 깔고 경제 활동을 할 수 있게 됐어. BTC가 난민들에게 경제적 주권과 경제적 자립을 가능하게 해줬어. 이런 시도는 탈중앙화 체제와 분산컴퓨팅이 개인에게 어떤 힘을 가져다줄 수 있는지 잘 보여주는 사례야.

Z 대박! 내 BTC 지갑은 내 은행이 되죠! BTC는 스마트폰만 있으면 누구나 계좌만 생기는 게 아니라 독립적인 은행이 되는 거니까! 와!

K 정치 제도와 금융 체제가 상대적으로 안정적인 선진국 사람들에게 BTC는 투자 투기 대상, 사업 아이템, 정치적 정책적 논쟁 주제일지 모르지만, 지구상 많은 사람들에게 BTC는 생존 수단 그 자체야.

잠시 숙연한 분위기가 이어졌다. 솔직히 나는 미얀마나 아프리카에서 이런 일들이 벌어지고 있다는 사실에 큰 관심을 가져본 적이 없었다. 나라는 인간은 너무나 한심했지만, 비트코인은 참으로 위대했다.

K BTC는 사람들을 살려. 비트코인 공동체 모든 이들은 지구 곳곳 수많은 절박한 인생들을 도와주고 있어. 신규 블록이 10분 간격으로 생성될 때마다, 비트코인 네트워크는 더 견고해지고 있어. 이 과정에 BTC를 사고파는 사용자들도 기여를 하고 있는 거고. 그리고 향후 지구상에 BTC의 혜택을 받는 사람들은 계속 늘어날 거야.

Z 경제적 에너지, 디지털 돈. BTC의 위력이 대단하네요.

K BTC는 디지털 에너지야. 사람들은 디지털 경제가 전기로 돌아간다고 생각하지만, 디지털 경제에 적합한 디지털 돈이 없으면 디지털 경제는 잠재력을 발휘할 수 없어.

Z 쿤쌤 잠깐. BTC는 디지털 돈이고, 돈은 경제적 에너지죠? 그러면 디지털 에너지가 아니라 디지털 경제적 에너지 아닌가요?

K 에너지를 디지털 전환하면 BTC가 돼. BTC로 전기를 구매하는 건 쉽고 용이하지만, 전기로 BTC를 구매하는 건

어렵고 복잡해. BTC는 디지털 에너지야.

Z 오케이. 이해했어요. 디지털 에너지.

K 우리는 이제 인생의 많은 부분을 사이버 세계에서 보내. 경제적 활동 역시 그렇고. 사이버 세계, 디지털 경제에 적합한 돈이 필요해. 디지털 경제에는 가치를 계산하는 단위와 기준도 필요하고. 절대적인 기준.

Z 그게 탈중앙화 절대동전 BTC라는 말씀이죠?

K 어. 지금은 인플레이션 방어용 자산, 수익률이 좋은 장기 투자 상품, 재생 에너지를 활용하는 새로운 매체. 이런 내러티브들이 BTC 담론을 주로 이루고 있지만, BTC라는 우월한 돈의 본질은 디지털 경제에 필요한 절대 기준이자 단위가 된다는 데 있어. AI를 활용하는, AI가 고용하고, AI가 운영하는 사업체들끼리 거래할 때 피아트 화폐보다는 BTC가 훨씬 더 적합하겠지?

Z BTC는 기계끼리 거래할 수 있는 탈중앙화 된 프로그램이자 소프트웨어 돈이라서요?

K 그게 핵심이지. CBDC(중앙은행 디지털화폐)는 디지털 전환을 아무리 해도 피아트 화폐일 뿐이니까.

Z 호박에 줄 열라 긋는다고 수박이 되는 건 아니죠.

K 어쩌면 블록체인은 인간들보다는 자립형 AI에게 더 적합

한 기술이라고 볼 수도 있어. 사실 인간은 블록체인이 아 닌 다양한 방법으로도 서로 경제적 교환이 가능하지만, 자립형 AI는 오직 블록체인으로만 서로 교환이 가능할 지도 모르기 때문에. 그래서 'BTC는 AI를 위한 돈이 될 것이다'는 전제보다는 '오직 BTC만이 AI를 위한 돈이 될 수 있다'고 생각하는 게 맞을 수 있어. 물론 궁극적인 선 택은 AI가 하겠지만. 주어는 블록체인이 아니라 AI니까.

Z 조만간 제 스마트폰의 AI가 다른 사람의 AI와 소통하고 거래를 하겠죠. 비서 또는 고용인처럼.

K 그리 멀지 않은 미래에는 우주에서도 디지털 경제가 형 성될 거야. 달에서, 화성에서 인류가 슈퍼지능 기계들을 활용해서 거래를 할 때, 달러보다는 BTC를 사용하겠지?

Z BTC는 미래의 돈이네요.

K 미래의 돈이지. 그리고 미래를 계획할 수 있는 돈이기도 하지. BTC는 우리의 시간선호를 낮춰주니까.

Z 그쵸. BTC는 피아트의 정반대라고 할 수 있죠.

K 시간선호가 낮아지면 우리는 미래를 설계하면서 보다 안정적인 삶을 추구할 수 있어. 시간선호에 따라 우리 사 고방식과 생활방식 역시 획기적으로 달라질 수 있고.

Z 높은 시간선호에서 나오는 투기나 불필요한 과소비 같

은 선택들도 줄일 수 있겠네요.

K 그렇지. BTC는 우리에게 저축의 의미와 용도를 되돌려
   주며, 우리에게 시간이라는 자원과 가치를 되돌려줘.
   BTC는 행복의 원동력이라고 할 수 있어.

Z 모든 우월한 기술이 그렇듯이, BTC는 우리 삶의 가용시
   간을 늘려주는군요.

K BTC는 우리를 피아트 체제로부터 해방시켜 주는 디지
   털 에너지야.

Z 쿤쌤, 해방이 아닙니다. BTC는 혁명입니다.

15. 위험자산? 안전자산?

Risk Asset? Safe Asset?

Z 이제까지 쿤쌤 말씀만 듣다 보면, BTC가 마치 '만병통치
   약' 같습니다.

K 그래? 그럴 수도 있지.

Z 근데, 곰곰이 생각해보면 아닌 거 같아요. BTC도 취약점
   이 있어요. 가격 변동성. BTC의 가장 큰 문제는 변동성
   이에요. 하루에 가격이 20% 이상 빠진 적도 많고, 자산
   중에서 이렇게 널뛰는 미친년은 전무후무해요. 너무 위
   험해요. BTC를 안전자산이라고 볼 수는 없어요.

K 일리 있는 지적이야. 하지만, 가격 변동성이라는 건 위아
   래 양방향이야. 급락이 있는 만큼 급등도 있어. 변동성
   이 거의 없는 돈은 미국 달러야. 피아트 현금.

Z 달러는 교환 수단이잖아요. 그렇다고 저장 수단인 BTC
   가 변동성이 심해도 괜찮은 건 아니죠.

K BTC는 가치 저장 수단이고, 향후 보편적인 교환 수단도 될 거야. 물론 지금도 라이트닝 네트워크 등을 통해 교환 기능을 하고 있지만, 문제는 BTC 가격의 단기적인 변동성이 위험 부담으로 교환에 장애와 불편을 초래할 수 있다는 거겠지.

Z 단기적이라고 하시면?

K BTC 가격은 태생부터 지금까지 굴곡이 있었지만 큰 그림에서 우상향을 계속 이어 왔어. 가격을 4년 반감기로 보면, BTC는 언제나 더 높은 고점과 더 높은 저점을 찍어왔지. BTC는 위험 대비 수익이 비대칭인 자산이야. 사람들이 말하는 BTC 변동성이라는 건 아주 특정 구간에서 일어나는 일들이야. BTC 변동성 문제는 시간을 어떻게 나눠서 어떤 부분의 손익에 초점을 두는지에 따라 의견이 달라질 수 있어. 손실 역시 특정 자산을 얼마나 오랜 기간 보유하는지에 따라 달라지니까. 단기적 변동성이 없는 달러도 오랜 기간 들고 있으면 구매력이 떨어져.

Z 타임프레임. 장기적으로 볼 건지, 단기적으로 볼 건지의 차이. 투자와 투기의 차이. 뭐 그런 말씀이군요. 근데, 설득력이 약한 것 같습니다.

K 그러면 BTC 가격 변동성이 크다는 건 무엇과 대비해서

큰 거야?

Z 주식? 아, 아니다. 테크기업 주식도 변동성 장난 아니죠. 흠… 아무래도 BTC가 안전자산에 비해서 불안하다는 거겠죠. BTC는 가치 저장의 수단인데, 가격이 때로는 너무 심하게 출렁거리니까 위험해 보이는 거죠.

K 전통적으로 안전자산이라고 부르는 건 뭐가 있지?

Z 미국 국채, 부동산, 금.

K 모두 가치를 장기간 저장하는데 있어서 상대적으로 변수가 적은 자산들이지. 그리고 이런 안전자산은 특별한 경우가 아니면 개인에게는 모두 장기적인 투자 대상들이고.

Z 투자금을 다 날릴 가능성이 없는 것들이 안전자산 아닌가요? 불확실성이 작은 자산?

K 반대로 우리가 전통적으로 위험자산이라고 부르는 건 변동성이 크고, 변수가 많은 자산들이지. 그런데 위험과 보상은 비례해.

Z 그래서 갑부들이 안전자산을 선호하죠.

K 아, 우리 대화를 본인 경제적 형편에 맞춰서 진행하는 게 생산적이지 않을까?

Z 네, 저는 갑부가 아닙니다. 주제 파악을 하겠습니다.

K 안전자산이라는 건 명목상 수익과 원금을 보장하지만, 구매력을 보장하는 건 아니야.

Z 인플레이션.

K 흔히 안전자산이라고 일컫는 미국 국채는 기준금리와 시장금리는 물론이고, 거시경제 건전성에 따라서 변하는 단기 장기 금리 차이에도 큰 영향을 받지?

Z 채권의 특성상 금리의 영향은 피할 수 없죠. 2023년 SVB 사태에서 봤듯이.

K 웃기게 들릴 수 있지만, SVB 사태를 이렇게 설명할 수도 있어. 정부가 구매자에게 상품을 사라고 영업을 해. 그리고 그 상품이 팔리자, 정부는 그 상품 가격을 확 떨어트렸어.

Z 그쵸. 그렇게 보면 정부가 은행 상대로 사기를 친 거죠.

K 무엇보다 국채는 자산이 많지 않은 개인에게 유리한 게임이 아니야. 미국 정부 주도하의 부채기반 경제에 아무리 열심히 동참해도 일반 투자자가 미국 국채로 큰 수익을 바랄 수는 없어.

Z 그럼 부동산은요?

K 부동산은 돈 벌지. 그런데, 사람들은 부동산을 거주 목적으로 구입하나? 아니면 투자 목적으로 구입하나?

Z 글쎄요. 저는 앞서 말씀드린 대로, 자가 거처가 없는 평민이라서.

K 물론 거주 목적 수요도 많지만, 거시적으로 보면 지난 반세기 이상 전 세계 주요 도시 부동산 가격을 상승시킨 수요는 거주가 아니라 투자였어.

Z 가격이 계속 오르지 않으면 거주 목적 수요자들도 구입에 혈안이 되지 않겠죠.

K 1971년 '닉슨 쇼크'로 금본위제가 사실상 끝나면서 전 세계 주요 도시 부동산으로 자본이 몰렸지. 이건 수치로 나오는 역사적 사실이야.

Z 피아트는 믿을 수 없고, 인플레이션 방어 수단을 넘어서 사람들이 믿을 건 부동산이랑 금땡이밖에 없다고 생각하게 됐으니까 그런 거겠죠? 거기에 돈 빌려서 부동산 사면 인플레이션 덕분에 부채는 실질적으로 줄어들 수 있고.

K 그렇지. 그리고 전 세계적 경제 성장과 주요 도시들의 부동산에 대한 수요가 급증하는 걸 사람들이 체감할 수 있었으니까. 피아트 체제에서는 부동산이라는 경질자산에 자본이 몰릴 수밖에 없어.

Z 강남 불패 신화. 똑똑한 한 채.

K 부동산은 말 그대로 이동이 불가능해. 그러면, 희소성은 확실한가?

Z 지구상 땅이 늘어나지는 않죠. 특히 해안가나, 뉴욕 맨해튼 같은 알짜 부동산들은.

K 맞아. 하지만, 건물은 더 고층으로 지을 수도 있지. 30층짜리가 100층이 되고.

Z 그러고 보니 땅을 늘릴 수도 있네요. 두바이에 만든 인공섬처럼.

K 그러면, 고가 해안가 부동산이나 맨해튼 알짜 부동산을 일반인들이 쉽게 구입할 수 있나? 아니 부분 투자라도 할 수 있나?

Z 아니죠. 하지만 BTC는 가능하죠.

K 부동산에서 땅이 아닌 건물만 보면, 내구성을 논하지 않을 수 없어. 아무리 잘 지은 건물도 부식을 피하기 어려워. 물론 100년 이상 된 건물들이 아직도 사용되는 사례들도 많지. 그러나, 관리 보수 비용이 만만치 않겠지?

Z 오케이. 이해했어요. 쿤쌤이 말씀하신 투자 원칙. 로컬한 아이템보다는 글로벌한 아이템. 부식되는 자산 보다는 영구적인 자산. 물리적인 자산보다는 디지털 자산. 대량 생산품 보다는 제한된 공급량.

K 과연 부동산이 BTC에 비해 우월한 돈인가? 부동산이 BTC보다 경쟁력 있는 부분은 임대로 확보할 수 있는 안정적인 현금 흐름이라고 할 수 있지. 물론 그에 따른 세금도 있지만. 부동산은 BTC에 비해 이동성, 휴대성, 가분성, 내구성, 보편적 대체성에서 모두 열등해. 그리고 가격 변동성이 안정적인 것은 일부 부동산에만 해당된다고 봐야 되겠지. 부동산은 유동성이 BTC에 비해 현저히 떨어지니까.

Z 그래도 부동산은 지난 몇십 년간 안정적으로 우상향을 그려왔잖아요? 특히 주요 도시 알짜 부동산은.

K 맞아. 그런데 부동산 가격이 상승한 것도 있지만, 피아트 화폐가 가치저하한 부분도 있어. 말이 나온 김에, 지난 10여년간 BTC 대비 부동산 가격 변화를 한번 찾아봐.

Z 찾아볼 필요도 없죠. 당연히 BTC 기준으로 보면 부동산 가격이 떨어졌죠.

K 달러로 보면 부동산이 올랐지만, BTC로 보면 내려갔지? 시점과 기준을 달리하면, 다르게 보일 수 있어. 상대적이야. 그리고 우리가 잊지 말아야 할 점은, 물리적인 영토에 있는 부동산은 정부 규제에서 자유로울 수 없어. 그런 면에서 부동산은 피아트 체제의 일부라고 봐야 돼.

Z 쿤쌤, 그럼 금은요? 금이 진짜 안전자산 아닌가요?

K 금은 5천년간 인류가 경화(hard money)로 사용한 우수한 가치 저장 수단이자 교환 수단이라고 할 수 있지. 금은 그 어떤 정부보다도, 그 어떤 국가보다도 더 오래된 역사를 갖고 있어. 고대 문명 때부터 범인류적인 돈으로 사용된 금은 어느 정부의 명령에 의해 법정 화폐가 된 돈이 아니야. 금은 인류가 자발적으로 사용하면서 시장 원리에 따라 돈이 됐어.

Z 중요한 포인트네요. 금은 정부가 아닌 시장이 만들어낸 돈.

K 지금 우리가 사용하는 금은 5천년 전에도 지구상에 있었던 금이야. 손실도 분실도 되지 않는 금은 지구상 가장 영구적인 자산이라고 할 수 있어. BTC처럼 시드 단어를 잊어버리거나, 지갑을 잃어버릴 수가 없으니까.

Z 그런 건 BTC보다 확실히 좋네요.

K 하지만 우리가 앞서 논했듯이, 금은 물리적이라서 자산으로써 장애가 많아.

Z BTC에 비해 금은 가분성, 이동성, 휴대성, 유동성, 용인성, 희소성 같은 부분에서 훨씬 열등하죠.

K 금의 순도를 확인하는 것 역시 매우 비경제적이야. 진위

를 확인하는 게 번거롭다는 건 정산이 어렵다는 것과 같은 뜻이지. 가장 확실한 방법은 금을 녹이는 거야. 지구 상 채굴된 금을 다 녹이면, 올림픽 수영장 3개 반 정도를 채울 수 있어.

Z 오~!? 생각보다 얼마 안 되네요.

K 문제는 금은 녹여서 보관하지 않고, 금괴로 보관해야 돼.

Z 금은 보관하고 지키는 데도 비용이 많이 들죠.

K 미국 정부 보유 금 절반 이상을 보관하는 포트 녹스(Fort Knox)는 무장 군인들이 지키는 게 아니라, 아예 그 곳 자체가 육군 기지야.

Z 헉! 그렇지만, 금이 가격 변동성 면에서는 BTC보다는 훨씬 안정적이죠.

K 그건 맞아. 금은 가격 변동성만 놓고 보면 부동산이나 BTC보다 훨씬 더 안정적이지. 아직까지는.

Z 아직까지는?

K 금이 변동성이 상대적으로 안정적인 건 5천년이라는 검증 기간을 거친 자산이라서 그래. 금에 비하면 BTC는 이제 사춘기를 지나는 어린 자산에 불과하고. 가격 변동성으로 보면 금이 BTC보다 훨씬 안정적이지만, 또 반대로 보면 일반인이 금 투자로 단기적 큰 수익을 기대하기도

어려워. 금은 변동 폭이 크지 않은 안전한 자산이니까.

Z 흠… 저 같은 평민 월급쟁이가 어설프게 ETF로 금을 몇 년 들고 있으면 인플레이션 방어는 할 수 있을 지 모르지만, 서울 언저리 작은 아파트 한 채도 못 사요.

K 흥미로운 점은 21세기 들어와서 금값은 S&P500보다 훨씬 수익률이 좋았어. 주식은 금이 주지 못하는 배당금도 있지만, 금을 이기지 못했어. 금 우습게 보면 안 돼.

Z 헉! 말도 안 돼!

검색해 보니 사실이었다. 금값은 2000년부터 2024년까지 약 8.8배 올랐다. 그러나 S&P500은 배당금 등을 포함하더라도 5배 정도 됐다.

K 더 흥미로운 건, 그런 금조차도 BTC 기준으로 평가하면 지난 10여년 동안 계속 가격이 내려갔지.

이건 검색할 필요가 없는 명백한 사실이었다. 지난 10여년간, BTC와 대비해서 내려가지 않은 자산은 이 세상에 존재하지 않는다. BTC의 변동성을 감안해도, 부동산, 석유, 천연가스… 모두 BTC 대비 가격이 하락했다. 달러 역시 BTC 대비 완전 똥값이 됐다.

K 금이라는 자산은 확장성이 없어.

Z 무슨 뜻이죠?

K 스마트한 자산이 아니야. 금이 프로그램이 되나? 금은 5천년 전이나 지금이나 지능지수가 전혀 올라가지 않은 자산이야. 아니 진화도 못 했어.

Z 금은 BTC 같은 디지털 기술이 아니죠.

K BTC는 기술이자 과학이고 수학이니까.

Z 금이 고체라면, 피아트가 액체, 그리고 BTC가 증기체라고 할 수 있군요.

K 금은 물리적이고, 피아트는 정치적이고, BTC는 수학적이야.

Z 돈의 진화 과정이네요.

K 양자택일 할 필요는 없지만, 금과 BTC 중 하나를 선택하고 지지하는 데에는 가치관의 차이가 있어.

Z 잠깐. 쿤쌤, 혹시 이런 거 여쭤봐도 되는지 모르겠지만, 쿤쌤의 가치관은 뭐죠?

K 그건 왜?

Z 괜찮으면 저도 갖다 쓰고 싶어서요.

K 개인의 가치관은 교육이나 주입으로 전달되지도 않고, 그래서도 안 되는 거 아닌가? 개인의 가치관이라는 건 스스로 깨닫고 정립하는 거 아닌가? 각자 자기만의 짐을 지고 자기만의 삶을 살고 있는데, 타인이 살아가는 방식을 차용해서 본인 삶에 대입하고 적용할 수 있나? 그게 과연 바람직한가? 본인 가치관은 본인에게 물어봐야 되겠지.

Z 지당하신 말씀입니다. 모두가 똑같은 가치관을 갖게 되면, 개성도 개인도 사라지겠죠. 그럼, 다시 금과 BTC 중 하나를 선택하는 가치관에 대해 알려주시죠. 말씀을 들으며 쿤쌤의 가치관을 제가 추론해 보도록 하겠습니다.

K 생각해 보면, 금처럼 인간의 어리석음을 잘 보여주는 것도 없어. 엄청난 자원을 들여서 땅에서 금을 어렵게 캐내. 그리고 그 금을 건물 안에 꽁꽁 숨겨 놓고, 또 엄청난 자원을 들여서 그 건물을 지켜. 아니 이게 무슨 짓이래?

순간 빵! 터진 나를 쿤쌤이 의아하게 쳐다봤다.

K 5천년 역사를 가진 금은 피와 착취로 물들어 있어. 그런 면에서 금은 과거의 자산이야. 금은 수많은 전쟁 그리

고 제국주의와 떼려야 뗄 수 없는 관계에 있는 돈이니까. BTC는 그런 폭력의 과거로부터 벗어나기 위해 태어난 돈이고. 금이 아닌 BTC를 선택하고 지지하는 건 인류의 미래에 희망을 건다는 의미도 담겨 있어.

Z BTC는 확실히 미래의 돈이죠. 그러면… 우여곡절과 부침은 계속 있겠지만, BTC 가격이 미래에도 계속 상승할 것이라고 쿤쌤은 보세요?

K BTC 가격이 앞으로도 지속적으로 상승할 지를 논하기 전에, 자산의 안전성 또는 위험성을 규정하는 기준은 모두 상대적이라는 점을 짚고 넘어가자. 변동성을 구체적으로 파악하려면 상관관계 분석을 들여다봐야 돼. 어? 왜? 상관관계… 몰라?

Z 뭐… 대충 알죠. 상관관계는 한 변수가 다른 변수와 동시에 움직이는 정도를 파악하는 척도?라고 할 수 있고. 상관관계는 인과관계와 다르다. 뭐 대략 이 정도가 제 지식 수준입니다.

K 쉽게 설명하면, 두 자산이 같은 방향으로 움직이면 양의 상관관계이고, 서로 반대 방향으로 움직이면 음의 상관관계이지.

Z 정비례하거나 반비례하거나.

K　단순하게 생각해. 상관계수는 +1에서 -1로 표기해. +1은 두 자산이 100% 함께 동시에 움직이고, 0은 상관이 아예 없는 관계이고, -1은 두 자산이 100% 반대로 움직여.

Z　오케이, 알겠습니다.

K　BTC 역사를 보면, BTC 가격은 상관관계 분석 결과가 시간이 흐를수록 변해 왔어. 무슨 말이냐 하면, BTC는 예전에는 빅테크 주식들과 같이 움직였다가, 한동안 나스닥 지수랑 같이 움직였다가, 금이랑도 같이 움직였다가 하는 상관계수가 있는 듯했어. 그런데 언젠가부터, 이게 예측 불허하게 깨지기 시작했지. 가격이 떨어져야 될 때 너무 오르거나, 올라야 할 때 폭락하고. 이런 사례들이 거듭되면서 BTC는 점점 더 예측불허한 자산이 돼 갔어. 그래서 일반인들은 BTC를 더 무서워하고 기피하게 됐지. 이제는 오랜 기간 유지된 유의미한 BTC 상관관계는 없다고 봐도 과언이 아니야.

Z　BTC가 성숙한 자산으로 진화하면서 디커플링을 계속하고 있다는 말씀이신가요?

K　아니. BTC는 원래부터 비상관자산이었다는 뜻이지.

Z　비상관자산이라고 하시면?

K　우리가 보편적으로 여기는 비상관자산은 예술작품, 귀

금속, 희귀 부동산, 지적재산권 같은 자산들을 말하지. 그런데 사실 BTC는 이런 전통적인 비상관자산이랑도 많은 면에서 달라. 독특해.

Z 오… BTC는 다른 기존 자산들과는 상관관계가 없는 자산이라고 봐야 되는 건가요?

K 그렇지. 그리고 많은 이들은 이처럼 비상관자산의 독립성을 안전자산의 주요 조건으로 보지. 참고로, BTC는 회복 탄력성이 아주 좋은 자산이야. 지정학적 위기나 거시경제적 충격에서 BTC는 S&P500이나 금보다 훨씬 더 빠르게 회복해.

Z 아니 그러면 쿤쌤은 BTC가 안전자산이라는 말씀인가요? BTC의 미친 가격 변동성에도 불구하고?

K BTC 가격 변동성이 심한 근본적인 원인을 보면 크게 세 가지가 있어. 첫째, BTC는 사람으로 치면 아직 고등학생 나이 정도 된 어린 자산이라는 점이야. 이제까지 없던 신개념의 자산이기도 하고. 그래서 아직 사람들이 익숙하지도 않을 뿐만 아니라 제대로 이해를 못 하고 있어. 지금도 시장은 BTC를 어떻게 평가할지 찾아가는 과정에 있어.

Z BTC는 밸류에이션이 쉬운 자산이 아니죠.

K 둘째, BTC 시장은 인류가 이제까지 경험하지 못한 완벽에 가까운 자유시장이야. 24시간 365일 거래가 지구상 어디에서나 가능해. 그리고 정부 또는 제3자에 의한 시장 개입이 불가능해.

Z 주식시장처럼 거래를 정지시키는 서킷 브레이커, 사이드카 같은 게 없죠.

K 물론 중앙화된 암호화폐 거래소의 전산 오류로 간혹 거래 장애가 있을 수 있지만, 이건 BTC의 문제는 아니지. 전 세계에는 250개 이상의 대형 거래소가 있어. 로컬한 성격을 가진 주식시장과 달리 BTC는 글로벌 시장에서 거래돼.

Z 완벽에 가까운 자유시장이라서 BTC가 변동성이 크다는 말씀이군요.

K 그렇지. 그래서 무리한 마진 거래가 끊임없이 이뤄져. 이게 BTC 변동성을 설명하는 세번째 이유야. 10배수, 20배수 거래도 비일비재해. 제한이 없어. 10배수 롱 포지션이라는 건 가격이 10%만 하락해도 자동 청산이야.

Z 눈 깜짝할 사이에 다 털리죠. 그러면 시장에 더 많은 BTC가 나오고, 가격은 더 크게 폭락하고.

K 반대로 숏 포지션들이 청산될 때는 가격이 급등하게 되

고. 이러니 변동성이 클 수밖에 없지.

Z 저도 해봤지만, 트레이딩은 도파민 끝판왕이죠. 중독이 안 될 수가 없어요. 아… 곰돌이와 누렁이의 영원한 전쟁.

K 그래서 BTC시장을 '와일드 웨스트'라고 부르는 사람들도 많아.

Z 와일드 웨스트? 아, 미개척 미국 서부. 그죠. BTC는 고래들과 트레이딩 중독자들이 대부분이죠.

K 그들이 대부분이었지. 과거형. 이제는 그렇지 않아. 2024년 초부터, 월가 메이저 기관들이 BTC를 자산관리 상품으로 취급하면서 판이 많이 달라졌지. 거대 자본 유입으로 BTC 변동성 역시 점점 줄어들면서 안정화돼 가고 있는 추세고.

Z 잠깐. 변동성이 줄고 있다는 건 향후 BTC 가격이 몇 배수로 올라서 대박 칠 가능성도 줄어든다는 거 아닌가요?

K 그렇게 보는 사람들도 있지. 그런데, 그런 예측 역시 어쩌면 상관관계와 인과관계를 구분 못하는 관점에서 나오는 속단일 수도 있어.

Z 아… BTC는 전무후무한 신규 자산이고 동시에 아직도 성장하는 자산이라서, 기존 분석모델을 도입해 예측하는 건 무의미하다는 말씀이군요.

K 내 말이 그 말이지! 지금의 변동성은 시장이 BTC 가격을 찾는 과정이라고 봐야 된다니까. 탈중앙화된 돈이 정부로부터 독립하고 자립하는 과정에서 성장통을 겪는 중이야. 내가 강조하고 싶은 건, 위험과 보상이 비례하듯, BTC 보유자들에게도 자유와 책임이 함께 갈 수밖에 없다는 이야기지.

Z 변동성을 감수하는 것도 책임이군요. 아무래도 양이 아닌 늑대로 살려면 위험도 따르고 책임도 늘어나는 거죠.

K 변동성이라는 건 역동성의 다른 표현일 수도 있어. 에너지가 충만하면 역동적이잖아? 우리가 나무를 보고, 숲과 산도 보지만, 기후변화로 인한 지형변화도 볼 필요가 있어. 과거의 와일드 웨스트는 지금의 캘리포니아를 만들었어.

Z 결국… BTC 가격은 금처럼 수요와 공급으로 정해지는 것 같네요.

K 더 정확하게 보면 수요로만 정해진다고 할 수 있지.

Z 공급은 빼고 수요만?

K 전통적인 안전자산인 금 같은 경우에는 공급에 탄력이 있어. 금은 수요 공급이 연동돼 있어서, 수요에 따라 공급이 늘어날 수 있지. 예를 들어서, 1980년대에 금값 상

승이 멈추고 떨어졌던 이유가 미국 연준이 올린 금리도 있었지만, 혁신 기술로 인해 금 채굴량이 엄청 늘어났기 때문이 커.

Z 오… '시간'이 아닌 '공간'에 묻힌 금의 한계군요.

K 그리고 금은 확정된 총매장량이 정확하지 않아. 추측에 불과해. 향후 바다, 우주에서 나올 수 있는 금도 우리가 예측할 수 없는 거고. 2천 1백만 개 한정된 공급량을 가진 BTC랑 달라.

Z BTC는 공급 일정까지 확실하게 정해져 있죠.

K 그렇지. 그래서 공급 측면에서 변수가 전혀 없는 BTC는 오직 수요에 의해서 가격이 결정된다는 이야기야.

Z 그러면… 수학적인 BTC는 안정적인데, 감정적인 사람들이 불안정적이라서 변동성이 심하다고 볼 수 있네요.

K 틀린 말은 아니지.

Z 어쩌면, 완전한 '안전자산'이라는 건 없다는 생각이 드네요. 그래서 많은 이들이 안전한 자산을 찾기보다는 안전하게 자산을 관리하려는 거겠죠?

K 세상은, 아니 인생은 자세히 들여다보면 너무나 역동적이야. 복잡한 움직임으로 가득해. 거기서 완전하고 안전한 걸 찾는 게 무슨 의미가 있을까? 세상에, 우리 인생에

확실한 게 있을까? 미래에 변수가 없을 수 있나?

Z 네… 세상에 완벽한 치트키라는 건 없겠죠. 그저 변수를 최대한 줄이고, 가능성을 보고 투자를 해야 되겠죠.

K 가능성이 아니라 확률을 봐야 되겠지. 우리가 일기예보를 왜 봐? 과학적이고 논리적인 계산에 의한 예측, 즉 확률이라서 참고를 하는 거잖아?

Z 각자의 상황과 여건에 맞게. 투자 기간 또는 인생 지평에 알맞게. 확률을 보고.

K 자산 역시 위험과 보상의 비대칭을 보고 고르는 거니까.

Z 그러면… BTC 가격의 향후 상승 여부를 가리는 결정적인 요소는 수요인데, 어떻게… 쿤쌤은 낙관적으로 보세요? BTC 수요가 앞으로 계속 늘어날까요?

K 낙관적으로 보기보다는 논리적으로 들여다보자고. 피아트 화폐의 가치저하가 멈출 수 있을까? 인플레이션이 없는 미래가 있을까? 가치를 저장하고 시공간을 이동하기 위한 수단으로써 부동산, 금 그리고 BTC 중 무엇이 더 우월한가? BTC가 만들어진 이유와 목적에 동의하는가? BTC가 기존 경제 체제에 대안이 될 수 있다고 믿는가? 앞으로 BTC 가격은 오르거나, 오르지 않거나. 둘 중 하나야. 단순하게 생각해.

답이 자명한 질문을 생각 없이 던진 나는 잠시 조용히 앉아 있었다.

K 네트워크 효과 알지?

Z 아뇨. 그게 뭐죠?

K 전화기 한 대 또는 두 대가 시장에 있으면 큰 의미가 없어. 두 사람 간에만 통화가 가능하니까. 그러다가, 전화기를 가진 사람이 열명, 백명, 천명으로 늘어나면 달라지지. 사용자들 혜택도 기하급수적으로 늘어나고, 전화기수요 역시 기하급수적으로 늘어나.

Z 아! 인터넷도 그랬듯이, BTC 역시 네트워크 효과가 있겠네요.

K 'BTC의 수요가 늘어날까?'라는 질문보다는 'BTC의 수요가 얼마나 빨리 늘어날까?'라는 질문이 더 적절하겠지. 아직 BTC를 제대로 이해하는 사람들은 생각보다 많지 않아.

Z 무슨 말씀인지 이해해요. 돈을 사랑한다고 돈을 이해하는 건 아닙니다.

K 돈을 사랑하지 않아도 돈을 이해하는 게 좋아. 누구나 돈을 이해해야 돼. 돈을 이해하지 못하면 돈에 종속되니

까. 돈도 기술이야. 신이 아니라 기술이라고. 우리가 기술을 부려야지, 기술에 우리가 휘둘리면 안 되잖아?

Z 그러고 보니, BTC는 말할 것도 없고 돈이라는 기술도 제대로 이해 못하는 사람들이 많은 것 같습니다.

K BTC를 들어본 사람들, BTC를 보유한 사람들은 좀 있지만, 아직도 BTC의 진정한 가치, BTC가 우월한 돈이라는 사실을 파악하는 사람들은 그렇게 많지 않아. 그래서 나는 BTC가 아직도 성장 단계의 자산이라는 점을 강조하는 거야. 그리고 지금의 BTC 가격이 이 점을 입증한다고 봐.

Z 헉! 쿤쌤은 BTC가 아직 저평가됐다는 의견이시군요. 그렇다면⋯ 분산 투자가 답이네요. 포트폴리오에 부동산, 금 그리고 BTC를 골고루 갖고 있는 방법밖에 없네요.

K 그럴 수도 있지. 본인이 말한대로 우리는 안전자산을 찾기 보다는 안전하게 자산을 관리하는 방법을 찾는 게 답일 수도 있으니까. 우리가 아무리 미래를 알 수 없다고 해도, 아무리 미래 BTC 가격에 대해 비관적이라고 할지라도, 포트폴리오에 BTC를 전혀 포함하지 않는 건 현명한 판단은 아니겠지.

Z 쿤쌤은 BTC를 몇 개나 갖고 계세요?

K ⋯⋯ 아주 조금.

Z 에이… 말도 안 돼. 하긴, 조금이라는 표현은 주관적이죠.

K 내 개인적인 재정상황을 밝히는 건 적절하지 않겠지.

Z 오케이. 그럼 쿤쌤은 타인에게 BTC 투자를 권하세요?

K 아니. 나는 그 누구에게도 BTC 투자나 투기를 권하지 않
   아. 그런 적도 없고 앞으로도 없을 거야.

Z 네? 왜죠?

K 나는 BTC로 저축을 하라고 조언하지.

Z 아…

K Save BTC. 나는 세이브란 영어 단어 뜻을 참 좋아해. 구
   하다. 모으다. 저축하다. 절약하다. 아끼다. 세이브. 자
   원을 집중하고 소모하지 않는 행위.

Z 변동성은 단기적인 소음에 불과하고, 장기적으로 BTC는
   상승한다고 믿으시는군요. 그러면, BTC로 저축하고 피
   아트로 일상생활을 하시나요?

K 우리가 물가 상승률이 높은 나라에 여행을 갔다고 가정
   해보자. 그러면 우리가 가진 달러를 전부 현지 화폐로
   환전하지 않겠지? 필요할 때만 그때 그때 바꿔 쓰겠지?
   BTC와 피아트 활용법도 비슷하게 생각할 수 있지.

Z 필요할 때만 피아트로 바꿔 쓴다?

K 그보다 더 좋은 대안이 있나? 인플레이션이 없는 기간에

도 자금은 경질자산으로 몰릴 수밖에 없어. 그리고 경질
자산 중 가장 우월한 자산은 BTC라고 볼 수 있고.

Z 돈으로써 BTC 역할은 어떻게 보세요?

K 가장 우월한 돈이 시장을 압도적으로 장악해. 금과 달러
만 봐도 알 수 있지. 그게 돈에 대한 시장의 수요법칙이
야. BTC는 우월한 돈이야.

Z 전 세계에 아무리 화폐가 많아도 대부분은 카지노칩에
불과하니까. 개발도상국 사람들이 자국 화폐보다는 달
러를 선호하는 거랑 비슷한 얘기군요.

K 음… 세상에서 땅콩 알레르기가 있는 사람들은 다수가
아니야. 하지만 항공사 기내식에는 땅콩 첨가물을 넣지
않아. 알레르기가 있는 소수에게는 땅콩에 대한 필수 기
호 조건이 있지만, 알레르기가 없는 다수는 그렇지 않으
니까. 땅콩이 첨가된 기내식을 반드시 먹어야 된다고 고
집하는 사람은 별로 없잖아? 오히려 다수는 기내식에 땅
콩 첨가 유무에 관심이 없어. 소수의 기호가 시장에서 보
편화되는 과정과 결과를 잘 보여주는 예시야.

Z 아하! 만약에 시장 일부가 다른 화폐를 거부하고 BTC만
고집한다면, BTC에 중립적인 다수 입장에서는 달러를
주나 BTC를 주나 상관없다고 생각할 것이고, BTC는 점

점 더 활성화된다는 말씀이군요. 재밌네요. 그러면, 만약에 근미래에 BTC가 완전 주류가 되고, 아니 세계 경제 핵심 기반이 됐다고 가정해보죠. 그랬을 때, 모든 이들이 BTC를 호들(HODL)[26]하고 팔지 않아요. 그러면 BTC 거래가 거의 없어지고 유동성도 없어서 BTC의 경제적 역할과 비중이 줄어들지 않을까요?

K 그런 일은 일어날 수가 없어. 시장은 그렇게 작동하지 않아. 모든 이들이 BTC를 쥐고 있어서 매도 물량이 나오지 않는 상황이 벌어질 수도 있어. 하지만 BTC 수요자들 역시 계속 늘어나. 피아트 화폐가 아닌 BTC로만 봉급을 받기 원하는 사람들, BTC로만 물건을 팔려는 사람들, BTC로만 저축하려는 사람들. 이런 수요자들이 있으면 거래는 이뤄져. 적절한 가격에.

Z BTC가 얼마인지를 묻는 세상이 아니라, BTC로 얼마인지를 묻는 세상이 된다는 말씀이군요. 모든 것의 가격을 피아트가 아닌 BTC로 계산하는.

K 그렇지. 그러면 BTC를 활용하는 금융 거래 역시 더 다양해지고. BTC를 담보로 피아트 화폐를 대출받는 제도가

---

26 'Hold On for Dear Life' – BTC를 죽어도 팔지 않는 행위를 일컫는 암호화폐 문화 은어.

보편화될 수 있지. BTC가 주류 체제에 편입돼 경제적 가
치의 기준이 되면 BTC 거래는 계속 활발하게 이뤄질 수
밖에 없어.

Z 지금까지의 쿤쌤 논리대로라면, 변동성으로 가격이 떨
어지는 시기에 최대한 많은 BTC를 사서 모아야 되겠군
요. 분할 매수 전략으로.

K 많은 이들이 그렇게 생각하고 또 그렇게 하려고 해. 그
러나, 떨어지는 칼을 잡는 건 쉽지도 않고 위험한 시도일
수 있지.

Z 그러면 어떤 전략이 현명할까요?

순간 쿤쌤이 장난기 어린 미소를 지으며 또박또박 말했다.

K BTC 저축을 시작하기에 제일 좋은 시점은 2009년이었
어. 그리고, 그다음으로 좋은 시점은… 지금이야. 지금.

Z 혈……

K 여유 자금을 조금씩 BTC로 저축하는 게 좋지. BTC 가
격 변동성과 무관하게 꾸준하게 한 달에 60만 사토시만
저축해 봐. 그렇게 5년만 하면 3600만 사토시, 10년이면
7200만 사토시. 십년 후에 0.72개의 BTC는 유의미한 자

산일 수 있어.

Z 오! 분할 매수. 분할 저축. 피아트 적금보다 수익률도 훨씬 좋을 거 같네요. 사실, 저축이라는 게 미래의 불확실성을 줄이는 안전장치라고 볼 수 있는데, BTC로 저축하면 업사이드까지 기대할 수 있네요.

K BTC는 만병통치약이 아닐 수 있어. 어쩌면 세상에 만병통치약이라는 건 없어. 그러나 이건 확실해. BTC는 세상을 바꾸는 돈이야. BTC가 세상의 모든 문제를 해결할 수는 없겠지만, 세상 모든 문제의 절반 이상은 해결할 수 있어. 아주 보수적으로 예측해도 최소한 절반 이상.

Z 절반도 아니고 절반 이상.

K 피아트는 태생적으로 정치적 중립이 불가능해. 기술이라는 건 중립적이야. 돈도 기술이야. BTC는 정치적으로 중립적이야. 그래서 온전한 돈이라고 하는 거잖아? BTC는 개발도상국에 살든, 선진국에 살든, 없는 자 가진 자, 좌파 우파, 리버럴 리버테리안, 상관없이 각기 재정 상황에 맞게 소유하고 가치를 저장할 수 있는 자유롭고 민주적인 자산이야. BTC에 관한 사실을 다 검토한 후에도, 이런 결론에 닿지 못한다면, 그건 아마… 개인의 지능, 지식, 가치관에 따라 내린 판단이자 선택이라고 봐야 되

겠지.

Z   가치관.

K   개인이 갖는 가치는 주관적이지만, 시장이 매기는 가격
    은 임의적이지 않아. 가치는 사실이 아닐 수 있지만 가격
    은 현실이야. 시간이 흐를수록 시장은 BTC 가격을 계속
    높게 책정해주고 있어. 이런 성장과정에서 변동성이 있
    는 건 자연스러운 현상이야. 향후 BTC 진로와 방향에 대
    한 판단 역시 개인마다 다를 수 있어. 가장 중요한 건, 그
    누구도 BTC를 사라고 강요하지 않아. 피아트 화폐처럼
    명령으로 이뤄진 강제성이 있는 돈이 아니야. BTC는 선
    택의 자유가 있어.

Z   세상을 바꾸는 건 기술과 돈, 그리고 결국 사람들의 선택
    이죠.

16. 격동의 세월.

Times of Turbulence

K 2013년 10월 1일 오후, 샌프란시스코 한 공공 도서관에서 짧은 소동이 벌어졌어. 평일 오후 고요한 분위기의 열람실에서 갑자기 여성 비명소리가 들려. 한 커플이 격하게 싸우고 있는데, 쌍욕을 하는 여성 멱살을 잡은 남성이 그녀를 때리기 일보 직전이야. 놀란 사람들이 그들을 말리려 했지. 랩탑을 열어 놓고 조용히 업무를 보던 훈남 청년 로스 역시 소란을 피우는 쪽으로 시선을 돌렸어. 순간, 어디서 튀어나왔는지 모를 건장한 남자가 로스의 랩탑을 잽싸게 낚아채. 그러자 방금 전까지 서로 죽일 듯이 싸우던 커플은 로스에게 달려들어. 동시에 밖에서 대기 중이던 연방 수사국 요원들이 고함을 지르며 열람실로 들이닥쳤어. 로스의 랩탑이 로그온 상태인 것을 확인한 요원들은 그 자리에서 29살 로스 울브릭트(Ross Ulbricht)

를 체포했어. 울브리트트는 지난 2년간 다크웹에서 〈실크
로드〉라는 개인 간 거래 장터를 운영한 인물이었지.

Z   〈실크로드〉?

K   〈실크로드〉는 2011년 다크웹에 만들어진 블랙마켓이
었어. 다크웹에서 처음으로 만들어진 체계적인 전자상
거래 플랫폼이었다고 할 수 있지. 다크웹 알지?

Z   네, 알아요. 주로 토(Tor)라는 소프트웨어를 써서 들어
가죠.

K   어? 잘 아네. 다크웹 많이 써 봤어?

Z   그냥 예전에 궁금해서 한 번 구경해봤어요. 〈실크로드〉
는 몰라요.

K   사람들은 당시에 〈실크로드〉를 다크웹의 〈아마존〉
(Amazon)이라고 불렀어. 사용자 평점도 있고, 상품도 신
뢰할 수 있고, 애프터 서비스도 확실하고.

Z   오호~! 주로 뭘 팔았나요?

K   〈실크로드〉는 환각버섯을 파는 사이트로 시작해서 다
양한 물건들이 거래됐지만, 주거래 상품은 법적으로 금
지된 약물과 무기였지. 그러다, 창업자 울브리트트가 불법
무기에 대한 거부감을 표명하면서부터 주로 약물만 거
래됐어.

Z 〈실크로드〉는 다크웹 마약 장터였군요.

K 어. 〈실크로드〉를 만든 울브릭트의 철학은 명확했어. 개인이 타인의 자유를 침해하지 않는 선에서는 자기 신체에 무엇이든 할 수 있다고 믿었지.

Z 아하! 그래서 무기 거래보다는 약물 거래를 선호했군요.

K 울브릭트는 우리가 맥도날드처럼 건강에 해로운 패스트 푸드를 먹고, 정신을 혼미하게 만들어 사고를 유발하는 알코올 섭취는 법적으로 허용하지만, 엑스터시나 코카인 같은 약물은 법으로 금지하는 건 과학적이지도 논리적이지도 않고, 기본권 원칙상으로도 옳지 않다고 믿었어. 타인의 안전을 위협하는 음주운전은 처벌받아 마땅하지만, 개인이 술을 마셔서 자신의 몸을 학대하는 것을 정부가 막지는 않잖아?

Z 일리 있는 주장이네요.

K 〈아마존〉이 전자상거래 사이트를 만들고, 인터넷 토론방이 아고라 역할을 하듯이 〈실크로드〉는 단순히 개인 간 교류와 교환을 가능하게 하는 채널이자 매개였어. 울브릭트는 마약을 제조하거나 판매하지 않았어. 장터를 만들었을 뿐이야. 그러면 웹사이트를 만든 사람이 웹사이트를 통해 일어나는 거래에 대해 무한책임을 지는 게

맞나? 건물에서 일어난 불법행위에 대해서 건물주가 책임을 져야하나? 미국 달러로 일어난 모든 범죄에 대해서 연준이 책임을 지나? 총이나 칼을 제작한 사람들이 살인에 대해 책임을 져야 하나? 사이버 세상에서는 서버가 있는 국가의 법을 따라야 하나? 서버가 없는 분산컴퓨팅은? 사이버 세상은 어느 국가의 관할권 사법권인가? 다크웹은 제도권 인터넷 체계 밖에 있는 공간 아닌가? 옳고 그름을 떠나서 울브릭트의 〈실크로드〉는 우리 모두에게 진지하게 생각해볼 만한 문제들을 던져 주지.

Z 리버테리안.

K 리버테리안도 부류가 다양하지만, 울브릭트도 그중 하나였지. 사유재산과 공공재산의 영역을 구분하고, 서로 침범하지 않아야 된다고 믿는 사람이었어.

Z 그 영역을 어떻게 구분하죠?

K 예를 들어서, 사유 영역에는 프라이버시, 개인의 몸과 건강도 포함되고, 공공 영역에는 환경, 땅, 자연자원이 포함된다고 믿지. 자유라는 개념을 그런 식으로 믿는 부류의 리버테리안들이 꽤 있어.

Z 하긴 '자유'라는 개념도 해석하기 나름이죠.

K 맞아. 무엇으로부터 자유로운 걸 강조하는 부류, 무엇을

추구할 자유를 강조하는 부류. 다양하지.

Z 자기들이 생각하는 자유를 함부로 타인에게 강요하는 부류도 있죠. 쿤쌤, 자유라는 개념도 그냥 자율적인 시장에 맡겨야 되는 거 아닌가요?

K 천만에. 그렇게 간단치 않아. 예를 들어, 반독점법은 누구를 위한 자유지? 독점 기업의 자유는 뭐지? 더 글로벌하게는, 배기가스나 환경오염도 그래. 과거에 산업화를 이미 이룬 나라와 지금 산업화를 진행 중인 나라는 입장과 비용이 다를 수밖에 없겠지.

Z 복잡하네요.

K 미국 정부는 울브릭트의 체포와 동시에 〈실크로드〉를 폐쇄했지. 울브릭트 검거까지의 과정, 추적하고 수사하는 모든 절차를 살펴보면, 이건 보통 작전이 아니었어. 울브릭트의 재판 역시 유례가 없을 정도로 속전속결로 이뤄졌고. 이 과정에서 미국 정부측의 문제점도 많이 밝혀졌지만, 결국 울브릭트는 종신형을 선고받았지. 항소심 역시 미국 정부 손을 들어줬고.

Z 어떤 문제점들이 있었나요?

K 예를 들어서, 연방정부 수사요원 두 명이 〈실크로드〉를 수사하는 과정에서 취득한 BTC를 빼돌리다가 발각돼

구속되기도 했고.

Z 대박~! 연방정부 수사요원들이 BTC를 슈킹~! 하긴 그
시절에는 대중은 말할 것도 없고, 일반 정부 공무원들
이 BTC를 잘 이해 못하니까 꿀꺽해도 될 거라고 생각
했겠네.

K 검찰은 심지어 울브릭트에게 황당한 살인교사 혐의까지
뒤집어씌우려고 했어. 물론 이 혐의는 나중에 유야무야
됐지만. 그 외에도 울브릭트 기소를 위한 증거 확보 과정
에서 석연치 않은 함정 수사들이 너무 많았어. 미국 정부
는 여론전에서 울브릭트를 기득권 백인 청년 '마약왕'이
라는 프레임을 씌우고, 테러와 국가안보까지 들먹이며
이 사건이 마치 대단한 위협인 것처럼 과대포장했지. 실
제로 재판에서도 울브릭트가 명문대 석사 교육까지 받
은 '기득권 범죄자'라는 표현이 자주 나왔어. 그러면, 미
국 정부는 왜 울브릭트를 잡아넣는 데 혈안이 됐을까?

Z 마약과의 전쟁?

K 그 전쟁은 미국 정부가 반세기 넘게 하고 있는데, 별로
진전이 없어. 아니 미국 정부가 계속 지고 있어. 그리고
아직도 다크웹에는 약물을 파는 오만 가지 장터가 넘쳐
나고.

Z 그죠. 〈실크로드〉를 없앤다고 다크웹 자체를 없앨 수
  있는 것도 아니고.

K 〈실크로드〉의 특징은 사용자들끼리 익명으로 프라이
  버시를 보장받으며 개인 간 거래를 할 수 있는 체계였어.

Z 아! BTC를 사용했군요!

K 그렇지. 핵심은 BTC였어. 미국 정부는 달러가 아닌 BTC
  가 블랙마켓에서 화폐 역할을 하는 상황에 대해 엄청난
  위협을 느꼈어. 미국 정부가 제어할 수 없는 돈이 대중적
  으로 활성화된 사례를 처음으로 목격했으니까.

Z 근데, 쿤쌤. 〈실크로드〉를 폐쇄하는 게 BTC를 죽이기
  위한 작전이었다면, 미국 정부는 성공했나요? 검열 불가
  능한 돈인 BTC를 어떻게 막죠?

K 내 말이. 그런데, 외부의 적보다 훨씬 무서운 게 내부의
  적이라고 하지? 비트코인에 대한 진짜 위협은 공동체 내
  부에서 나왔어.

Z 오… 앞서 말씀하셨던 '비트코인 내전'?

K 어. 흔히 '블록 사이즈 전쟁'이라고 부르지.

Z 분쟁이 아니라 전쟁?

K 어. 2009년 비트코인이 창시됐을 때, 블록 사이즈는 디
  폴트값 32MB였어. 하지만, 이게 초기 네트워크 수정 보

완이 이뤄지던 시기인 2010년에 바뀌게 돼. 창시자 사토시가 블록 사이즈를 1MB로 줄여버렸어.

Z 사토시 나카모토는 왜 그런 수정을 했죠?

K 사토시가 왜 블록 사이즈를 대폭 줄였는지는 그 당시 명시하지 않아서 추측이 난무하지만, 비트코인의 확산을 위해 이런 수정을 했다고 보는 게 합리적이지.

Z 아, 블록 사이즈가 작아야 일반인들이 가진 컴퓨터로도 노드나 채굴자 역할을 할 수 있으니까. 말 되네요. 근데, 블록 사이즈가 1MB면 좀 작긴 작다. 대량 거래 처리하는 데는 한계가 있네.

K 비트코인 결제 속도는 7 TPS[27] 정도라고 보면 돼. 참고로 신용카드 비자(Visa)는 TPS가 1700 이상 나와.

Z 탈중앙화 비트코인이 중앙화 네트워크인 비자만큼 나올 필요는 없겠지만, 그래도 너무 느리면 그 또한 비트코인의 확장성에 장애가 되지 않나요?

K 맞아. 비트코인 창세기 시절에는 블록 사이즈 1MB 제한 조치에 대해 아무도 큰 관심을 갖지 않았어. 그런데 2014년 중반부터 이야기가 달라졌지. 전 세계적으로 늘

---

27 Transactions Per Second: 초당 거래 처리. 네트워크가 거래를 결산하는 속도를 나타냄.

어난 BTC 사용자들로 인해 1MB 블록 사이즈는 문제를 야기했지. BTC 거래는 나날이 늘어나는데, 거래 대기 시간은 점점 더 길어지고, 거래 수수료도 오르며 사용자들 비용 부담이 전체적으로 올라가기 시작했어. 특히 특정 시간에 거래가 몰리면 더 심했고.

Z 교통체증처럼. 거래가 밀리면서 느려졌군요. 이래저래 비용은 더 들고.

K 비트코인 공동체 내에서도 이 사안의 심각성을 인지하고 블록 사이즈를 늘리는 방안에 대한 논의가 시작됐지.

Z 그 시절에는 암호화폐 종류도 별로 없지 않았나요?

K 비트코인의 짝퉁 비스무리한 라이트코인(Litecoin)과 장난처럼 만들어진 도지코인(Dogecoin)이 있었고, 2015년 여름에 창시된 이더리움도 있었지만, 세상은 아직 비트코인이나 암호화폐에 대한 인식 자체가 한참 부족했지. 그래서 BTC를 가치 저장 수단으로 써야 되는지, 물물 교환 수단으로 써야 되는지, 아니면 그냥 투기 투자 상품인지를 정확하게 파악 못 하고 있던 시절이었어.

Z 어떻게 보면 지금도 그런데, 2015년이면… 상상이 안 가네요.

K 2015년 후반기로 접어들면서 블록 사이즈 논쟁은 더 뜨

거워졌고, 크게 두 진영으로 나뉘게 됐어. 블록 사이즈를 키워야 한다는 '큰 블록' 파와 블록 사이즈를 유지하자는 '작은 블록' 파로. 각 진영이 내부적으로 동일한 의견을 갖고 있거나 단일대오를 형성하는 패거리라고 볼 수는 없었지만, 대략 둘로 나뉜 양쪽 진영에는 영향력이 막강한 저명인사들까지 힘을 보내기 시작했어.

Z 힘을 보냈다고 하시면?

K 저명인사들의 의견과 돈.

Z 그럼 어느 쪽이 더 나요?

K 아무래도 채굴업자들과 초기 투자자들이 연합한 '큰 블록' 측이 훨씬 더 조직적이고 자금도 압도적으로 많았지. 그런 면에서, 초반부터 이 싸움은 다윗과 골리앗이 명확했어.

Z 잠깐, 2015년이면 사토시 나카모토는 이미 사라진 상태였죠?

K 맞아. 하지만, 사토시는 공동체를 떠나기 전에 비트코인 초창기 개발자 중 한 명인 개빈 앤드레슨(Gavin Andresen)을 '후계자'라고 암묵적으로 지명했어.

Z 대박! 무협지가 따로 없네. 그래서 후계자 앤드레슨은 어떤 입장이었나요? 블록 사이즈를 원래 그대로 보존하자?

K 아니. 하드 포크를 통해 비트코인 블록 사이즈를 늘리자고 2014년 말에 공론화하고 대안을 제시한 사람이 앤드레슨이었어. 왜? 2008년에 공표한 비트코인 백서에 '개인 간 거래 현금체제'라고 명시 돼있으니까.

Z 헉! 사토시 나카모토는 이 뜨거운 논쟁에서 그 어떤 입장 표명도 없었나요?

K 침묵을 지켰지.

Z 오… 사람들 말대로 사토시 나카모토는 그때 이미 죽었던 거 아닌가요? 왜 사람들이 그러잖아요. 약 100만 개 BTC가 들어 있는 사토시 나카모토 지갑에서 한 푼도 움직이지 않은 게 그가 이미 오래 전에 사망했다는 증거라고. 아니 어떻게 100개도 아니고 100만 개 BTC에서 한 푼도 안 쓸 수 있어요? 사람이라면 불가능하죠.

K 그렇게 생각할 수도 있지만, 사토시는 비트코인 공동체가 스스로 민주적인 논의를 거쳐 이 문제의 답을 찾고 분쟁을 해결하기를 바라지 않았을까? 그게 진정한 탈중앙화 사상이니까. 어떤 권위 있는 지도자의 입김에 따라 비트코인 운영과 미래에 대한 논쟁이 종결되는 게 아니라, 공동체 합의로 결론과 결과를 내는 게 비트코인의 원칙과 철학에 부합하잖아?

Z 흠… 그런 면에서 '블록 사이즈 전쟁'이야말로 비트코인 역사상 가장 큰 위기이자 진정한 시험대였네요.

K 양측 입장 다 일리가 있었어. '큰 블록' 진영은 BTC가 확산되기 위해서는 속도, 즉 확장성이 보장돼야 한다. 그러기 위해서는 더 많은 거래를 빨리 처리할 수 있는 큰 블록이 필요하다. 그래야 BTC는 교환 수단으로 진정한 화폐가 된다. '작은 블록' 진영은 블록 사이즈가 커지면 네트워크에 일반인들 참여가 줄어들 수밖에 없고, 이는 BTC의 기본 원칙인 탈중앙화에 위배된다. 기본이 무너지면 생태계는 소멸한다. BTC는 가치 저장 수단이다. BTC는 화폐 이전에 우월한 돈으로 자리를 잡아야 한다.

Z 상반되는 철학의 충돌이었군요. 지금 생각해도, 딱 부러지게 둘 중 어느 한쪽이 옳다고 판단하기 어렵네요.

K 그러니 그 어떤 합의나 절충안을 찾는 건 불가능했지. 그래서 그 당시에 사토시의 원래 의도가 뭐였는지를 해석하기 위해 많은 이들이 사토시의 초기 이메일과 메시지를 찾아내서 논쟁을 벌이기도 했지.

Z 역사적 명분을 찾고 만들기 위해서.

K '블록 사이즈 전쟁'이 표면적으로는 탈중앙화에 대한 견해 차이, 교환 수단과 저장 수단 중 뭐가 우선인가에 대

한 입장 차이, 그리고 확장성에 필요한 기술적 의견 차이로 보였지. 하지만, 이 사태의 본질은 프로토콜 주도권 투쟁이었어.

Z 누가 비트코인의 미래를 결정하느냐. 뭐 그런 거였군요.

K 그렇지. 그러면, 누가 비트코인의 미래를 결정하지?

Z 비트코인 공동체.

K 맞아. 그런데, 이게 정치 선거처럼 투표일을 정해 놓고 찬반 투표로 결정할 수 있는 그런 단순한 사안이 아니었어. 블록 사이즈를 키우는 쪽에서도 어떻게 얼마만큼 용량을 늘릴 것인지에 대한 제안도 너무나 다양했고. 심지어 많은 해결책들은 기술적으로 난해해서 일반인들은 물론이고 개발자들도 쉽게 이해 못하는 부분들이 많았어.

Z 그 전쟁이 벌어지는 동안 BTC 가격도 타격을 받았겠네요.

K 양측 간 합의가 체결될 기미가 보이지 않자, BTC 가격은 요동을 치며 하락했지. 비생산적이고 나날이 저급해지는 싸움에 환멸을 느낀 많은 비트코인 초창기 개발자와 투자자들은 아예 소유한 BTC를 다 매도하고 공동체를 떠나기도 했어.

Z 개인들의 자발적인 참여로 만들어진 풀뿌리 공동체도

결국에는 내분으로 분해가 됐군요. 탈중앙화 체제의 최대 약점이 드러났군요.

K 씁쓸한 이야기지만, '블록 사이즈 전쟁'은 돈, 권력, 그리고 미래가 걸려 있으면, 인간들이 얼마나 빠르게 사악해질 수 있는 지를 적나라하게 보여준 사례이기도 해.

Z 대통령 선거처럼 됐군요.

K 아니. 더 살벌하고 더 악랄했지.

Z 하긴, 정치인들이나 일반 유권자들보다 BTC 공동체가 평균 지능도 훨씬 높고 더 능력 있는 집단이니까.

K 상대방에 대한 신상 털이, 인신공격, 살인 협박, 계좌 해킹, DDoS공격…

Z 진짜 전쟁이었네. 프라이버시를 지키며 익명으로 활동하는 이유를 알겠네요.

K 익명으로 활동해도 선수들이 마음먹고 신상털이 들어가면 다 털려.

Z 아니, 그런 소모적인 싸움을 그렇게 길게 한 이유가 뭐죠? 체인 분리해서 각자 갈 길 가면 되잖아요. 절을 못 바꾸면 중이 빨리 나가서 다른 절 하나 차려야지. 이게 무슨 물리적인 영토 분쟁도 아니고.

K 브랜드. 비트코인이라는 이름.

Z 아… 그 놈의 브랜드.

K 결국 '큰 블록' 파는 비트코인 브랜드를 지키면서 기존 네트워크 프로토콜을 바꿀 수 없다는 걸 깨달았지. 그래서 2017년에 비트코인에서 하드 포크로 만들어진 게 BCH야.

Z BCH? 아, 비트코인 캐시.

K 비트코인 캐시는 블록 사이즈도 32MB로 키웠고, 이름에서 볼 수 있듯이 현금처럼 교환 수단에 중점을 둔 암호화폐였어. 시장은 BCH의 탄생을 환영했어.

Z 진짜요? 의외네요.

K 불확실성이 없어졌으니까. 비슷한 시기에 비트코인에도 변화가 있었지. 세그윗(Segwit)[28]이라는 소프트 포크를 통해 기존 1MB 사이즈를 2MB 이상으로 늘릴 수 있는 수정이 비트코인 공동체에 의해 채택됐지. 세그윗은 얼마 후 소액결제 솔루션 라이트닝 네트워크가 비트코인에 탑재되는 기반이 되기도 했어. BCH와 세그윗으로 2년 넘게 이어진 '블록 사이즈 전쟁'은 2017년에 끝날 수 있었어.

---

28 Segregated Witness - '분리된 증인'은 비트코인 블록에서 디지털 서명 부분을 분리해 블록당 저장 용량을 늘리는 소프트웨어 업그레이드.

Z   내전의 최종 승자는…?

K   '작은 블록' 파였지. 시장의 심판과 결론은 명확해. BCH
는 이제 BTC 시가 총액의 0.5%도 안돼. 둘의 비교 자체
가 무의미해.

Z   BCH는 장난으로 만들어진 댕댕이 밈코인(meme coin)들
보다도 시가 총액이 훨씬 작죠.

K   2018년 '큰 블록' 파는 또 자체적인 분쟁에 휘말리며 비
트코인 캐시에서 하드 포크를 한 BSV[29]라는 코인도 나
오게 돼. BSV는 호주 출신 프로그래머 크레이그 라이트
(Craig Wright)가 주도한 프로젝트였어. 업계에서 아주 유
명한 사기꾼이지.

Z   헉. 아무리 좋게 봐주려 해도, '큰 블록' 파는 주도권과
기득권, 그리고 이익만 챙기려는 기회 주의자들로 보이
네요.

K   홍미로운 건, '큰 블록' 파가 그렇게도 주장했던 확장성에
대한 가설은 완전히 빗나갔어. 지금도 BCH 블록 사이즈
는 용량이 남아돌아. 왜? 큰 블록에 대한 수요가 현실적
으로 생기지 않았으니까. BCH나 BSV는 교환 수단으로
실물경제에서 확산되지도 않았어. 그리고 많은 이들이

---

29 Bitcoin Satoshi Vision.

예상했던 대로, 늘어난 블록 사이즈로 인해 일반인 노드 참여자들이 줄어든 것은 말할 것도 없고.

Z 세상은, 시장은, 그리고 사람들은 피아트의 대안으로 가치 저장 수단을 원했지, 교환 수단을 원했던 게 아니라는 사실이 증명된 셈이군요. 오리지널 비트코인의 승리.

K 맞아. 사람들이 원한 건 또 다른 신용카드 비자가 아니였어. 어차피 탈중앙화 블록체인은 비자처럼 빠른 거래 처리가 구조적으로 불가능해. 사람들은 BTC라는 새로운 돈으로부터 오히려 디지털 금, 디지털 안전자산을 원했던 거야.

Z BTC는 킥보드가 아니라 탱크다. 이게 시장과 역사가 내린 결론이네요.

K 우리가 금에 대한 이야기를 하면서도 짚었지만, 돈의 역사, 돈의 진화 과정을 봐도 답이 나오잖아? 가치 저장 수단으로 안착하고 검증된 돈이 점차적으로 시장에서 교환 수단인 화폐로 확산 돼. 이게 순리야.

Z 근데, BTC짝퉁들도 2천 1백만 개의 제한된 공급량이 있고, 블록 사이즈도 더 큰데, 왜 시장에서 확산되지 못했죠?

K 가장 큰 이유는 내러티브야. 다른 체인들은 사토시 같은

이타적인 창시자가 없어. 비트코인은 창업자가 큰 이익을 챙겨가지 않았잖아? 기업처럼 투자 유치를 하고 마케팅을 한 것도 아니고. 비트코인은 기업이 아니니까.

Z 하긴, 사토시 나카모토는 신화적인 인물이죠.

K BTC는 중앙은행발 인플레이션을 해결하기 위해 만들어진 대안 돈이야. 또 다른 BTC를 추가로 여러 개 만드는 건 또 다른 인플레이션을 초래하는 거잖아? 희소성이 없어지니까. 시장과 사람들은 이런 진실을 직관적으로 알아.

Z 아! 정말 그렇네요! BTC 아류가 무한대로 나오면 그 또한 인플레이션이죠.

K 우리는 BTC와 다른 암호화폐는 명확하게 구분해야 돼. 비트코인은 독특한 길을 걸어왔어. 사토시는 미리 2천 1백만 개의 BTC를 채굴하지 않았어. 즉, 다른 자발적 참여 노드들에게 채굴의 기회를 열어줬어. BTC는 암호화폐의 시초잖아?

Z 그쵸. 비트코인 이전에는 암호화폐라는 개념조차 없었죠. 게임머니 같은 가상화폐는 있었죠. 물론 암호화폐랑 완전히 다른 개념이지만.

K 2010년까지 BTC 가격은 제로에 가까웠어. 왜? 아무도

BTC가 뭔지, 암호화폐가 뭔지 몰랐으니까. 그러니 자연스럽게 풀뿌리 공동체가 형성되며 BTC가 쏠림 없이 골고루 분산될 수 있었어. 특정 큰 손들이 처음부터 참여했던 이더리움, 솔라나(Solana)랑 태생과 근원이 달라. 더 정확하게 말하면, BTC 이후로 나온 모든 암호화폐들은 처음부터 가격이 책정될 수밖에 없었어. BTC라는 기준이 이미 있었으니까. BTC로 인해 암호화폐라는 시장과 산업이 이미 형성돼 있었으니까.

Z 아하! 그렇네요!

K 비트코인이 걸어온 길은 전무후무하고 유일무이한 길이야. BTC는 암호화폐라는 개념을 개척하고 만들어냈어. 선구자의 길을 따라간다 해도 같은 길을 걷는 게 아니야. 왜? 이미 비트코인이라는 개척자가 기존에 존재하지 않던 길을 닦아놨으니까. 그 어떤 대단한 암호화폐가 나와도 BTC를 따라 갈 수 없는 또 하나의 이유야. BTC의 역사는 되풀이되거나 복제될 수 없어.

Z 와…! 라임은 있지만 반복될 수 없는 비트코인의 역사! 완전 개쩌네요! 그럼, 쿤쌤은 BTC가 아닌 다른 암호화폐는 모두 잡코인, 쉿코인(shit coin)이라고 생각하시나요?

K 암호화폐 산업에 이런저런 사기성 코인들이 난무한 것

도 사실이지만, 나는 그런 이야기를 하고 싶은 게 아니야. 이더리움이나 솔라나 같은 체인은 훌륭한 혁신 기술이야. 각기 거대하고 건강한 토크노믹스(Tokenomics)와 생태계를 갖고 있는 네트워크지. 그래서 그 코인들 역시 자산이자 화폐로 사용될 수 있어. 하지만, 이런 체인들을 온전한 탈중앙화 돈이라고 보기는 어렵지. 우리가 이미 다룬 PoW의 중요성과 돈의 정의를 봐도 명확하잖아? 오직 BTC만이 돈이라고 할 수 있어.

Z 암호화폐 ETH[30]나 SOL[31]은 공급 제한도 없고 PoW를 쓰지도 않죠. 체인 운영 면에서도 완벽한 탈중앙화 체제라고 보기도 어렵고.

K 그들은 비트코인과 다른 기술이야. 돈이 아니라 기술. 오히려 그들은 테크 기업에 가깝지. 그런 체인들은 비트코인처럼 애초에 피아트 화폐에 대항하는 '온전한 돈'을 목표로 만들어지지도 않았어. 용도가 달라.

Z 네, 무슨 말씀인지 알겠어요.

K BTC와 그런 코인들은 서로 다른 종교라고 생각하는 게 맞아.

---

30 이더리움 체인의 코인 이더(Ether).
31 솔라나 체인의 코인 쏠(Sol).

Z 기독교와 이슬람처럼.

K 비유가 뭐가 됐든, 아브라함은 사토시야. 비트코인이 있고 다른 암호화폐들이 파생 또는 탄생했으니까. 오히려 '블록 사이즈 전쟁'이 종파 싸움에 가깝지.

Z 이런 생각도 드네요. '큰 블록' 파는 너무 성급했어요. 시간선호가 높은 부류였어요. BTC를 빠르게 교환 수단으로 확산하고 싶은 욕심이 앞섰으니까. 그것들은 피아트 마인드로 비트코인을 바꾸려고 했어요. 그래서 결국 비트코인을 지켜낸 건 '작은 블록' 파 다윗이 된 것 같아요.

K 지금 시점에서 돌이켜보면 그렇게 이야기할 수 있지. 그런데 말이야, '블록 사이즈 전쟁'을 이렇게 볼 수도 있어. '쓰기'와 '읽기' 둘 중 무엇이 더 중요한가? 블록체인을 쉽고 편하게 쓰는 게 중요하다는 쪽이 '큰 블록' 파였고, 읽는 게 더 중요하다는 쪽이 '작은 블록' 파였지. 여기서 '쓰기'란 블록에 기록하는 거래 데이터이고, '읽기'란 거래 데이터를 확인 검증하는 것이겠지. 쉽고 편하다는 건 경제적 비용을 뜻하고.

Z 명료하네요. 인코딩, 디코딩. 이해됐어요. '쓰기'와 '읽기' 중 어느 게 더 중요하냐.

K '쓰기'가 경제적이고 효율적으로 바뀌면, '읽기'가 비싸고

불편해지고…

Z '읽기'가 경제적이고 편리하면, '쓰기'가 느리고 비싸죠. '읽기' '쓰기' 모두 확장성이 있으려면, 신용카드 비자처럼 탈중앙화를 포기해야 되고.

K 블록체인 트릴레마(trilemma)라는 게 있어. 탈중앙화, 보안, 확장성. 이 세 요소를 전부 최상으로 충족시키는 건 불가능해. 이 셋 중 하나는 상대적으로 떨어질 수밖에 없어. 보안과 확장성이 강하면 탈중앙화가 떨어지고, 탈중앙화 및 보안이 강하면 확장성이 떨어지고.

Z 네트워크마다 각기 용도에 더 적합한 조합을 선택해야 되는군요.

K '쓰기'와 '읽기' 둘 다 중요하지만, 만약에 양자택일을 해야 한다면, '읽기'가 더 우선이야. 우리가 언어를 처음 배우고 접할 때, '쓰기'보다는 '읽기'가 먼저 가능하지? 표현하기 전에 먼저 이해할 수 있어야 돼. 새로운 언어가 장기적으로 확산되려면, 많은 사람들이 쉽고 편하게 읽을 수 있어야 돼. 특정 언어 문자를 읽는 사람들이 쓰는 사람들보다 다수이기도 하고. 그래서 쉽고 편리한 '읽기'가 우선시되는 게 순리라고 봐.

Z 아…! 비트코인 역시 새로운 언어니까.

K 블록 사이즈가 커져서 일반인들이 블록체인을 확인하고 검증하는 노드 역할을 하기 어려워지면, 더 강한 연산력과 자본을 가진 집단에게 '읽기'를 '위임'하는 상황이 돼. 그러면 시간이 지날수록 네트워크는 탈중앙화가 아닌 중앙화에 점점 가까워지고.

Z 네… 하지만, 비트코인의 '쓰기' 부분을 수월하게 하는 라이트닝 네트워크 같은 레이어 소프트웨어 역시 '위임' 아닌가요? 개인이 직접 거래를 블록에 쓰는 게 아니고 다른 기술에게 대신 써 달라고 의존하는 거니까.

K 차이가 있지. 비트코인에서 '쓰기'에 대한 위임은 선택의 여지가 있어. 즉, 라이트닝 네트워크 사용 여부는 개인이 결정할 수 있어. 경제적인 문턱을 높게 올려서 일반인들이 '읽기'를 아예 시도조차 할 수 없게 하는 것과는 달라. 가치 교환 수단 프로그램은 비트코인의 추가 레이어에 깔리지만, 가치 저장 수단 기능은 그 밑에 있는 중심부에 있어. 가치를 공간 이동하는 것보다 더 중요한 건 가치를 시간 이동하는 것이라는 뜻이기도 해. 가치 보존을 오래 할 수 있는 돈이 우월한 돈이라는 건 우리가 이미 동의했지? 이걸 이해하지 못한 부류가 '큰 블록' 진영이었어.

Z 아… 비트코인. 오묘하네요. 근데, 이런 의견 차이 또는

주도권 싸움은 언제든지 또 일어날 수 있는 거 아닌가요?

K 자유에 대한 개념과 인식이 사람마다 다양하고 주관적이듯이, 비트코인에 대한 시각 역시 그래. 세상은 늘 변하고 비트코인도 그에 맞춰 진화할 부분도 있고, 또 보존하고 지켜야 할 부분도 있으니까. 제2차 비트코인 내전이 일어나지 말란 법은 없지.

Z 흠… 어쩌면 우리가 대비해야 될 전쟁은 또 다른 비트코인 내전이 아니라 피아트와의 결전일지도 모르겠네요.

K 그 전쟁은 현재 진행형이지.

Z '블록 사이즈 전쟁'을 치른 후로 비트코인은 별 탈 없이 괜찮지 않았나요? 아, 아니구나. 그 해킹 당해서 BTC 왕창 털린 허접한 거래소. 거기 이름이 뭐였죠?

K 마운트 곡스(Mount Gox). 비트코인 초창기에 사람들이 BTC를 거래하던 곳이었지. 그런데 마운트 곡스 도난 사건은 FTX 사태에 비하면 새 발의 피였어. 비트코인 역사상 사회 경제적으로 가장 큰 파란과 파장을 일으킨 사건은 FTX 사태였지.

Z 맞다. FTX. 거기 부도나면서 세상이 완전 디비졌었죠.

K FTX는 2019년에 설립돼 2022년까지 급성장한 거래소였어. 너무나 혁신적이고 세련되고 편리한 UI(User Interface)

로 개인 투자자들이 암호화폐 파생상품을 아주 쉽게 거래할 수 있었고 수수료도 거의 제로에 가까웠어.

Z 검색해 보니 FTX라는 이름도 '선물 거래소'라는 뜻이네요. Futures Exchange.

K FTX를 이해하려면 SBF(샘 뱅크먼-프리드)라는 인물을 들여다봐야 돼.

'Sam Bankman-Fried'를 검색했다. 1992년생 MIT출신. 몸매는 초기 비만 단계. 초롱초롱 빛나는 검은 두 눈. 무중력 상태로 폭발하듯이 퍼져나가는 머리카락. 구겨진 티셔츠에 목수 반바지. 옷을 매일 갈아입는지, 샤워는 제때 하는지 의심스러운 몰골의 SBF는 만화에 나올 법한 전형적인 슈퍼 너드 캐릭터였다.

Z 천재 수학 소년처럼 생겼네요. 금수저?

K 음… 완전 금수저라고 말하기는 좀 그렇고. SBF는 부모가 둘 다 스탠포드 법대 교수고, 명성 있는 교육자들이 있는 집안에서 태어났지. 고등학교 때부터 수학 천재로 인정받아 제인 스트리트 캐피털(Jane Street Capital)이라는 최정상급 고유계정거래(proprietary trading) 회사에 들어가

서 ETF 트레이딩을 했지.

Z 제인 스트리트 캐피털?

K 엘리트 회사지. 거기는 아이비리그 나온 친구들도 면접 보기 힘들어. 부모 찬스, 삼촌 찬스로 들어갈 수 있는 회사가 아니야. 그 회사는 그냥 연봉 엄청 많이 주고 수학 천재들만 뽑아. 그리고 아주 창의적인 투사 모델로 위험한 투자 또는 투기로 큰 수익을 내는 회사지. SBF는 제인 스트리트를 거치며 전통적인 자본시장을 익힐 수 있었고, 동시에 당국의 엄격한 규제 감독을 받지 않는 고유계정방식 자금 운용의 매력을 알게 됐지.

Z 헉! SBF는 첫 직장을 통해 사기의 기본을 다졌군요!

K 아, 오해하지 마. 정부의 눈을 피해 사기를 치는 방법을 배웠다는 뜻이 아니야. SBF는 위험을 감수하며 단기적이고 투기적인 거래로 거액의 수익을 내는 방법에 매료됐다는 뜻이지. 얼마 지나지 않아, SBF의 수학적 재능을 알아본 에스토니아 억만장자이자 스카이프(Skype) 공동 창업자 얀 탈린(Jaan Tallinn)의 투자로 2017년에 알라메다 리서치(Alameda Research)라는 자산 운용사가 설립되지. SBF는 알라메다를 통해 암호화폐 거래, 특히 당시 만연하던 미국과 일본의 BTC 가격 차이를 아비트라지해서

막대한 수익을 챙겨. 그런 면에서 알라메다는 헤지펀드 (hedge fund)에 가까웠지. 이 성공을 기반으로 SBF는 2019년에 FTX를 창업해. FTX는 설립 2년 만에 거래량 기준으로 세계 3대 암호화폐 거래소가 됐고, 사용자가 100만 명을 훌쩍 넘었어. SBF의 나이 27세였지.

Z 캬~~! 완전 대박 신화네!

K SBF가 어떤 인물인가 하면… 왜 그런 친구들 있지? 대학 때까지 여자친구는 고사하고 친구도 없는 부류. 왕따는 아니고. 그렇다고 무슨 인격 장애가 있거나 극단적인 싸이코도 아니었어. 왜 자기만의 세계에 사는 부류? 두뇌가 명석한 친구들이 혼자서 잘 지내잖아? 사회성이 떨어져 익숙하지 않은 사람을 불편해하고, 주의도 산만한 그런 부류? 왜 대화할 때, 안절부절 발을 떨고 그런 친구들 있지? SBF가 그런 인물이야.

Z ADHD?

K 그건 확실히 있었지. 언론과 영상 인터뷰를 할 때도 옆 화면으로 온라인 게임을 동시에 하고 그랬지. 여러모로 SBF는 그냥… 특별하고 특이한 친구였다고 볼 수 있어. 오랜 기간 가까이서 그를 지켜본 지인들은 대부분 SBF가 순진하고 심성이 착한 인물이라고 평하지. 이런 인물

이 FTX를 설립한 지 2년도 안 돼서 세계에서 손꼽히는 대부호 중 한 명이 된 거였어.

Z 벼락부자 SBF!

K 그런데, SBF는 졸부 근성이 충만한 인물은 아니야. 사치도 안 하고. SBF는 자기만의 철학과 원칙을 갖고 자선사업에 적극적으로 참여했어. 인류의 실존적 위협을 제거하는 일이라면 그는 정말 돈을 아끼지 않고 퍼줬지.

Z 셀럽이나 기업인들이 절세나 이미지 메이킹 한답시고 연기하는 홍보용 쑈가 아니었다는 말씀이군요.

K SBF는 자선행위 홍보를 거의 안 했어. SBF는 허세나 과시에 조금도 관심이 없었어. 오히려 지구와 인류를 자신이 지켜야 된다는 과대망상에 사로잡혀 있던 인물이었지.

Z 근데, 인류의 실존적 위협이라는 게?

K 질병, 빈곤, 환경, 반민주주의.

Z 반민주주의?

K SBF는 민주주의를 위협하는 요소들이 인류의 실존적 위협이라고 믿었지. 그의 믿음이 옳고 그름을 떠나서, SBF는 트럼프(Donald Trump)가 그런 요소라고 봐서, 막대한 정치 후원금을 기부하기도 했어.

Z 헉! 민주당 쪽에?

K 어. 그리고 공화당 내 반 트럼프 진영에도. 2022년 중간
   선거때, 민주당 쪽에 4천만 달러, 공화당 측에 2천 4백만
   달러를 후원했지. 심지어 SBF는 2024년 대선에 트럼프
   가 출마를 포기하게 하기 위해서 필요한 매수 액수를 진
   지하게 타진하기도 했어. 물론 그 거래는 이뤄지지 않았
   지만.

Z 아니 도대체 돈이 얼마나 많았길래?

K 한때 FTX 밸류에이션은 320억 달러 이상 나왔어. 이게
   어느 정도 규모인가 하면, 설립 150년이 넘은 유럽의 간
   판 투자은행 도이체 방크(Deutsche Bank)의 시가 총액보다
   큰 액수야.

Z 오 마이 갓.

K SBF는 FTX의 지분 과반 이상을 가진 절대적인 대주주였
   어. 다른 주주들은 대부분 기관들이었는데, 실리콘 밸리,
   월가, 싱가폴, 일본에서 누구나 이름만 들어도 알 수 있
   는 권위있는 투자자들이었지. 그중 상당수 기관들은 당
   시에 공개적으로는 암호화폐에 대해 매우 회의적이거나
   조심스러운 입장을 표명했지만, 뒤로는 비상장사 FTX에
   '묻지마 투자'를 다퉈서 하고 있었던 거야.

Z   '묻지마 투자'라고 하시면?

K   나중에 밝혀진 사실이지만, FTX는 이사회도 없고, 재무
    총괄 CFO도 없고, 감사도 없었어. 20대 여섯 명의 무책
    임한 청춘이 모여 주먹구구식으로 운영한 동아리에 가
    까웠어. 그러니 FTX에 대한 제대로 된 실사(due diligence)
    가 이뤄질 수 없었지. 그러면 왜 귀위있는 투자 기관들은
    앞다퉈 FTX에 투자했을까?

Z   포모(FOMO)[32]?

K   정답. 새로운 대박 사업이 눈앞에서 돈을 벌고 있는데,
    보험 차원에서라도 조금씩 돈을 넣었지. 경쟁자들이 투
    자하니까 뒤처질 수 없어서. 그런데, FTX라는 회사가 실
    력 없는 맹탕은 아니었어. SBF는 약 20명 정도 인원으로
    18개월도 안 되는 기간에, 참신한 기능과 안전성이 보장
    된, 완성도 높은 플랫폼 FTX를 만들어 냈어. 이런 업적
    은 비극적인 FTX의 말로와 별개로 아직도 업계의 전설
    로 회자되지.

Z   헉. 개발자 20명으로?

K   알라메다 시절에 전 직원이 20명 정도였어. 이 인력으로
    SBF는 FTX를 만들었어. 참고로 그 당시 유럽의 대형 거

---

32 Fear of Missing Out: 놓치거나 제외되는 것에 대한 두려움.

래소 크라켄(Kraken)은 보안 인력만 100명을 넘었어.

Z 오~! SBF 패거리는 레벨이 다른 선수들이었군요. 알라
   메다라는 투자사를 운영하면서 단기간 내에 FTX도 만들
   었다는 게 믿어지지 않네요.

K 물론 그건 문제가 됐지. 이 사실을 뒤늦게 알아차린 알
   라메다 투자자들은 SBF와 싸우고 지분을 털고 나가기도
   했어.

Z 주주 입장에서는 당연히 빡치겠네. 알라메다 인력으로
   다른 회사를 준비했으면.

K 그것도 주주들 모르게. 사실 이 문제는 사소하게 넘어갈
   사안은 아니었어. 그런데, 알라메다는 SBF가 지분 90%
   이상을 소유한 비상장 회사였고, 항의한 소액 투자자들
   도 손실을 보지 않기 때문에 은근슬쩍 넘어갈 수 있었
   어. 그러나 이런 SBF의 의사결정 방식은 나중에 FTX의
   몰락을 초래하게 되지.

Z 근데 FTX 론칭 시기를 보면, 코로나랑 겹치네요.

K FTX는 코로나19의 혜택을 누린 기업이라고도 볼 수 있
   지. 코로나 때 사람들이 암호화폐 거래에 관심이 높아졌
   으니까.

Z 아, 밖에는 못 나가고. 정부가 준 재난 지원금도 있고.

K 그렇지. 그리고 2020년에는 비트코인 반감기도 있었
지. 코로나 위기에서 벗어나기 시작한 2021년이 되면
서 자본시장은 활기를 빠르게 되찾았고. 암호화폐 시장
도 뜨거웠어. 사람들은 디파이(DeFi)[33]와 이자 농사(Yield
Farming)[34]로 돈을 버는 데 혈안이었고, BTC를 공개적으
로 대량 매입한 일론 머스크(Elon Musk)가 SNL[35]에 출연
해서 도지 코인 농담을 할 정도로 암호화폐 열풍이 거세
게 불고 있었지. 2021년 미국에서 비트코인이나 암호화
폐를 모르는 사람은 있어도 FTX라는 거래소를 모르는
사람은 없었어. TV와 유튜브에서는 헐리웃 스타들과 스
포츠 전설들이 FTX 광고에 출연했고, 마이애미에서는
NBA[36]스타디움 이름이 FTX로 바뀌었어. 무엇보다 독특
한 매력을 가진 젊은 억만장자 SBF는 언론의 주목을 한
몸에 받았고, 권력과 돈을 가진 저명인사들은 모두 SBF
의 친구처럼 굴었어. 아니 친구가 되고 싶어했지.

---

33 Decentralized Finance: 분산장부기술을 바탕으로 한 탈중앙화 금융.

34 Yield Farming - '디파이'에서 이뤄지는 '이자 농사'는 암호화폐 보유분을 동결하고
보상 받는다는 점에서 스테이킹과 유사해 보일 수 있으나, '이자 농사'는 많은 경우 특
정 암호화폐의 유동성 풀(Liquidity Pool)에 자금을 공급하는 방식으로 보상을 받음.
이 외에도 스마트 컨트랙을 활용한 다양한 방식으로 수익 창출이 가능함.

35 Saturday Night Live: 미국 생방송 코미디 프로그램.

36 National Basketball Association: 미국 프로 농구 협회.

Z 뚱뚱한 너드 존못이라도 돈이 존나 많으니까. 그때 SBF 재산이 얼마였죠?

K 200억 달러 이상까지 갔었지.

Z 헉! 그럼 뭐, 에브리바디가 친구하고 싶죠.

K SBF는 사람들이 듣고 싶어하는 말을 아주 자연스럽게 잘 했어. SBF는 정치인들이나 방송인들이 하는 준비된 번드르르한 표현이 아닌 투박하고 유아적인 말투로 수줍고 천진난만한 표정을 지으며 겸손하게 자신의 메시지를 전달했지.

Z 캬~! 그게 먹혔구나. 억만장자 어리바리 천재 소년 컨셉.

K 훗날 SBF가 직접 밝혔지만, 자신의 그런 캐릭터를 대중이 좋아한다는 사실을 누구보다 본인이 제일 잘 알고 있었어.

Z 머리가 좋으니까 자기 포지션도 잘 잡았군요.

K 2022년 1월이 되면서 암호화폐 열기는 식고 있었어. BTC 가격이 하향선을 타며 시장도 지지부진했고. 심지어 문을 닫는 플랫폼과 거래소들도 꽤 많았어. 그런데 FTX는 오히려 사업을 더 확장했지. 거액을 들어 미국의 가장 큰 생방송 이벤트인 슈퍼볼에 FTX 광고를 내기도 했어. 그리고 무엇보다, 실제로 FTX는 돈을 계속 벌고

있었어.

Z 오~! 우리가 익숙한 전형적인 IT기업 사기꾼들이랑 다르네요.

K 2022년 5월 테라 루나 사태로 많은 투자사들과 회사들의 연쇄 부도가 일어났어.

Z 아… 테라 루나. 권도형. 완전 개잡놈. 그건 인성도 대놓고 쓰레기였죠. 코리안 졸부 사기꾼. 근데 또 지금 보면, SBF에 비하면 잡범도 못되는 피라미네.

K 여튼, SBF는 사재를 털어 테라 루나 사태로 위기에 처한 암호화폐 대출 플랫폼 보이저 디지털(Voyager Digital)이랑 블록파이(BlockFi)를 배일 아웃 해줬어.

Z 네?! 개인이 금융 기관들을 '배일 아웃'했다고요?! 아니 계열사나 관계사도 아닌데?

K 보이저에 5억 달러. 블록파이에 2억 5천만 달러.

Z 헉… SBF는 자기가 연준이라고 생각한 모양이죠?

K 내가 그랬잖아? SBF는 특이하고 매력 있는 인물이라고.

Z 그럼… FTX는 어떻게 망가진 거죠?

K 2022년 11월 2일에 알라메다 내부에서 나온 문건으로 코인데스크[37] 기사가 하나 떠. 알라메다 재무제표에 기

---

37 CoinDesk - 2013년에 미국에서 창간된 암호화폐 전문 언론사.

재된 146억 달러의 자산 중 대부분은 FTX의 고유 토큰 FTT로 채워졌다는 내용이었지. 알라메다는 즉시 입장을 표명했지. 유출된 대차대조표는 완성본이 아니라고. 그 기사가 나왔을 때만 해도 FTX 고객들이나 시장은 크게 신경 쓰지 않았어. 왜? 알라메다와 FTX는 SBF가 소유한 회사들이지만, 둘은 서로 무관하고 각기 독립된 기업이라고 생각했으니까. 11월 6일, 세계 최대 거래소 바이낸스는 보유 중이던 대량의 FTT를 전부 매도한다고 공지해. 바이낸스는 FTX에 초기 투자를 하고 지분을 갖고 있던 기업이었어. 그러자 시장은 뭔가 잘못됐다는 것을 눈치챘지. 11월 6일에만 고객은 FTX에서 40억 달러를 인출했어. 그리고 11월 7일에는 60억 달러를. 11월 8일부터 FTX 고객 자금 인출이 지연되다가, 결국 인출 자체가 불가능한 상황까지 갔어.

Z 아니 FTX는 부분지급준비제를 하는 은행도 아닌데 어떻게 뱅크런이 생기죠?

K 그러니까 더 황당했지. FTX가 뱅크런을 견디지 못하고 휘청거린다는 소문이 빠르게 돌았고, 이날 오후에 바이낸스는 유동성 위기에 처한 FTX를 인수할 의향이 있다고 밝혀. 그러나 바로 다음날인 11월 9일, 바이낸스는

FTX 인수를 포기한다고 발표해. 그때부터 시장은 물론 산업 전체가 패닉에 빠졌어. 바이낸스가 하루만에 인수를 포기할 정도면, FTX 재정 문제가 얼마나 심각한지 짐작조차 안 갔고, 그 와중에 SEC와 미국 법무부가 FTX를 조사 중이라는 속보까지 나왔으니까. FTX에는 재정 문제가 없고 시중에 도는 근거 없는 소문은 라이벌 거래소의 공세라고 SBF는 투자자들에게 설명했지. SBF는 일시적인 유동성 위기를 빨리 수습하기 위해서는 FTX의 기초 자산과 담보를 매각해야 되는데, 그게 가능하지 않다고 밝혔어. 왜? FTX 고유 토큰 FTT는 사태 초기 72시간 만에 가격이 80%이상 폭락했고, 그 당시에는 암호화폐 시장 자체가 좋지 않아서 BTC와 ETH 가격 역시 저조했으니까. 시장은 SBF의 해명을 믿지 않았어. 며칠 후, 정확하게는 11월 11일에 월스트리트 저널은 알라메다가 FTX 고객이 위탁한 자금을 동원해 위험 부담이 높은 파생상품 거래에 활용했다는 기사를 써. 같은 날, SBF는 FTX와 알라메다의 CEO에서 사임했고, 두 회사는 파산 신청을 했지. 그러자, 미국 제도권 언론은 일제히 FTX에 대한 보도를 실시간으로 중계했어. 무분별한 억측 루머까지 섞어가며 SBF를 사악한 빌런으로 만들어내는 데는 하루도 걸리지 않았지. 더 기가 막힌 건, 21세기 신화 FTX가 무너지는 데는 고작 9일밖에 걸리지 않았다는 거야.

Z   FTX의 삼년 천하!

K   당국 조사로 FTX와 알라메다에 대한 치부는 적나라하게 드러났지. FTX 장부에서 고객 자금 80억 달러가 비어 있었어. 진짜 웃기는 건, SBF도 FTX사태가 터질 때까지 이 사실을 전혀 몰랐다는 거야. 그리고 그 후에도 그 액수가 왜 비어 있는지 몰랐어. FTX 청산인으로 들어온 구조조정 전문가 존 래이(John J. Ray III)는 '전례가 없는 파국적인 사례'라고 했지. 2001년 엔론(Enron)[38]사태 청산을 책임졌던 래이가 이런 말을 할 정도면 말 다 한 거야. FTX가 얼마나 웃긴 회사였냐 하면, FTX에는 중요한 의사결정 기록만 없는 게 아니라, 제대로 된 직원 명단도 없었어. 동네 구멍가게처럼 운영된 FTX는 엉망진창이었지.

Z   헉! 그럼 회계 부정으로 날아간 엔론보다 FTX가 훨씬 더 복잡했겠네요?

K   자세히 들여다보면, 복잡하지는 않아. FTX는 거래소 고객 돈을 마음대로 관계사 알라메다에게 빌려주고, 알라메다는 이 자금을 담보로 더 많은 자금을 빌려서 위험한

---

38 2001년 대대적인 분식회계로 파산신청 한 미국의 대형 에너지회사.

투자 투기를 일삼은 거야. FTX는 초기부터 파생상품 거래를 일반 사용자들이 쉽게 쓸 수 있는 UI로 각광받았다고 했지? 시작부터 FTX는 파생상품에 주력한 플랫폼이었어. 그런데 파생상품 거래라는 건 제로섬 게임이야.

Z 그렇죠. 선물, 옵션, 스왑 같은 게 파생상품들이니까. 승자와 패자만 있지, 파이를 키우는 게임이 아니죠. 바카라처럼 완전 제로섬이죠.

K 경쟁에는 두 가지가 있어. 하나는 생산적인 교환학적 경쟁이고, 또 하나는 소모적인 생물학적 경쟁이지. 제로섬 게임은 후자야. 생물학적 경쟁은 여러모로 파괴적일 수 있어. 상대를 꺾거나 제거해야 최종 승자가 되니까. 좋지 않아.

Z 잠깐! 그럼, 알라메다는 FTX 고객 돈을 가져다 그걸 담보로 돈을 더 빌리고, FTX 고객들과 반대거래를 했군요!

K 바로 그거야! 이보다 더 큰 이해충돌은 역사적으로 보기 어렵지.

Z 이건 뭐! 상상을 초월하는 엽기적인 사기네요! 원래는 서로 독립된 회사로 포장됐던 알라메다와 FTX가 근친상간으로 대형 사고를 쳤군요.

K 그 외에도 FTX는 많은 자회사들과 부적절한 돈 거래와

불투명한 대출을 셀 수 없이 많이 했어. 언론은 FTX가 처음부터 계획적으로 고객을 기만하고 사기를 쳤다고 난리를 쳤지. 하지만, 이건 오버였고, 의도적인 오보였다고 봐. FTX를 한 번이라도 사용한 고객이라면 누구나 다 아는 사실이 있어. FTX에 입금을 하려면 알라메다를 통해야만 가능해. 그리고 그 과정에서 FTX의 고유 토큰 FTT를 자연스럽게 사용하게 돼.

Z 그래요? 그건 왜 그랬죠?

K FTX는 은행 계좌를 통해 고객 자금을 달러로 받을 수 없었어. 그 당시에 FTX는 아직 당국 허가를 받지 못한 상태의 거래소였으니까.

Z 오 마이 갓…! 그래서 FTT를 더 활성화할 수 있었군요. 그리고 FTX는 대부분 자산을 지들 마음대로 찍어낼 수 있는 FTT로 갖고 있었고… FTX와 알라메다가 기술을 부려서 FTT 가격은 적당히 받쳐 주면서 관리하고. 캬~~!

K 그렇지. FTT는 FTX의 유틸리티 토큰이야. FTX의 주식이나 지분이 아니야. 그런데 놀랍게도 많은 이들은 이걸 간과하고, FTT를 투자용으로 매입하기도 했어.

Z 사람들이 미쳤네… 근데 쿤쌤, 방금 '의도적인 오보'라고 하셨는데… 왜 그렇게 말씀하시죠? 언론이라는 게 원래

내용도 잘 모르면서 선정적으로 호들갑 떨어서 잘난 놈 빌런 만드는 게 천성 아닌가요?

K 물론 그런 면도 분명히 있지. 그런데 말이야, 이런 대형 기업이 순식간에 파산하고 사회 경제적으로 파장이 큰 사태가 발생하면, 피해자들이 자산을 회수할 수 있는 방안을 찾기 위해 청산인이 들어가서 구조조정을 하게 돼. FTX 사태에도 엔론 사태를 청산했던 베테랑들이 투입됐지. 그들 역시 자신들 입지를 넓히기 위한 언론플레이를 했다고 봐. 자신들이 얼마나 어려운 작업을 한다는 점을 강조하면서, 동시에 피해자 집단 측과의 협상력을 높이려는 의도가 분명히 있었어.

Z 아하! 청산인들도 비즈니스를 하는 사람들이니까… 그럼, 여기서 피해자 집단이라는 건 FTX 자금 동결로 자기 돈을 찾지 못한 거래소 고객들?

K 그렇지. FTX 사태에서 정당한 청구권을 가진 집단은 거래소 고객들이었지. FTX 투자자들은… 보상의 대상이 아니라 오히려 비난의 대상이었으니까. 세쿼이아(Sequoia Capital), 테마섹(Temasek), 타이거 글로벌(Tiger Global), 소프트뱅크(SoftBank), 블랙록. 이런 권위있는 투자사들이 FTX를 한 번이라도 제대로 실사를 했다면, SBF가 무

책임한 경영을 아무런 제어 없이 할 수 없었겠지. 아니 FTX 사태가 일어나지도 않았겠지.

Z 시장에서는 그런 유명한 기관들 투자금이 유리한 시그널로 작동해서 FTX가 단기간에 팽창할 수 있었겠죠. 씁쓸하네요.

K SBF가 체포 구속된 후, FTX 청산작업이 한창 진행될 때, 피해자들의 청구권에 대한 시장이 조성됐어.

Z 청구권에 대한 시장이 조성됐다고 하시면? 청구권을 사고팔 수 있었다는 말씀인가요?

K 그렇지. 정크본드(junk bond) 시장처럼. 심지어 한때는 95% 이상 디스카운트 가격에 사겠다는 세력도 있었지. 그리고 실제로 그런 거래 몇몇이 이뤄지기도 했어.

Z 헉! 사람들이 100달러어치 청구권을 5달러에 팔았단 말인가요?

K 그때는 FTX사태에서 한 푼도 돌려받지 못할 것 같은 분위기였어. 아니, 그런 분위기를 청산인 측과 당시 언론이 조장한 면이 크지. 그런데, 약 1년 후 밝혀진 결과는 전혀 그렇지 않았어. FTX는 자금 운영을 잘못해서 유동성 위기로 몰락했지만, 자산이 없는 회사가 아니었으니까. FTX에 돈이 넘쳐날 때, FTX는 여기저기 유망 스타트업

들에 초기 투자를 많이 했어. 그리고 그중 대박이 몇 개 나왔지.

Z 오…! 또 이런 반전이.

K 2024년 3분기에 마무리된 청산 작업에서 FTX는 160억 달러를 확보해서, 피해 고객 자금을 모두 이자까지 쳐서 돌려줄 수 있다고 발표했지. 물론 여기에는 단서가 붙었어. 2022년 11월 초 BTC 가격 1만 6천 8백 71달러로 계산해서.

Z 와! 보상이 이뤄졌군요. 근데, 그 가격으로 보상하는 게 공정한 지는 잘 모르겠네요.

K FTX 사태는 암호화폐 산업뿐만 아니라 미국 경제와 사회에도 큰 충격과 여파를 남겼어. 유수 암호화폐, 분산장부기술 관련 기업들의 연쇄 부도가 이어졌고, 심지어 FTX와 연관도 없던 다른 대형 거래소들도 큰 타격을 입었어. 2023년 3월에는 FTX와 거래하던 실버게이트 은행도 부도가 나며 넘어갔지.

Z 헐. FTX가 핵폭탄이었군요. SBF는 희대의 사기꾼이었고.

K 글쎄…… SBF가 사기꾼이었는지는 솔직히 잘 모르겠어.

Z 쿤쌤 뇌피셜은?

K 밝혀진 모든 사실과 내가 아는 바에 의하면, SBF는 빌린

도 아니고 사기꾼도 아니야. SBF는 정리 정돈이 안 된 인물이야. SBF는 나눌 것을 나누지 못하고, 구분할 것을 구분하지 못하고, 할 이야기와 하지 말아야 할 이야기를 분별 못하는 뇌 구조를 가진 '장애인'에 가까워. FTX 부도 후 공개적으로 사과를 한답시고 인터넷 생방송으로 FTX의 문제점들과 자기가 잘못한 것들에 대해 미주알고주알 다 공개적으로 밝힌 것도 그렇잖아? 사기꾼이라면, 아니 상식이 조금이라도 있는 사람이라면 법정에서 불리할 이야기를 그렇게 공개적으로 떠들지 않았겠지. 심지어 SBF는 FTX가 무너지기 전에 유명 경제 팟캐스트에 출연해서 유행 중인 많은 신규 코인들의 '이자 농사'는 명백한 사기라고 청취자들에게 자세히 설명하기도 했어.

Z 도무지 알 수 없는 캐릭터네. SBF. 얘는 순진한 거예요? 생각이 없는 거예요? 아니면 안하무인인 거예요?

K SBF는 자신과 함께한 공동체에게 공유할 정보를 제때 공유하지 않았어. 이건 SBF가 특별히 사악하거나 음흉해서가 아니라, 그냥 SBF에게는 '장애'가 있다고 보는 게 맞아. SBF는 자기 판단에 위험이 없고, 별로 중요하지 않으면 타인도 자신처럼 똑같이 생각할 거라고 믿는 인물이었어. 그러니까, SBF의 죄는 기만과 사기라기보다는

태만과 과실에 가깝다고 보는 게 맞아. 물론 SBF는 법규나 관행에 무관심했고, 통상적으로 인정되는 윤리에 대해서도 개념이 전무했어. 이 또한 SBF의 태생적인 '장애'에서 나온 증상이라고 봐.

Z SBF는 타인과의 교감 능력에 큰 '장애'가 있고, 사회성이 떨어지는 사람이었다?

K SBF는 20대에 200억 달러 이상을 가진 대부호가 됐어. SBF는 어릴 적부터 자기가 특별한 천재라고 믿어 왔어. 이 믿음을 시장은 자본으로 확인해줬어. 그러니까 SBF는 고삐 풀린 망아지처럼 뛰놀다가 어마무시한 사고를 친 거야. SBF는 역사적 과도기에 재능과 혜안을 가진 청년이었지만, 급격하게 흥하고 또 급격하게 망했어. 확실한 건, SBF는 기업을 운영하면 안 되는 사람이었어. 정신적 '장애'가 있는 SBF는 미숙하고 무책임했으니까. 그리고 기업 경영에 대한 지식이 턱없이 부족했어. 그러나, 무지가 무죄가 되지는 않아. 그래서 SBF는 사기 혐의로 25년 형을 선고받았지.

Z 잠깐! 울브릭트는 종신형인데, SBF는 25년? 〈실크로드〉와 FTX 둘 다 플랫폼인데, 울브릭트는 남의 돈을 마음대로 갖다 쓰고 날리지는 않았잖아요? 아니 도대체 누가

사회에 피해를 더 많이 끼친 거죠?

K 그러게. 두 판결의 형평성에 대해서는 나도 잘 모르겠다.

Z 근데, 쿤쌤은 왜 SBF가 사기꾼이 아니라고 보시는 거죠?
SBF에게 '장애'가 있어서?

K 음…… 어떤 동전이 있어. 그 동전을 던져서 앞면이 나
오면 인류가 두 배로 발전하고, 뒷면이 나오면 인류가 망
해. 그러면 그 동전던지기를 하는 게 옳을까? 어떻게? 본
인은 그 동전을 던지겠어?

Z 아뇨. 기댓값이나 확률을 떠나서 리스크가 인류 종말이
잖아요.

K SBF는 인류의 발전을 위해 자신은 그 동전던지기를 주저
없이 한다고 자랑했어. 그리고 그는 FTX 직원들도 그래
야 된다고 강조했지. 이런 공리주의 논리로 남의 돈을 갖
고 실전에 적용하면 FTX 사태 같은 일이 벌어지는 거야.

Z 아니 이게 무슨 게임도 아니고. 투자 받아서 사업하는 놈
이. 아무리 혼자 잘난 자아도취형 천재라도…

K SBF는 세상의 모든 걸 확률적으로, 기댓값으로 생각하
고 예측했어. 그런데 확률의 기반이 되는 추정과 상정은
애매하고 임의적인 경우가 많아. 아니 자세히 들여다보
면, 어설프기 짝이 없는 경우도 많지. 인간이 아무리 똑

똑해도 세상은 인간이 아는 것보다 훨씬 더 복잡하고 예측 불허해. SBF처럼 거대 담론을 논하고, 인류의 문제를 해결하겠다고 나대는 인간들을 조심해야 돼. 위험한 부류야.

Z   그런 것들 대부분이 사기꾼들이죠. 정치인들이거나.

K   그렇게 볼 수도 있지만, 많은 경우에 그런 부류는 사기 자신만이 어떤 일을 해낼 수 있다는 과대망상에 사로 잡힌 병자들이야. 그래서 목적과 목표를 위해 그 어떤 수단과 방법도 정당화하고 합리화하지.

Z   계속되던 동전던지기에서 결국 뒷면이 나왔고, 인류 종말에 가까운 피해를 수많은 사람들이 떠안았군요.

K   SBF는 과대망상 증상과 소시오패스 기질이 있는 인물이었어. 이건 사기꾼이랑 달라. 아니 SBF는 사기꾼보다 훨씬 더 위험한 인물이었는지 몰라.

Z   무슨 말씀인지 알 것 같아요. 쿤쌤, 갑자기 궁금해지는데요. FTX 사태에 대해서 완전 빠삭하신데, 혹시 쿤쌤도⋯ FTX에 좀 물리셨나요?

나의 돌발 질문에 쿤쌤은 표정이 경직되며 한숨을 길게 내쉬었다.

K 노 코멘트.

Z 네, 죄송합니다.

무거운 침묵이 잠시 흘렀다.

K FTX 사태는 세상이 일시적으로 뭔가에 홀린 상태였어. 아직 세상은 암호화폐나 디지털 자본시장이 무엇인지 파악을 못했고, SBF라는 특이한 캐릭터도 있었고. 그래서 모두 잠시 홀린 거였어.

Z FTX 사태 이후로 암호화폐 산업도 많이 달라졌죠?

K FTX 사태 이후로 암호화폐에 대한 사회적인 인식은 말할 것도 없고, 관련 기업들에 대한 신뢰는 모두 바닥으로 떨어졌지. 자금이 대거 이탈한 암호화폐 산업에서 수많은 프로젝트들과 코인들은 하루아침에 나락으로 갔고.

Z 그때 소리소문 없이 사라진 잡코인들, 이자 농사 프로젝트가 하나둘이 아니죠.

K BTC와 ETH 가격도 폭락해서 회복하는 데 상당히 오랜 기간이 걸렸어. 무엇보다 FTX 사태는 암호화폐에 대한 불필요한 공포를 퍼트렸어. 그런 공포는 과한 규제에 대한 명분을 주기도 했고.

Z 생각해보면 이런 코미디도 없네요.

K 어? 왜?

Z 세계 금융 위기 직후에 비트코인이 나온 이유가, 중앙화 권력 또는 제3자 리스크로부터 자유로운 돈을 사용하자는 거였잖아요? 그런데, 이런 탈중앙화 정신과 정반대되는 일이 FTX 사태로 일어났어요. 리스크가 다분한 '장애인' SBF뿐만 아니라, 중앙화된 거래소 FTX에 거액을, 그것도 암호화폐를 위탁했다는 사실이 너무 엽기적인 거같아요. '내 지갑에 없으면 내 BTC가 아니다'가 암호화폐 모토 잖아요? 역사가 아무리 찰지게 라임을 친다고 해도, 아니 도대체 사람들은 왜 이런 변태 짓들을 하죠? 무슨 저능아들도 아니고.

쿤쌤이 큰 소리로 웃었다.

K 〈실크로드〉 수사가 정부에 의한 탄압 또는 공격이었다면, '블록 사이즈 전쟁'은 비트코인 공동체 안에서 나온 철학적 내분 또는 주도권 투쟁이었어. 그리고 FTX 사태는 도덕적 해이와 횡령으로 이뤄진 고전적인 제3자 리스크 전형이었지. 이 모든 사건 사고는, 비트코인이라는 새

로운 개념을 세상과 시장이 받아들이는 과정에서 일어나는 시행착오라고 볼 수도 있어.

Z   탈중앙화 돈, 비트코인에 아직 적응이 안된 인간들이 헤매며 뻘짓을 했다는 말씀이군요.

K   사고방식의 문제지. 사람들이 피아트 체제 사고방식으로 비트코인을 대하니까 마찰과 오류가 일어날 수밖에 없지. 관성이나 관념, 그리고 기존 믿음을 하루아침에 버리는 건 쉬운 일이 아니야.

Z   사람들에게 문제가 있지, 비트코인에 문제가 있는 게 아니죠.

K   이 모든 역경을 겪었지만 비트코인은 다시 일어섰어. BTC 가격도 회복했고. 그리고 2024년 1월 SEC는 블랙록을 포함한 미국 대형 자산 운용사들에게 BTC ETF를 승인했지. 비트코인 역사상 가장 큰 승리였어.

Z   월가가 BTC를 접수한 게 아니라, BTC가 월가를 접수한 거죠. 비트코인이 숙주죠.

K   BSV라는 BTC 짝퉁을 만든 크레이그 라이트라는 사기꾼 이야기했지?

Z   네, 호주 출신 '큰 블록' 파.

K   라이트가 '비트코인 사토시 비전'이라는 코인을 만든 이

유가 뭔지 알아? 라이트는 자기가 사토시라고 계속 주장했던 사람이야. 나중에 법정에서 라이트의 주장이 거짓이고 사기라는 게 명백히 밝혀졌지만.

Z 헐… 별별 사기꾼이 다 있었군요. 하긴, 사토시 나카모토가 가명으로 온라인상에서만 활동을 했으니까, 몇 가지 주요 정보만 해킹해도 자기가 사토시 나카모토라고 사기를 칠 수 있다고 믿었겠네요.

K 심지어 사토시의 '후계자' 앤드레슨도 초기에 그 사기꾼에게 속아서 라이트를 대변하고 그랬어. 물론 나중에 라이트가 가짜라는 걸 안 앤드레슨은 공개적으로 사과하고 참회했지만.

Z 아니 그 호주 사기꾼 새끼는 지가 진짜 사토시 나카모토라면, 사토시 나카모토의 지갑에서 BTC를 한 개라도 옮기는 걸 세상에 보여주면 되잖아요? BTC 100만 개 이상 들어 있는 사토시 나카모토의 지갑.

K 그렇지. 그래서 라이트가 사토시가 아니라는 게 밝혀지는 데는 오래 걸리지 않았어. 흥미로운 건, 라이트라는 가짜 사토시가 나타나며, 오히려 진짜 사토시에 대한 역사적 증거와 사료들이 세상에 더 많이 나오게 됐어. 거짓의 등장으로 진실이 더 알려진 거야. 때로는 가짜를 자세

히 들여다보면 진짜가 더 잘 보이기도 해.

Z 가짜와 진짜. 거짓과 진실. 피아트와 비트코인.

K 대부분의 분쟁과 갈등은 거짓의 결과물이야. 거짓은 만
들어내는 것이지만, 진실은 스스로 증명할 필요가 없어.
무지, 탐욕, 오류, 비리, 그 어떤 인간적 결함과 상관없
이, 비트코인은 지금 이 순간에도 10분마다 신규 블록을
생성하며 고유의 시간을 이어가고 있잖아?

Z 길다면 길고, 짧다면 짧은 비트코인 역사. 정말 수난의
시절이었네요.

K BTC 호들러들에게는 격동의 세월이었지.

세상이 아무리 변해도 정부라는 기관, 집단 간 철학적 분쟁,
그리고 천재 사기꾼들은 사라지지 않을 것이다. 그러나, 그
무엇도 비트코인을 멈추지 못한다. 이 자명한 진실이 큰 위
안을 준다.

17. 가능한 신세계.

A Possible New World

Z 쿤쌤, 어느 나라가 비트코인에 우호적인가요?

K 많아. 스위스, 독일, 싱가폴, 몰타, 포르투갈, 캐나다, 에
   스토니아, 엘살바도르, UAE, 부탄. 비트코인뿐만 아니
   라 암호화폐에 우호적인 나라는 계속 늘어나고 있어. 근
   데 왜?

Z 아니 뭐… 피아트에서 비트코인으로 전환하는 시기에
   저도 어디에 살면 좋을까 한번 생각해봤어요.

K 우리가 부모는 선택 못해도, 친구는 선택할 수 있지? 거
   주지나 국적도 선택할 자유가 있어. 생활 환경이 바뀌면,
   생각의 범주 역시 넓어지고 달라질 수 있지. 본인한테 맞
   는 나라를 잘 찾아봐.

Z 저랑 잘 맞는 나라? 글쎄요.

K 주변에서 해외로 간 지인들 없어? 있을 거 아니야?

Z   있죠. '한국이 싫어서'라고 징징대며 해외로 나간 애들
    좀 있죠. 그렇게 떠났지만, 문화적으로 현지에 동화 못하
    고, 거기 있는 한국인들과 또 부대끼며 갈등으로 좌절하
    고. 에혀. 그건 새로운 삶이라고 할 수 없죠.

K   현지인들과 동화가 생각보다 쉽지 않지. 이주나 이민이
    단순히 영어를 하고 일자리가 보장된다고 새로운 삶이
    실현되는 건 아니니까. 정주 요건을 찾아서 이주했다가
    실망하는 사람들 많아.

Z   마인드가 달라져야 새로운 삶도 가능하겠죠.

K   새로운 삶을 위해서는 단순한 배경의 변화가 아닌 문화
    적 전환이 이뤄져야 되는데, 그건 생각보다 쉽지 않아.
    여러모로 비용이 들지. 하루아침에 되는 것도 아니고.
    여행 가는 거랑 생활하는 건 완전히 다른 이야기야. 그런
    데 왜? 한국이 마음에 안 들어?

Z   네. 제가 한국에 평생 살아 봤는데, 솔직히 피곤하고 불
    행합니다. K-컬쳐, 국가 브랜드 어쩌고 백날 떠들어도
    관련 산업은 수출로 돈 벌지 모르지만, 저 같은 일반인은
    별 혜택을 체감 못하고 앞으로도 그럴 것 같습니다. 그렇
    다고 반도체 산업이 호황 누린다고 저 같은 평민 살림살
    이가 획기적으로 개선되는 것도 아니고요. 아니 그렇게

매력 넘치는 문화 선진국이고 경제적인 부가 창출되는 나라인데 왜 출생률은 세계 최저로 나오고, 자살률은 세계 최고로 나오죠?

K 틀린 말은 아니지. 한국 상류층은 물론이고 중산층까지 돈을 들여 자식들을 미국 유학 보내는 이유는 어떻게 설명할까? 단순히 한국의 교육문제 때문은 아니겠지? 우리가 이미 이야기했듯이, 한국은 인구가 빠르게 줄고 있어. 인구가 소멸하는 나라에서 인력이 되고 싶지 않으면 인재들은 떠날 수밖에 없지. 인재뿐만 아니라 자본 유출도 심해지지 않을까?

Z 이런 한국 풍토병은 비트코인도 고칠 수 없어요.

K 음… 고칠 수도 있지.

Z 네? 참 나… 쿤쌤, 비트코인이 만병통치약 아니라면서요.

K 비트코인이 풍토병을 고치는 게 아니라 비트코인이 다른 풍토를 조성할 수는 있지.

Z 어떻게요?

K 정부가 역할을 해야 되겠지. 비트코인 시대에 맞게.

Z 피아트를 수호해야 되는 정부가 어떤 역할을 할 수 있을지 상상이 안 가네요.

K 정부가 할 수 있는 건 많아. 일단 관할 사법권을 가진 영

토에 BTC를 법정통화로 인정해서 개인, 기업 가리지 않고 누구나 자유롭게 거래할 수 있게 하고, BTC를 포함한 암호화폐에 대한 면세 또는 세제 혜택을 줄 수 있고, 소액결제 앱을 통한 거래를 활성화해서 BTC를 실물경제에 상용화할 수 있지. 간단히 말해, 비트코인을 제도권에 편입하는 거야.

Z 그러면 기존 은행이나 금융 기관에서 BTC 담보로 대출도 가능해지겠네요.

K 중앙은행 외환 보유고에 BTC를 적절한 비율로 보유하거나, 아예 BTC를 국가 전략자산으로 비축할 수 있지. BTC를 장기 보유하면 누적되는 재정 적자로 인해 발생하는 국가 부채를 장기적으로 헤지(hedge)할 수도 있으니까. BTC가 누적채무위기를 돌파하는데 큰 역할을 할 수도 있어.

Z 피아트를 찍어낼 권한을 가진 정부가 부채만 늘릴 게 아니라 BTC를 사는 것도 전략이겠네요.

K 국채 찍어서 BTC를 살 수도 있고, 이미 보유 중인 금 팔아서 BTC를 살 수도 있지.

Z 실제로 이미 그런 나라들도 있으니까.

K 정부 지원금 또는 보조금 역시 BTC를 활용할 수 있지.

출산 지원금을 현금 대신에 300만 사토시를 준다고 가정해보자고. 바로 사용하는 사람들도 있고, 또 안 쓰고 장기 보유하는 사람들도 있겠지. 정부 입장에서도 이런 정책에 추가 비용이 드는 것도 아니잖아? 정부 차원에서 채굴도 해야 되고.

Z 채굴을 민간이 아니라 정부가?

K 비트코인은 익명을 보장하지만, 지갑 주소는 투명하게 공개되잖아? 그래서 채굴 집단이 특정 주소가 요청한 거래를 거부하거나 수수료를 높게 책정하는 상황이 발생할 수 있어. 채굴 집단이 연합해서 한국 정부의 BTC 거래를 차별 또는 거부할 수도 있다는 이야기지. 그런 상황을 대비해서라도 정부가 채굴을 해야 돼. 물론 전략자산의 자체 공급 차원에서도 채굴은 필요하고.

Z 흠…… 국가안보 차원이라고 볼 수 있군요. 정부나 공공기관이 클라우드 서비스를 외국 기업에 의존하지 않듯이.

K 지금 시대는 저출산, 고령화, 양극화와 같은 다양한 이슈로 정부 지출이 지속적으로 늘어날 수밖에 없는 구조야. 분명한 건, 피아트 화폐의 가치저하는 불가피하고, BTC는 사라지지 않고 지속적으로 확산돼. 정부 역시 이런 현

실을 받아들일 수밖에 없고. 세상이 하루아침에 바뀌지는 않지만, 궁극적으로 정부와 돈은 분리될 거야. 그게 순리라고 봐. 현재로서는 피아트 화폐와 암호화폐를 함께 법정통화로 사용하는 양본위제(兩本位制)가 정답이야.

Z 양본위제. 구심력과 원심력. 두 화폐 체계가 경쟁하면서 생기는 긴장감이 긍정적인 효과를 불러올 수 있겠네요. 개인이나 기업은 인플레이션을 BTC로 헤지할 수 있고. 정부 역시 무책임한 재정 운영으로 국가 부채를 늘리고 함부로 돈을 찍어내는 관행을 다시 생각하게 될 거고. 동기화된 돈인 BTC로 최종 정산이 이뤄지기 때문에 금융업의 기존 관례와 관성도 많이 혁신될 수 있고.

K 음… 정부 입장에서는 만약에 BTC를 전략적으로 보유하면, 오히려 더 과감하게 재정 적자를 내고 국채를 더 발행할 수도 있어.

Z 네?! 어떻게?! 아! 피아트 구매력이 떨어지는 속도보다 BTC 가격 상승이 훨씬 더 빠르니까!

K 그렇지. 온전한 돈이 제도권 함수에 들어오면 선택의 여지가 많아져. 비트코인으로 전환 중인 역사적인 과도기를 사회가 안정적으로 적응하기 위해서는 구심력과 원심력을 적절하게 활용해야 돼.

Z 양들이 늑대로 살아가는 법을 터득하는 데도 시간이 필요하죠. 피아트와 암호화폐가 공생할 수 있는 시간도 필요하고.

K 양본위제가 이미 안착했다는 것을 입증하는 게 스테이블 코인(stable coin)이야.

Z 스테이블 코인. 달러에 고정된 암호화폐. 중앙은행에서 발행하는 CBDC랑 다르죠.

K 그렇지. 스테이블 코인은 현실 경제와 사이버 경제를 연결시켜주는 전환매개 역할을 하지. 과거에 암호화폐 산업에 대해서 그리 우호적이라고 할 수 없었던 미국 정부도 USDT[39] 같은 스테이블 코인으로 엄청난 수혜를 누리고 있어.

Z USDT? 테더?

K 테더는 회사 이름. 그 회사가 발행하는 달러 스테이블 코인이 USDT.

Z USDT는 달러와 1대1로 교환해서 거래소에서 암호화폐 매수할 때 사용하는 코인이죠? 그게 어떻게 미국 정부에 도움을 주나요?

---

39 Tether - USDT(U.S. Dollar Tether)는 Tether Limited에서 발행하는 암호화폐로 해당 토큰이 페그/고정되어 있는 미국 달러 화폐와 1:1 비율로 교환 가능함.

K 미국 국채. 지난 수년간 국제 정세와 지정학적 변화로 중국과 일본이 보유한 미국 국채는 현격하게 줄어들었어. 그런데, 테더는 자산 거의 대부분을 현금이 아닌 미국 국채로 갖고 있어. 그래서 이제는 테더가 독일 정부, 호주 정부, UAE 정부보다 미국 국채를 더 많이 보유하고 있어.

Z 와~! 대박! 거래소에서 사용되는 USDT로 들어온 피아트 달러로 테더는 미국 정부 채권을 사는군요. 테더가 어지간한 은행보다 훨씬 낫네!

K 초기에는 유사달러를 유통하는 유사은행 행세를 한다는 '누명'을 쓰고 미국 정부로부터 법적 공격을 받던 테더가 이제는 효자 노릇을 하고 있어. 아무도 예상하지 못했던 결과야.

Z 와… 미국 정부가 과거에 페트로달러를 영리하게 활용했듯이 앞으로는 스테이블 코인으로 국가 채무 문제를 지연시키는 데 활용하겠군요.

K 충분히 가능하지. 그런 계획들이 이미 미국 정치권에서 나오고 있어. BRICS가 달러 패권에 도전한다 뭐 그런 소리들이 요즘 나오지? 그런데 말이야, 사이버 경제를 보면 시장을 지배하는 스테이블 코인은 모두 미국 달러 고정이야. 이건 달러의 또 다른 전성기가 이미 시작됐다는

이야기일 수도 있어.

Z 오호~! 500파운드 고릴라가 다시 800파운드로! 아니 이
제 650파운드 정도?

K 그뿐이 아니야. 스테이블 코인은 이제 암호화폐 거래 편
의성을 넘어 외환 거래 자체를 간소화하고 있어. 스테이
블 코인으로 누구나 해외로 달러 송금을 수수료 없이 순
식간에 할 수 있잖아? 소규모 무역을 자주하는 동대문
시장 상인들이 USDT를 정말 많이 써.

Z 오호. 제 주변에서도 달러 예금 대신 USDT로 저축해서
상대적으로 높은 이자 챙기는 애들이 많아요.

K 그런 용도로 아르헨티나, 나이지리아 같은 나라 국민들
도 USDT를 많이 사용해. 더 흥미로운 점은, USDT 같은
스테이블 코인은 미국 정부의 통제를 벗어난 달러라는
거야. 그래서 이제는 미국이 적대국들에게 가하는 경제
제재의 효력이 상당히 떨어질 수 있어.

Z 그렇다고 이렇게까지 막강해진 테더를 이제 미국 정부
가 함부로 건드리지도 못하잖아요? 테더가 극단적으로
빡치면 지들이 보유한 대량의 미국 국채를 시장에 전량
매도하는 사태가 일어날 수도 있으니까.

K 바로 그거야! 이제는 좋든 싫든 전 세계가 비트코인은

말할 것도 없고, 암호화폐를 받아들일 수밖에 없는 시대에 들어섰어. 어떤 형태로든 양본위제는 역사가 흐르는 방향이고 대세야. 돌이킬 수 없어.

Z 네… 근데 한국이라는 나라가 그런 변화를 선도할 지는 잘 모르겠습니다. 오히려 최빈국인 북한 같은 데는 변할 수 있겠죠. 북한 체제 변화는 K 콘텐트가 아니라 비트코인이나 암호화폐 때문에 이뤄질 수 있겠네요.

K 그럴 수 있지. 비트코인은 정권이 아니라 정부도 날릴 수 있으니까. 그건 북한만 해당되는 이야기는 아닐 거야.

Z 쿤쌤, 근데 피아트 영향력이 줄어들수록 기존 레거시 정부는 통제력을 점점 잃지 않을까요?

K 꼭 그렇지는 않아. 피아트는 통치 수단의 하나일 뿐이니까. 음… 중국 공산당은 빅데이터로 '행동 점수'를 매겨 모든 인민의 등급을 매기는 '사회적 신용'(social credit) 시스템을 통치 수단으로 활용하고 있어. 중국 정부는 금융 신용 기록, 전과기록, 소셜미디어에 표출한 정치적 성향, 거리 CCTV에 찍힌 행동까지 다 평가하니까.

Z 중국 공산당은 말 잘 듣는 양들 사이에 있는 늑대들을 골라내서 거세시키는군요.

K 늑대가 아니라도 당해.

Z 여차하면 아무나 구속 구금하고 개인 재산도 몰수하죠.

K 중국 공산당은 개인을 국가의 일부로 치부하니까.

Z 한국에도 개인을 국가의 일부라고 믿는 사람들 많아요.

K 그러면 말이야, 우리가 흔히 쓰는 구글과 중국 공산당이 그렇게 다른 가? 유튜브 계정 임의로 차단 삭제할 수 있고, 모든 거래에서 세금보다 과한 수수료를 다양하게 챙겨가는 대형 플랫폼은 진정으로 개인의 자유, 표현의 자유, 사유재산을 인정하는 기관인가?

Z 그렇네요. 구글 마음대로 삭제하는 유튜브 기록물도 개인 저작물이고 사유재산인데.

K 트럼프가 2020년 대선에서 패하고 의회 앞에서 지지자들을 선동할 때, 트위터는 트럼프 계정을 막아버렸어.

Z 그래서 빡친 트럼프가 아예 자기가 직접 소셜미디어를 새로 만들어버렸죠.

K 트럼프가 옳고 그름을 떠나서, 중앙화된 플랫폼은 절대적인 통제권을 갖고 있어. 모든 중앙화된 권력은 외형적으로 각기 다르게 치장하고 있을지 몰라도 본질은 모두 같아.

Z 중앙 권력에 의한 셧다운이 언제든지 가능하죠. 그래서 탈중앙화 메신저, 사회적 연결망도 많이 나오고 있죠?

K 탈중앙화 앱이 많이 생기고 있지. 솔라나가 전화를 출시한 것도 그런 맥락에서 볼 수 있고. 궁극적으로 분산컴퓨팅과 암호학을 활용한 탈중앙화 소통수단이 대중화될 거야.

Z 요즘에는 사람들이 탈중앙화 소셜미디어 블루스카이(Bluesky)를 많이 사용하죠. 저도 카톡보다는 텔레그램을 선호합니다.

K 중앙화 권력의 본질적인 문제는 대표성이 없다는 거야. 당위성이나 명분만 이야기하는 게 아니야. 수학적으로 통계학적으로도 그래. 중앙화 권력은 비전형적이고 대표적인 것이 못 되는 표본이야. 650파운드 고릴라뿐만 아니라 비례적이지 않은 권력을 가진 중앙화 세력들이 너무 많아. 그리고 그런 중앙화 세력들 때문에 승자독식 세계가 만들어지고 빈부 격차나 이념적 양극화가 극단으로 간다고 봐.

Z 제가 어디를 가서 살든 중앙화된 권력의 손아귀에서 벗어나지 못한다는 말씀인가요? 어디를 가도 거기가 거기다?

K 새로운 나라를 건국하는 데 동참할 수도 있지.

Z 네? 새로운 나라?

K 우리가 이주 또는 이민이라는 주제를 비트코인이라는

프리즘으로 들여다보자고.

Z 비트코인 프리즘?

K 탈중앙화 디지털 네트워크. 물리적인 이주가 아닌 탈중앙화된 디지털 이주를 고민해 볼 수 있지. 본인한테 맞는 나라를 찾기 힘들면, 새로운 국가를 만들 수도 있지 않을까?

Z 탈중앙화된 디지털 국가? 무슨 말씀인지 도무지 모르겠습니다. 메타버스 같은 거 말씀하시는 건가요?

K 음…… 애플이라는 '회사'는 두 친구가 차고에서 창업했고, 페이스북이라는 '공동체'도 한 명의 사용자로 시작했지? 그리고 비트코인 또는 BTC라는 '돈'도 백서 9장으로 창조됐어. 그러면 이제 새로운 '나라'도 만들어지지 않을까?

Z 가능이야 하겠죠. 근데 그걸 어떻게?

K 비슷한 가치관, 철학 그리고 문화를 공유하는 사람들끼리 자발적으로 하나 둘 온라인에서 모여. 그러다 사람들은 한 건물에서 모여 살게 돼. 그러다 공동체가 커지면서 한 마을을 형성해. 그리고 그 마을 구성원들의 합의에 의해서 자체적인 규율이 체계적으로 만들어져. 그리고 이런 마을들이 뉴욕, 오스틴, 싱가폴, 도쿄, 서울 같은 세계

도시마다 생겨나는 거야. 이런 연결된 공동체가 국가를
선언하면 '탈중앙 신국'의 탄생이 충분히 가능해.

Z 세계 어느 나라에나 있는 차이나타운이랑 비슷한 거군요.

K 비슷하지. 그런데 '탈중앙 신국' 사람들은 다 연결돼 있
지. 기존 온라인 공동체나 종교 집단이랑은 달라. '탈중
앙 신국'은 국가이기 때문에 민주 정부가 있고 법이 있어.

Z 크라우드 펀딩, 소셜미디어, 분산장부기술과 비트코인
을 모두 융합한 체제? 또는 나라? 뭐 그런 개념인가요?

K 그렇게 볼 수 있지. 클라우드 기반으로 먼저 건국하고 그
다음에 물리적인 영토를 확보하니까. 기존 방식의 건국
을 뒤집는 거야. 우리가 여기서 한 가지 짚고 넘어가야
될 부분은 '네이션'(nation)이라는 개념과 '스테이트'(state)
라는 개념은 달라.

Z 네?

나는 바로 이해가 가지 않아 두 단어를 검색해 봤다.

Z 네이버 영한 사전에는 두 단어 모두 '국가'로 나오는데요.

K 그런 엉터리 사전을 맹신하지 않기로 우리 동의하지 않
았나?

Z 네… 근데 둘이 개념적으로 어떻게 다르죠?

K '네이션'은 출생률을 일컫는 네이탈리티(natality), 태어난 곳을 가리키는 네이티브(native)랑 동일한 어근을 갖고 있어. 나티오(natio). 즉, '네이션'은 역사와 문화를 공유하는 종족 공동체를 뜻해. '네이션'은 자주 독립적인 영토가 없어도 존립 가능해. 카탈루냐인, 쿠르드 족, 미국 원주민 부족들이 여기에 해당되지.

Z 역사적 문화적 정체성에 기반한 '민족' 같은 개념과 유사하군요.

K 비슷하지. '스테이트'는 독립적인 정부와 자치 법이 집행되는 영토가 있어. '스테이트'는 통계학(statistics)이라는 단어처럼 어근이 라틴어 스테터스(status)에 있어. 스테터스는 우리가 요즘 쓰는 신분이나 지위라는 뜻보다는 원래는 '상황' 또는 '조건'을 뜻해.

Z '스테이트'라는 단어는 정치 또는 통치의 뉘앙스가 가미돼 있군요.

K 중요한 건, '네이션'은 '스테이트'보다 역사적으로 선행된 개념이라는 거야. 하나의 '스테이트' 안에는 여러 '네이션'이 있을 수 있지. 역사적으로 '네이션'의 '스테이트'는 여러 차례 바뀔 수도 있고. 이 두 단어의 차이를 헷갈

리면, 바보 같은 정치적 논쟁에 휘말릴 수 있어. 우리가 지금 이야기하는 '탈중앙 신국'은 '네이션'이 아닌 '스테이트'에 가까워.

Z 오케이. 무슨 말씀인지 이해했습니다. 근데, '탈중앙 신국'이 생겨야 되는 이유는?

K 레거시 정부들이 운영하는 미래가 없는 국가에 환멸을 느끼고 새로운 사회나 국가를 희망하는 사람들은 꽤 많아. 사람들이 이민을 왜 가는데?

Z 새로운 방식으로 새로운 삶을 살고 싶어서. 내가 싫어하는 정부에 세금을 내고 싶지 않고, 내가 행복하지 않은 나라에 내 자원을 낭비하기 싫어서.

K 마을에 중국집이 하나밖에 없어. 조선 시대부터 짜장과 짬뽕만 팔아. 그게 전통이래. 짜장을 좋아하는 사람도 있고 짬뽕을 좋아하는 사람도 있어. 그런데 시대와 시장이 변하면서 입맛도 달라지니까 손님이 계속 줄어. 손님들은 말할 것도 없고 중국집 주주들까지 나서서 메뉴를 바꾸자고 제안해. 지배인과 주방장은 알았다고 말만 번드르르하게 하고 개선의 여지는 전혀 안 보여. 그러면 어떻게 하지?

Z 지배인 주방장 둘 다 짤라야죠.

K 새로 들어온 지배인이나 주방장도 마찬가지야. 인테리어가 어떻고, 주방 구조가 어떻다, 핑계만 늘어놔. 심지어 식당 수익도 빼먹어. 종업원이 새로 바뀌어도 이 악습은 계속 반복돼.

Z 그 중국집 불 질러 버리고, 새로 식당 하나 차려야죠.

K 정답. 기존 식당 방화 말고, 신규 식당 개업하는 게 정답.

Z '탈중앙 신국'도 그래서 건국되는군요.

K 지식경제 기반 일자리 창출이 네트워크로 가능한 나라. 이에 맞는 새로운 교육 체제, 복지 체제, 그 외 합리적인 정책들이 시민 합의로 이뤄지는 나라. 국가 예산이 분산 장부로 기록돼 국민이 언제 어디에서나 확인할 수 있고, 모든 공공 정책이 가용할 수 있는 예산에 맞춰 투명하고 공정하게 집행되는 나라.

Z 물리적인 영토가 서로 멀리 떨어져 있는데, 단일 국가의 정체성과 의식을 갖는 게 가능할까요? 결속력이 있을까요?

K 알래스카와 하와이도 미국 본토와 떨어져 있어. 인도네시아는 1만 7천 섬으로 이뤄진 나라야. 공동체의 정체성과 의식을 만드는 건 결국 문화적 연대감 아닐까?

Z 네. 근데 '스테이트'보다 '네이션'이 선행된다면서요?

K 맞아. 그런데, '탈중앙 신국'은 민족적인 또는 생물학적인 '네이션'이 아니라, 가치관에 기반한 정신문화적 연대를 토대로 한 '네이션'으로 시작해서 물리적인 영토를 확보하며 '스테이트'가 되는 것이지.

Z 그럼 안보는? 용병을 쓰나요? 르네상스 시대 도시국가들처럼.

K 그럴 수도 있겠지만, 타이완이나 브루나이 같은 작은 부국들이 자주국방으로 자국을 지키지는 않잖아?

Z 아, 외교. 국제 관계.

K '탈중앙 신국'도 국제사회에서 외교적 인정을 받는 것이지. UN 가입국 중 절반이 인구가 천만 명이 안 되는 국가들이야. 그중 10여개 국은 인구가 10만 명이 안돼. 지구상 대부분 사람들이 인구가 많은 나라에 살아서 그렇지, 대부분 나라들은 인구가 많지 않아.

Z 국제사회에서 '탈중앙 신국'이 국가로 인정 못 받을 이유도 없겠네요.

K 지난 백 년 동안에도 수많은 신규 국가들이 탄생했어.

Z 미국도 건국된 지 250년밖에 안 됐죠.

K 미국도 원래는 식민지로 시작해서 독립을 했지. 종교적 경제적 정치적 자유를 찾아서 사람들이 미국으로 이주

를 했듯이, '탈중앙 신국'으로 이주하는 사람들이 분명히 있을 거야. 초기에는 사람들이 이중국적으로 '탈중앙 신국' 시민이 되겠지. 그러다, 이런 신규 국가의 혜택이 더 많아지면, 단일국적으로 전환하는 사람들이 늘어나겠지. 생존과 필요에 의해서, 욕망과 야망에 의해서.

Z 암호화폐 같은 혁신 기술도 필요에 의해 쓰는 사람도 있지만, 새로운 부를 창출하고 싶어 사용하는 사람들도 많죠.

K '탈중앙 신국' 정부는 군림하는 권력 기관이 아닌, 대리인 개념의 서비스 기관이야. 이런 새로운 신규 국가의 탄생으로 레거시 정부들도 시민들에게 서비스를 제공하는 본업에 충실하고 경쟁력을 향상시키는 계기가 되지 않을까? 혁신이 없는 레거시 정부들이 운영하는 국가들은 도태될 수밖에 없으니까. 도시도 마찬가지야. 예를 들어, 기존에는 금융 기업들을 유치하기 위해 싱가폴이나 두바이와 경쟁했다면, '탈중앙 신국'이 계속 생기면 그때는 또 다른 차원의 경쟁이 시작돼. 우리가 알다시피, 레거시 정부들은 이미 유효기간이 지난 부분들이 너무 많아. 업그레이드가 필요해.

Z 글쎄요… 레거시 정부가 부분적으로는 업그레이드가 가능할지 모르지만, 기본적인 구조와 마인드가 워낙 아날

로그라서. 레거시 정부의 변신을 기다리지 않고 사람들은 그냥 떠나지 않을까요?

K 인구가 줄겠지. 그리고 고급 양질의 인적 자원은 더 빠르게 사라지겠지.

Z 지금 한국이 딱 그런 경우죠. 근데, 지금 말씀하시는 '탈중앙 신국'이 지속 가능할까요? 재정적으로? 합의 알고리즘에 의한 민주주의가?

K 이건 사이비 종교나 조폭이 아니야. 시민들은 언제든지 '탈중앙 신국'을 떠날 수 있어. 애초 자발적인 선택으로 이뤄진 국가니까. 그렇다고 아무나 '탈중앙 신국' 시민이 될 수 있는 건 아니겠지. '탈중앙 신국'은 난민, 망명자, 탈세자, 범죄자를 위한 도피처가 아니니까.

Z 공유 가치관과 선택적 연대로 만들어진 국가라도 시민권 기준은 있어야 되겠죠.

K 우리가 유럽이나 미국을 여행하면, 특히 다른 시기에 형성된 도시들을 가보면, 역사적으로 사회가 무엇을 중심으로 형성돼 왔는지를 알 수 있어.

Z 네? 어떻게요?

K 중세부터 사람들은 교회에 복종하고 의지하며 공동체를 이뤘어. 그 후에는 정부의 중앙 통제를 받으며 사회를 형

성했고. 그 후에는 은행을 중심으로 도시가 번영했지.

Z 네, 도시나 마을 중심에는 성당, 정부, 또는 은행이 꼭 하나씩 있죠. 그리고 보니 종교 중심에서 자본 중심으로 진화한 과정을 잘 보여주네요.

K 그런데 문제는, 성직자도 정치인도 금융인도 모두 하나같이 사람들의 신뢰를 저버렸어. 그래서 사람들은 이제 사이버 공간에 모이는 거 아닐까? 그러니 '탈중앙 신국'이 필요하고 가능하겠지.

Z 흠… 흥미롭고 기발한 발상이지만, 공상과학 영화 같고 비현실적으로 느껴집니다.

K 현실에서 벌써 진행되고 있는 프로젝트야. 혁신 사상가이자 테크 업계 큰손 투자자 발라지 스리니바산(Balaji Srinivasan)이 몇 해 전부터 추진 중인 〈네트워크 스테이트〉[40]가 그 실체야. 이제 우리는 탈중앙화 체제를 선택적으로 활용할 수 있어. 양본위제는 돈뿐 아니라, 정부나 국가에도 해당돼. 물질세계가 변하면 정신세계도 변해야 돼. 지구상 인구 다수가 스마트폰을 사용하는 세상이야. 의식주뿐만 아니라 개인 기기가 기본권에 포함돼야 해. 이에 맞춰 인권이라는 개념도 재정립해야 되고, 새로

---

40 https://thenetworkstate.com/

운 개념의 '사회적 계약'도 필요해. 이제는 동서양이 연결된 사회야. 아니 동서양 구분이 없는 시대야. 역사적 문화적 뿌리와 전통이 다른 사람들이 합의할 수 있는 제도가 가능해. 300년도 넘은 서양 사상 기반으로 인류의 미래를 설계할 필요는 없다는 이야기야.

다시 한번 느꼈다. 내 생각과 고민의 수준이 얼마나 유아적이고 한심한지. 몽유병 환자처럼 내 작은 세계에, 작은 내 자신 안에 갇혀있는 동안, 세상은 이미 빠른 속도로 진화하고 있었다. 나도 깨어나야 했다. 살고 싶은 나라를 찾기 어려우면 '나'라도 달라져야 했다.

Z 쿤쌤, 제가 잘못 생각했네요. '어디에서'가 아니라 '어떻게' 살 것인가를 고민해야 되는데… 제 뇌 구조와 사고방식이 아직 피아트를 벗어나지 못한 것 같아요. 저는 아직 비트코인 마인드가 부족한 거 같습니다. 저는 정신문화의 전환이 아직 안 됐어요.

K 비트코인을 이해하고 알아갈수록 사람은 변하게 돼. 그건 내가 체험으로 잘 알지. 온전한 돈이 온전한 나를 알아가게 하니까.

Z 쿤쌤은 어떻게 변하셨어요?

K 나는 아직도 변하고 있어. 비트코인을 지금도 알아가고 있으니까.

Z 오…!

K 그런데 말이야, 우리가 비트코인을 온전한 돈으로만 보면 단순화의 오류에 빠질 수도 있어.

Z 비트코인은 온전한 돈 그 이상이라서요?

K 정도의 차이는 있지만, 민주주의는 권력을, 인터넷은 정보를, 분산화하고 탈중앙화 했어. 비트코인은 돈, 시간, 에너지, 정보, 언어, 사유재산을 탈중앙화 했어. 그러니, 비트코인이라는 기술을 그저 온전한 돈으로만 생각하는 건, 컴퓨터를 우월한 타자기로, 인터넷을 전자우편으로 여기는 것처럼 단순한 발상일 수 있어. 비트코인으로 활성화된 분산장부기술과 암호화폐는 우리가 아직 상상도 못하는 신세계를 열어줄 수 있지.

18. 사토시의 선물.

A Gift from Satoshi

Z 사토시 나카모토가 도대체 누구예요?

K 음…… 사토시가 누군지 알려면 비트코인의 기원을 살
    펴봐야 돼. 둘을 분리해서 볼 수 없잖아?

Z 비트코인의 기원?

K 2008년 금융 위기로 세상이 뒤집어졌어. 그해 가을, 정
    확하게는 핼러윈 날, 흥미로운 글이 인터넷에 올라와.
    '사토시 나카모토'라는 필명을 가진 저자는 제3자를 거
    치지 않고 P2P 거래가 가능한 새로운 전자현금 체제를
    제안해. 사토시는 불과 9쪽짜리 문서로 분산장부기술과
    PoW를 활용해 만들어낼 '새로운 돈'의 구조와 원리를 완
    벽하게 설명했어.

Z 비트코인 백서?

K 그렇지. 사토시는 비트코인으로 기존 수학자들과 컴퓨

터 과학자들이 그때까지 풀지 못한 난제들을 해결했어. 물론 비트코인이라는 게 어느 날 하늘에서 갑자기 뚝 떨어진 건 아니야. 사토시가 활용한 개념과 기술은 수많은 암호학자, 컴퓨터 과학자, 싸이퍼 펑크(cypher punk) 개발자들의 축적된 업적에서 나온 결과물이었으니까.

Z 네네. 근데… 사토시 나카모토는 누구죠?

K 사토시는 온라인상 페르소나라고 봐야 되겠지. 그 이름 뒤에 있는 실존 인물은 누군지 밝혀지지 않았으니까. 기록에 의하면 그는 1975년 4월 5일 생이야. 사토시가 활동 당시 본인이 밝힌 생년월일이야. 나는 이 날짜가 상징적 표현이라고 생각해. 왜냐하면 4월 5일은 1933년 FDR이 '행정명령 6102'에 서명한 날이니까.

Z '행정명령 6102'가 뭐죠?

K 미국 국민들이 보유한 금을 합법적으로 압수한 명령.

Z 아! 사토시 나카모토. 연출이 정교한 사람이네.

K 나의 뇌피셜이야. 물론 진실은 아무도 모르지. 아니 사토시만 알겠지. 그런데 그 누구도 사토시의 얼굴을 보거나, 그의 음성을 들은 적이 없어.

Z 무슨 슈퍼 히어로 같네요.

K 그러니까 비트코인 신화가 재미있는 거야. 비트코인 창

시 후 2년 정도, 사토시는 다른 공동체 구성원들과 비트코인 체제를 안정화시키는 작업에 몰두했지. 그러다 2011년 봄, 사토시는 '다른 관심거리가 생겨 떠나지만, 비트코인은 안심할 수 있는 사람들 손에 있는 것 같다'라는 짧은 이메일을 남기고 사라져.

Z 그게 사토시 나카모토의 마지막이었어요?

K 아, 정확하게 말하면 마지막은 아니었어. 2014년 봄, 미국 주간지 뉴스위크가 캘리포니아에 사는 도리안 나카모토라는 사람을 사토시로 오인하는 소동이 벌어졌어. 그러자, 사토시가 비트코인 개발 시절부터 사용하던 고유 ID로 나타나 비트코인 공동체 게시판에 메시지를 남겼지. '나는 도리안 나카모토가 아니다'라고.

Z 오~! 대박! 무슨 영화 같네.

K 그런데 말이야, 몇 달 후에 그 게시판 운영자는 몇 달 전에 사이트가 해킹된 정황을 뒤늦게 발견했다고 발표해.

Z 그러면 도리안 나카모토를 부인하는 메시지도 진짜 사토시가 쓴 게 아니었다는 말씀인가요?

K 정황상 그렇게 볼 수 있지. 그래도 확실한 건 도리안 나카모토는 진짜 사토시가 아니라는 거야. 그건 확실해. 그런데 진짜 사토시가 누구인지 왜 그렇게 궁금하지?

Z 글쎄요… 재미있잖아요. 특이한 사람이고.

K 충분히 그럴 수 있지. 우리는 바퀴를, 숫자 '제로'를 누가 발명했는지 알지 못해. 너무나 오래전 일이라 전설에 가까우니까. 그러나 비트코인의 기원은 그렇지 않아. 우리가 살고 있는 21세기에 일어난 일이야. 개발 과정부터 비트코인에 대한 모든 기록은 아직도 인터넷에 그대로 보존돼 있지. 오픈소스인 비트코인에 창세기부터 참여했던 사람들 대부분 아직 살아서 활동하고 있고. 사토시의 업적은 무슨 픽션이나 설화가 아니야. 모두 검증할 수 있는 사실들이야. 그래서 울림이 더 강렬하지.

Z 아직도 따끈따끈한 신화라서 온갖 썰과 음모론이 난무하는 거 같아요. 사토시 나카모토는 CIA[41] 또는 NSA[42] 다. 초창기 비트코인 개발 멤버 중 한 명이다. 심지어 일론 머스크가 사토시 나카모토라고 생각하는 개무식한 찐따들도 있고.

K 본인 말 그대로야. 비트코인은 이해하는 만큼 알 수 있고 볼 수 있어. 사토시 역시 마찬가지야. 한 사람의 말이 그의 내공과 내면을 드러내듯이, 한 사람이 가진 사토시에

41 Central Intelligence Agency: 미국 중앙정보국.
42 National Security Agency: 미국 국가안보국.

대한 지식 또는 인식은 그 사람의 사유 수준과 시각을 잘 투영해.

Z 하긴, 원래 뭐 눈에는 뭐만 보이는 법이죠.

K 근데 사토시가 누구인지? 개인인지 집단인지? 남자인지 여자인지? 일본인인지 영국인인지? 외계인인지 아니면 시간여행을 온 미래 인간인지? 이런 게 과연 중요한가? 누가 바퀴를 처음 만들고, 누가 '제로'라는 개념을 발명했는지가 중요해?

Z 아, 물론… 그가 만들어낸 비트코인이 더 중요하죠.

K 사토시는 너무나 위대한 발명품 비트코인을 우리에게 남겨줬어. 사토시는 그에 대한 어떤 대가나 보상도 바라지 않아. 사토시는 권력이나 명예도 원하지 않아. 사토시가 우리에게 바란 것은 어쩌면 딱 하나야. 자신의 프라이버시를 지켜 달라는 거. 자기가 누구인지 알려고 하지 말아 줬으면 좋겠다는 거. 비트코인을 만든 사토시에게 우리가 그 정도의 존중은 지켜줄 수 있는 거 아닌가?

Z 아… 쿤쌤 말씀이 맞습니다. 우리도 그 정도 예의는 지켜야 될 거 같네요. 솔직히 제가 궁금한 건, 사토시 나카모토의 지갑이에요. 거기 들어 있는 약 100만 개의 BTC. 그게 무슨 보물창고처럼 아직까지 그대로 있잖아요. 스

필버그 영화로도 만들어진 〈레디 플레이어 원〉도 그 지갑에서 영감을 받아 창작된 소설이 원작이고. 그 지갑이 어쩌면 미스테리의 실마리 아닐까요?

K BTC 가격이 지금 추세로 꾸준히 상승하면 근미래에 사토시는 지구상 최고 부자가 돼. 그렇다고 사토시가 어느 날 갑자기 나타나서 보유한 BTC를 모두 매도한다고 비트코인 체계에 변화가 있는 건 아니잖아?

Z 알죠. 비트코인 생태계는 노드와 채굴자들이 운영하니까.

K 많은 이들이 비트코인의 창시자를 사랑하고 존경하지만, 사토시를 그리워하지는 않아. 태초부터 사토시가 그렇게 비트코인을 설계해 놨으니까. 많은 이들은 자신을 증명하기 위해 자신의 가치를 과장하고 알리는데 인생 대부분을 할애하는데, 사토시는 이런 방식과는 정반대 되는 선택을 하고 살았어. 사토시는 돈, 권력, 명예에 관심이 없는 사람이야. 우리가 익숙한 세속적인 상식과 위배되는 인물이야.

Z 아무리 봐도 이해가 안 돼요. 그런 인물이 있다는 게 신기하기도 하고.

K 아, 우리가 비트코인을 우상화할 필요가 없듯이, 사토시

역시 신격화할 필요는 없어. 사토시는 추종자를 원했던 인물이 아니야. 그는 익명으로 세상에 도움이 되는 개념을 개발하고 공유하고 싶었을 뿐이야.

Z 사토시 나카모토에 대해 알려진 것들은 뭐가 더 있나요?

K 밝혀진 모든 사실과 내가 아는 바에 의하면, 사토시는 아주 탁월한 프로그래머였어. 그리고 동시에 허술하기도 했어. 비트코인 초기에 드러난 황당한 실수나 버그(bug)들을 보면, 사토시는 큰 그림은 완벽하게 짜지만 디테일에 약했다고 해야 될까? 전술가보다는 전략가에 가까운 인물 같아. 경제학에 남다른 지식을 가진 특출한 학자는 아니었지만, 문제의 본질을 파악하는 혜안이 있었지. 글재주가 좋은 사람은 아니었지만, 유머 감각은 특이했고. 무엇보다 경제와 인간에 대해 깊게 고민하고 공부한 사람이었어. 그러니까 비트코인을 만들 수 있었겠지.

Z 흠… 사토시 나카모토라는 수수께끼. 알면 알수록 알쏭달쏭. 계속 궁금해지네요. 어떤 캐릭터인지…

K 그건 나도 모르지.

Z 그래도… 쿤쌤 뇌피셜이라도…

사토시 나카모토에 대한 이야기를 통해 나는 쿤쌤의 가치관을 엿보고 싶었던 것 같다.

K 글쎄…… 좌절보다는 긍정을 붙들고 도전을 멈추지 않
은 사람? 한 주제에 관심을 갖고 오랜 기간 관찰하고 공
부한 사람? 인생을 흥미로운 게임처럼 즐긴 사람? 결과
가 아닌 과정에 집중한 사람? 몰입의 재미를 아는 사람?
생각과 시간의 여유가 있는 사람? 나는 사토시가 그런
사람이었다는 느낌이 들어. 그가 타인의 의견을 경청하
고, 축적된 자신의 생각을 공유하고, 자신의 실수와 오류
를 인정하며 수정한 기록과 결과물을 보면 그래. 개인의
능력보다는 공동체의 잠재력과 협업의 시너지를 믿고,
인간에 대한 애정으로 에고를 내세우지 않은 이타적인
사람.

Z 돈 한 푼 받지 않고 자발적으로 피아트를 타파하겠다고
도전하면서 얼마나 남모를 고생이 많았겠어요.

K 사토시는 자기 가치관을 갖고, 자기 길을, 자기 속도로
뚜벅뚜벅 걸어간 사람이야. 그렇다고 자기 자신만을 생
각한 사람은 아니야. 이 세상에서 또 이 삶에서 자신의
역할이 정확하게 무엇인지 잘 알았던 사람 같아. 현명한
중계자로서 또 기반으로서, 그는 자기 역할에 충실했어.

어쩌면 사토시는 특별한 천재가 아닌 의외로 평범한, 그러나 너무나 순수한 사람이었던 거 같아. 희망을 잃지 않은 순수한 사람.

Z 순수한 사람이니까 순수한 돈을 만들 수 있었겠죠.

K 맞아. 그런데 말이야, 우리가 지금 말하는 순수한 돈이라는 건 뭘까?

Z 순수한 돈은… 24K 금처럼 순도가 높은 돈? 오염되지 않은 온전한 돈? 돈의 본질에 충실한 돈.

K 그러면 돈의 본질에 충실한 돈은?

Z 흠…… 글쎄요…

K 꿀을 예로 들어 보자고. 오염되지 않은 순수한 자연산 꿀. 꿀의 용도는 많아. 민간요법으로 쓰고, 요리나 가공식품에 첨가하고, 피부 미용으로 바르고. 약재, 식료품, 화장품에 들어간 꿀은 다른 용도의 일부 성분에 불과하지만, 순수한 꿀은 이 모든 용도의 시작이자 근원이야. 순수한 꿀을 갖게 되면 선택의 폭이 넓어져. 선택의 폭은 자유의 근간이잖아? 순수한 돈도 그렇게 이해할 수 있겠지.

Z 사토시 나카모토는 자유의 근간을 우리에게 선물했군요.

사토시 나카모토. 아무리 생각해도 내게는 비현실적인 인물로 느껴졌다.

Z 쿤쌤, 사토시 나카모토가 이미 죽었다는 썰에 대해서는
   어떻게 생각하세요? 죽지 않았다면 무슨 성인군자도 아
   니고, 그 많은 BTC를 어떻게 한 푼도 안 건드려요? 불가
   능하죠. 인간이라면.

K 왜? 성인군자일 수도 있지. 이미 사망했을 수도 있고. 하
   지만 아닐 수도 있지. 초창기에 사토시는 고의로 지갑을
   잃어버렸거나, 시드를 잊어버렸을 수도 있지.

Z 헉! 지갑을 고의로 버렸다고요?! 아니 왜?!

K 물론 이건 내가 오랜 생각 끝에 내린 뇌피셜이야. 사토시
   는 자신의 욕망을 제어하기 위해서 소유한 BTC를 원천
   적으로 사용 불가능하게 일부러 막아버렸겠지. 혹시 훗
   날 BTC 가격이 천정부지로 올랐을 때, 원래 자기 의도대
   로 자신이 행동하지 못하게 되는 것이 우려돼서.

Z 네?! 지금 무슨 말씀인지 도무지 이해가 안 갑니다.

K 사토시 지갑에는 아직도 약 100만 개의 BTC가 있어. 세
   상 누구나 이걸 볼 수 있어. 그리고 비트코인 설계자인
   사토시는 이런 결과를 애초부터 알고 있었어. 이게 핵심
   이야.

Z 네?! 아니, 뭐가 핵심이죠?

K 전 세계에서 사토시의 정체를 아는 사람은 없어도, 사토시 지갑은 누구나 알 수 있어. 사토시의 보물 창고는 만인이 볼 수 있어. 아니 더 정확하게는 누구나 상상할 수 있어.

Z 상상? 아, BTC는 물리적인 보물이 아니니까.

K 사토시가 BTC를 움직이지 않는 한, 사토시의 보물은 시공간을 초월해 영구 보존될 거야. 인류 역사상 이런 전시물이 있을까? 우리들 상상 속에 있는 영원한 보물이야. 우리는 일반적으로 축적된 막대한 재산은 언젠가 사용해야 된다는 고정관념을 갖고 있어. 그런데, 사유재산이라는 건 그 재산을 소유한 사람 마음대로 쓸 수 있는 거야. 탕진을 하든, 소각을 하든, 영구보존 하든. 사토시는 자기 보물을 사용하지 않고 시공간을 초월해 인류에게 전시하고 싶었던 거야. 그게 사토시의 선택이자 메시지라는 이야기지. 사토시의 보물창고는 정표이자 기념비야. 온전함, 진실성, 순수함 같은 비트코인 정신을 상징하는 기념비.

Z 헉! 아니, 그 정도 돈이면 엄청난 영향력으로 더 큰 변화를 일으킬 수도 있을 텐데. 왜 그런 짓을?

K 그건 FTX의 SBF 같은 사람들이 하는 발상이고. 사토시는 그보다는 훨씬 더 큰 변화, 더 중요한 메시지를 인류에 남기고 싶었던 거야. 자신의 보물창고라는 비트코인 기념비로 사람들에게 무엇이 가능한지를 보여주고 싶었으니까. 우리가 기존에 믿었던 도그마, 인간 조건과 본성에 대해 알고 있던 모든 관념들은 다 바꿀 수 있다는 것을 상기시키기 위해서. 물리적인 실체가 없는 BTC는 세상 어느 곳에도 없지만 동시에 모든 곳에 있어. 그리고 소유자 머릿속에 있다고 했지? 사토시 역시 마찬가지야. 사토시는 자신이 남긴 보물창고를 통해 우리 마음속에 존재하는 거야. 영원히.

쿤쌤은 커피를 마시며 내게 생각할 시간을 잠시 줬다. 나는 달은 고사하고 손가락도 못 보고 그저 손가락 주인에게만 관심을 가졌다. 내 사유의 수준과 시각을 여지없이 드러낸 내 자신이 부끄러웠다.

우리는 이제까지 돈은 순수하지 못하다고 배우고 믿어왔다. 그건 사실이고 진실이었다. 오염된 돈을 쓰며 살아야 했으니까. 우리는 이제까지 한 개인은 막강한 권력이나 거대 자본에 대항할 수 없다고 믿고 살아왔다. 그 또한 현실이고 진실이었다. 이런 기존의 썩은 관념들을 다 뒤엎어버린 게 비트코인이었다. 그리고 사토시의 사상이었다. 사토시는 피아트적 관점으로는 이해할 수 없는 인물이었다. 어쩌면 사토시 나카모토는 오직 비트코인 정신을 이해했을 때, 조금이나마 알 수 있는 인물 같았다.

K 사토시 나카모토가 누구냐고? 한 익명의 개인이 문제의식을 갖고 고민하면 난제를 해결할 수 있다는 것을 일깨워준 인물. 그리고 이런 업적은 동기나 보상이 돈, 권력, 명예와 전혀 무관할 수 있다는 것을 실천한 인물. 인류사를 바꾼 혁명적인 돈을 창조한 개인도 자유의지로 사생활을 지키며 조용히 살 수 있다는 것을 입증한 인물. 기존 세속적인 가치관에서 우리가 비현실적이라고 믿은 것, 이상적이지만 순진하다고 여긴 것은 모두 실현 가능하다는 것을 보여준 인물. 세상의 변화는 집단의 투쟁이 아닌 개인의 생각에서 시작된다는 걸 깨달은 인물. 그게 내가 아는 사토시 나카모토야.

Z 한 개인의 독창적인 발상이… 세상을 바꿨죠.

K 물론 나도 다른 사람들처럼 사토시에 대해 궁금한 게 많

아. 직접 묻고 싶은 것도 많고. 하지만 사토시는 답이 없어. 만인이 볼 수 있는 그의 보물창고처럼 사라진 사토시 역시 계속 침묵만 지키니까. 그래서 우리는 그저 사토시의 족적들로 추정하고 상상만 할 뿐이야. 그러니까 미스터리지.

7. 쿤쌤. 우리가 사토시 나카모토에게 물어보고 답을 얻을 수 없다면… 우리가 이제는 우리 스스로에게 질문하고 답을 찾아야 되지 않을까요?

내 말에 약간 놀란 듯 나를 쳐다보던 쿤쌤의 얼굴에 미소가 살며시 번졌다.

K 모든 것의 시작은 질문이야. 모든 질문은 아직 설명되지 않은 부분을 상상하는 것에서 출발해. 아주 먼 옛날, 누군가가 밤하늘에서 별과 별 사이 공간을 봤어. 그리고 질문했어. 저 비어 있는 공간은 뭐지? 비움은 무엇이고, 없다는 건 무엇일까? 부재 또는 보이지 않는 공백을 깊게 사색하던 그 누군가는 이런 질문에 대한 답을 찾기 위해 일단 '공'이라는 개념을 만들었겠지? 고대인들은 하늘은 원(O)으로, 하늘의 부분은 점(.)으로 표현했으니까. 원과

점을 기반으로 수많은 질문과 생각이 축적됐고, 결국 숫자 '0'이 탄생할 수 있었어.

숫자 '0'은 십진법, 소수점, 수학, 그리고 오늘날 0과 1로 이뤄진 디지털 세계까지 만들어냈어. 무형의 개념 '공'이 '제로'가 되면서 기준점을 가져다줬기 때문에 이 모든 게 가능했어. 신기하지 않아? 볼 수도 만질 수도 없는 개념 '제로'는 인류에게 우주를 체계적으로 해석할 수 있는 능력을 가져다줬어. 모든 일은 '제로'에서 시작해. '제로'는 수학적 사고의 기반이고 기준점이야. '제로'는 우리에게 무한한 가능성을 열어줬어.

21세기에 나온 '제로'가 비트코인이야. 비트코인 역시 질문으로 만들어졌겠지? 불공정한 피아트 체제에 불의를 느낀 사토시는 현재 상황보다는 더 나은 뭔가를 만들 수 있다고 상상했어. 그래서 수많은 질문을 했고, 결국 해답을 찾아냈어.

그러면 우리는 왜 이제까지 사토시처럼 답을 찾지 못했을까? 어쩌면 우리는 문제를 이해하지 못했기 때문일 수 있지. 이제는 유효하지 않은 많은 신념체계에 갇혀서, 우리는 제대로 된 질문을 보지 못했을 수 있어. 좋은 대답은 좋은 질문에서만 나올 수 있어. 그리고 좋은 질문은 더 좋은 질문들로 이어져.

비트코인은 우리에게 시간, 에너지, 정보, 표현, 그리고 돈에 대해서 다시 진지하게 생각하게 해줬어. 시간은 무엇이고, 에너지는 무엇인가? 어떻게 하면 이런 자원을 더 효율적이고 효과적으로, 더 현명하게 활용할 수 있는가? 정보의 성질은 무엇이고, 우리는 어떻게 정보를 생산적으로 또 평화적으로 활용할 수 있는가? 진정한 자유, 사상의 자유, 표현의 자유는 무엇이고, 개인의 책임은 무엇인가? 사유재산은 왜 중요한가? 그리고 온전하고 순수한 돈은 무엇인가? 우리는 제한된 인생을 어떻게 살고 있는가? 한 개인의 생각은 과연 어디까지 세상을 변화시킬 수 있는가?

질문하지 않는 인생은 창의적이지 않아. 호기심과 궁금증이 없는 인생은 성장도 목적도 없어. 질문이 없는 삶은 멈춰진 삶이야. 고인물은 오염되고 썩어. 우리는 진일보하기 위해 끊임없이 질문해야 돼. 질문은 현상황의 대안을 찾는 움직임이고, 미지의 미래를 개척하려는 시도야.

질문하지 않는 사람들은 생각하지 않는 양 떼와 다르지 않아. 질문이 없는 양들은 스스로 문제를 찾지도 풀지도 못해. 대안을 찾아낼 상상력이 없어. 그래서 양들은 늘 자기 안이 아닌, 자기 밖만 보며 살아. 늑대를, 무리를, 목자를 쳐다보며 분주하게 움직이는 양들은 열등감을 넘어 패배감을 안고 수동적으로 살아.

양들은 기존에 나온 질문과 이미 정해진 답만이 진리라고 믿어. 그래서 양들은 과거에 머물 수밖에 없어. 양들에게 새로움이나 미래는 없어. 그저 두려움만 있을 뿐이야.

양들은 온전치 못한 돈의 문제를 인지 못해. 피아트가 불공정하고 불안정하다는 사실을 알아도, 더 온전한 돈이 가능하다고 상상 못해. 또 다른 세상을 꿈 꾸지 못해. 그냥 주어진 조건에 순응하고 목자에게 종속된 순종적인 삶에 안주해. 그게 양들의 운명이야.

질문하는 자는 문제인식이 있고, 문제의식이 있어. 어쩌면 문제의식이야말로 인간지능이 인공지능을 능가하는 요소일지도 몰라. 문제의식에는 개인의 고유 가치관이 녹아 있어. 가치관은 개인의 선택이기도 하고 개인의 선택을 정해주기도 해.

가치관 역시 질문으로 조각되고 완성돼. 나에게 진정한 가치란 무엇인가? 부, 명예, 권력보다 나에게 소중한 가치는 무엇인가? 나에게는 그런 가치가 과연 있는가? 스스로 생각하며 살고 있는가? 오염되지 않은 돈이 비트코인이라면, 오염되지 않은 나 자신은 무엇인가? 진정한 나는 누구인가? 나는 온전하고 순수한 나 자신으로 살고 있는가? 나는 내 인생의 주인으로 살고 있는가?

사토시는 우리 시대 가장 어려운 문제를 풀어내며 개인에게도 도전할 수 있는 용기를 심어줬어. 우리가 의심 없이 믿었던 도그마들은 미신에 불과했다는 것을 증명해냈어. 기존 체제에서 불가능하다고 치부했던 것들을 실현해냈어. 누구나 질문하고 생각하면 그 어떤 문제도 해결할 수 있다는 가능성을 보여줬어. 그러면서 우리에게 더 많은 질문들을 물려줬어. 무엇보다 사토시는 우리 모두에게 긍정적인 변화에 대한 믿음을 확산시켰어. 나는 이런 믿음을 희망이라고 부르고 싶어. 이게 사토시가 우리에게 남긴 선물이야.

사토시가 누구인지를 묻기 전에 내 자신이 누구인지를 질문하는 게 바람직하지 않을까?

조 용 한 혁 명

Silent Revolution

"우주는 네가 생각했던 것과 다르다는 걸 알겠지.
그러면 이제는 네 믿음 체계를 재배열해야 돼.
네가 우주를 재배열할 수는 없으니까."

– 아이작 아시모프 Isaac Asimov

"대단한 힘은 대단한 책임과 함께 온단다."

– 벤 삼촌 Uncle Ben

"만약에 이걸 못 믿거나 이해 못 한다면,
미안하지만 나도 노력을 기울여 당신을 설득할 시간은 없어요."

– 사토시 나카모토 Satoshi Nakamoto

19. 사악한 바보들의 행진.

The March of Malicious Idiots

"비트코인은 아무런 사회적 기능이 없어요! 백해무익해요! 이건 진짜 손대지 말라고 권하고 싶어요!"

참칭 '지식 소매상'이자 자칭 '문재인 정권의 어용지식인' 유시민이 2018년 1월 어느 방송에서 한 말이다. 그는 비트코인을 17세기 튤립에 빗대며 투자자들은 "다 허황된 신기루를 좇는 것"이고, "언젠가는 비트코인에 대해서 각국 정부와 주권 국가들이 불법화 조치를 할 수밖에 없는 때가 올 것"이라고 단언했다.

유시민의 용기는 가상했다. 그는 제대로 알지도 못하는 개념을 생방송에서 확신을 갖고 거침없이 떠들었다. 혹세무민은 아무나 할 수 있는 게 아니고, 여론주도자는 뭐가 달라도 다르다는 것을 보여줬다. 상품의 상태는 상인에 대해 많은 것을 알려준다. 유시민은 질이 좋은 소매상은 확실히 아니었다. 공인의 발언에는 책임이 따른다. 유시민 같은 허당 말을 곧이곧대로 듣고 오판한 사람들이 불쌍할 뿐이다.

유시민의 숙주 역시 담대했다. 문재인 정권의 부동산정책, 탈원전정책, '소득주도 성장'에 기반한 수많은 경제정책들은 역사가 냉정하게 평가할 것이다. 아니 유권자들은 벌써 심판을 내렸다. 그 결과로 용감무쌍한 검사 대통령이 취임했다.

무지는 무죄가 아니다. 이렇게 반복되는 바보들의 행진은 멈출 것 같지 않다. 그러면 누가 진짜 바보인가?

바보가 악인보다 낫다. 우리는 어리석음이 사악함보다 좋다고 여긴다. 우리는 그렇게 배워왔다. 그러나 그것은 착각이고 오류였다.

바보란 병리학적 지적장애인을 말하는 게 아니다. 바보는 자신에게도 해가 되고, 사회적으로도 해가 되는 선택을 감정적으로 하는 사람이다. 악인은 자신에게는 득이 되지만, 사회적으로는 해가 되는 선택을 서슴없이 일삼는 사람이다.

우리는 사회에서 활동 중인 바보들의 숫자를 과소 추산한다. 특정인이 바보일 확률은 그의 재력, 권력, 학력, 매력과 같은 요소들과 무관하다. 우리는 바보들의 파괴적인 악영향 또한 종종 과소평가한다. 우리는 바보들에게 시간, 돈, 관심 같은 자원을 소모하는 행위가 큰 비용이 드는 실수라는 사실을 자주 망각한다.[43]

바보와 악인은 공생관계다. 악인들은 사람들을 속이는 습성으로 먹고산다. 속이기 쉬운 바보들이 없으면 그들은 생존할 수 없다. 악인들은 자신들의 의제를 관철하기 위해 현란한 수사학으로 자신들의 거짓과 위선을 숨기며 바보들을 선동한다. 바보들은 악인들의 수단이자 목적이다.

악인들은 시그널링의 달인들이다. 악인들에게 완전히 넘어간 바보들은 종종 자기 자신들까지 속이며 악인들을 열렬

---

43 경제사학자 카를로 치폴라(Carlo Cipolla)가 1976년에 발표한 <인간 어리석음의 기초 법칙>(The Basic Laws of Human Stupidity)에 나온 바보에 대한 법칙.

히 지지한다.

악인들은 인센티브로 움직인다. 돈 또는 권력에 대한 탐욕과 집념으로 뭉친 악인들이 아무리 잔머리를 굴려도 그들의 의도를 읽는 건 어렵지 않다.

예측 가능한 악인들과 달리 바보들은 예측 불가능하다. 그리고 바보들은 악인들보다 절대적으로 인구가 많다. 우리 모두에게 바보들이 악인들보다 더 위협적인 이유다.

바보와 악인이 어떻게 역할을 분담하고 협업하는지 이해하려면 정치판을 들여다보면 된다. 바보 바지사장을 악인들이 뒤에서 조정하는 게 고전적인 정석이었지만, 요즘에는 시대가 변해 언론인, 추종세력, 찐주, 공무원, 연예인, 교수들까지 뒤섞여 바보와 악인은 서로의 포지션을 유연하게 넘나들며 사회에 악영향을 미친다. 배우와 관객 사이에 연출이 있듯이, 바보와 바보 사이에는 악인이 숨어있다.

바보와 악인은 원래 다른 종자였다. 하지만 세대에 걸친 이종교배로 사악한 바보들이 많아졌다. 사악한 바보들은 자신들의 권력과 지력에 도취돼 스스로 똑똑한 우월종이라고 믿는 경향이 있다. 그들 중 나름 지적인 이들이 간혹 있기도 하다. 그런데, 기득권을 오래 유지하면서 점차 머리가 굳어져 그들은 악인보다 바보에 가까워졌다. 신념과 이념에 갇혀 질문과 발전이 없어지자 과학적 사고능력을 잃어버렸다. 이런 변형 잡종들은 기존 바보들보다 훨씬 더 위험한 괴물들이 됐다.

사악한 바보들은 피아트와 무관하지 않다. 시간선호가 높으면 사람들은 사악한 선택과 어리석은 행동을 더 많이 더 빨리 하게 된다. 피아트의 인센티브가 그렇게 설정돼 있다.

시간선호를 낮추는 비트코인은 사악한 바보들에게 큰 대가를 치르게 할 수 있다. 그러면 그들의 영향력도 확연히 줄어들 것이다. 그러나 비트코인도 사악한 바보들을 선하고 똑똑하게 만들 수는 없다. 비트코인도 그들을 제거할 수는 없다. 사악한 바보들은 영원히 사라지지 않는다. 그들의 숫자는 자연의 분포 법칙을 따른다.

우리는 이제 사악한 바보들에게 시간과 돈을 낭비하지 않아도 된다. 우리는 더 이상 사악한 바보들의 행진에 동참하지 않아도 된다. 비트코인 혁명은 이미 진행중이다. 우리는 곧 조용한 다수가 될 것이다.

20. 르네상스 세대.

The Renaissance Generation

Z 쿤쌤, 후회가 막심합니다. 제가 왜, 어째서, 좀 더 일찍 비트코인을 알지 못했는지 원통합니다. 이걸 몇 년만 일찍 알았어도, 떼돈을 벌었을 텐데. 인생의 사랑을 너무 늦게 만난 것 같습니다. 하… 너무 안타깝습니다.

K 이미 알고 있다고 생각하는 것을 배우는 건 불가능해.

Z 네?

K 많은 이들은 돈을 이해한다고 생각하지? 심지어 얼핏 들어본 비트코인도 대충 안다고 생각해. 그런데 그렇지 않아.

Z 아! 그게 문제죠. 어설프게 안다는 착각이 배움을 가로막죠. 그래서 계속 무지에서 벗어나지 못하고. 제가 딱 그랬습니다.

K 진정한 배움은 배우는 방법을 배우는 거야. 그리고

배우는 것보다 중요한 건 이미 배운 것을 버릴 줄 아는 지력이고. '러닝'(learning)보다 훨씬 중요한 게 '언러닝'(unlearning)이야.

Z '언러닝'? 배운 것을 부정한다? 기존 지식을 버린다?

K '언러닝'은 기존 지식을 잊어버리거나 파기하는 게 아니라, 오히려 기존 지식에 집착하지 않는 것에 가깝지. 열린 생각으로 낯설고 새로운 개념을 받아들이고 유연하게 습득하는 학습 능력을 '언러닝'이라고 할 수 있지.

Z 오… 그럼, '언러닝'은 어떻게 하나요? 그냥 새로운 언어나 새로운 게임을 배우듯이?

K 비슷해. 먼저 기존 사고방식 체계가 더 이상 유효하지 않고, 완벽하지 않고, 많은 부분들에 오류가 있다는 것을 인지해야 되겠지.

Z 지구는 평지가 아니고 둥글다. 그리고 자전한다.

K 그렇지. 태양계는 지구가 아닌 태양이 중심이라는 사실을 이해하고 받아들여야 새로운 사고 체계가 성립되고 축적될 수 있지.

Z 기존 지식 또는 해석은 유효 기간이 지났거나, 애초부터 틀렸을 수 있으니까.

K 바로 그거야! 케인즈 또는 프리드먼 같은 경제학자들은

20세기에 지대한 공헌을 했어. 그러나, 비트코인의 탄생으로 그들의 이론들은 경제 과학이 아닌 유사 과학에 가까워졌어. 그들이 바보라는 이야기가 아니야. 비트코인이 없던 시절에 살았던 그들의 연구와 생각은 한계가 있을 수밖에 없어. 그들은 평생 피아트 연금술사 중앙은행 손바닥에서 놀아났으니까.

Z 오! 그렇네요. 그럼, 기존 경제학자들의 진단이나 처방도 무의미하고 효력이 떨어지겠네요.

K 병원에서는 MRI(자기공명영상)를 활용해서 환자의 상태를 파악하지? MRI 검사를 받는 환자의 몸에는 금속이 있으면 안 돼. 금속이 있으면 MRI스캔 결과가 널(null)값으로 나와. 비트코인이 그 금속이야.

Z 오! 정신이 번쩍 드네요. 약간 무섭기도 하고.

K 무서울 게 뭐 있어? 본인은 이미 '언러닝'이 진행 중인데.

Z 그러고 보니, 어쩌면 '언러닝'의 걸림돌은 우리 안에 고착된 기존 사고 체계 같네요.

K 우리가 가진 기존 난제는 기존 사고방식으로는 해결할 수 없어. 기존 사고방식들이 기존 문제들을 만들어냈으니까. 무엇보다 새로운 방식으로 살아야지. 새로운 시각으로 세상을 그리고 인생을 바라봐야 되겠지. 새로운 규

척과 논리로. 낡은 렌즈로는 새로운 세상이 보이지도 않고 해석 자체가 불가능할 수 있어.

Z 피아트 방식에서 벗어나 비트코인 방식으로. 그런데 그게 생각보다 어려워요.

K 음… 인내심을 갖고 계속 노력하다 보면 어느 날 갑자기 달라진 자기 자신을 보고 깜짝 놀랄 수 있어. 우리가 자전거타기를 배울 때 오랜 시도 끝에 한 번에 성공하듯이.

Z '언러닝'을 위해 필요한 건 인내심?

K 시간. 피아트 체제의 높은 시간선호는 반추하거나 생각할 여유를 주지 않아. 그 외에도 기득권과 확증편향도 '언러닝'을 못하게 만들지. 타성에 젖어 사는 대다수는 관성의 편안함에서 벗어나는 게 쉽지 않아.

Z 하긴, 미지에 대한 두려움으로 많은 이들이 모험은 고사하고 탐험도 시도를 못하죠.

K 여행 좋아하지? 여행도 일종의 '언러닝'이야. 다른 문화, 다른 생각, 다른 생활을 가진 다른 사람들을 접하는 것이니까. 여행자는 그들을 이해하려고 노력하잖아? 그것도 '언러닝'이야. 진정한 여행은 '언러닝'이 반드시 동반돼. 익숙하지 않은 믿음, 체제, 문화, 언어, 음식, 예술, 관습, 역사를 섣불리 판단하기 전에 이해하려고 노력해야 돼.

그런 과정이 여행의 맛이지. 여행을 안 하면 우리의 생각과 시각은 천박해질 수 있어. 누구나 아는 만큼 보고, 보는 만큼 알 수 있잖아?

Z 진부한 표현이지만, 인생도 여행이죠.

K 인생이 제일 중요한 여행이지. 그런데 사람들은 여행 중이라고 착각을 하지만 사실은 관광을 하고 있어. 인생을 여행처럼, 삶을 여행자처럼 살면 '언러닝'이 쉬워져.

Z 무슨 말씀인지 알 것 같습니다. 많은 사람들은 출장이나 관광을 여행으로 착각하죠. 셀카 중독 인스타 관종들은 인생을 관광처럼 살고.

K 그렇게 겉핥기로 인생을 사는 사람들에게 '언러닝'을 기대하는 건 무리야.

Z '언러닝' 이전에 '러닝'도 제대로 안 돼서 그래요. 학교에서 배운 게 진리라고 평생 붙들고 사는 사람들 많잖아요. 아니 대부분은 학교 졸업 후에 공부 자체를 안 해요. 그러니 생각의 변화는커녕 지식의 축적이 불가능하죠.

K 자기 자신이 바보인 줄 알면 그 사람은 바보가 아니야.

Z 쓰레기가 지들이 쓰레기라는 걸 모르듯이, 빠가들은 지들이 빠가라는 사실을 인지 못하죠. 대부분 지들이 똑똑하다는 근자감으로 살아가요. 특히 돈, 사회적 지위, 학

벌 같은 자기 기만 시그널링을 하나라도 갖췄으면 더 그렇고.

K 세상을 작게 보고 평생 좁게 사는 사람들은 많아. 하지만 그런 사람들을 경멸할 필요는 없잖아? 그냥 내버려 둬. 깨달음이나 생각의 전환은 돈이나 교육으로 되는 게 아냐. 우리가 가진 습관을 바꾸는 것도 어려운데, 새로운 방식으로 생각하는 건 더더욱 쉽지 않지.

Z 그래서 비트코인을 위한 '언러닝'에도 장애가 많은 거 같아요.

K 비트코인은 처음 접하면 개념 자체도 낯설고 무엇보다 직관적이지가 않아. 비트코인 문화 역시 기존 사고방식으로 이해하기 어려운 부분이 많고.

Z 부끄러운 얘기지만, 솔직히 저도 비트코인 공동체에서 경제적인 이익 없이 자발적으로 노드 활동을 하거나, 소프트웨어 개발에 참여하는 분들이 존경스럽지만, 그분들과 완벽하게 공감하지는 못하는 것 같아요. 아무래도 저는 아직 피아트 사고방식에서 완전히 벗어나지 못한 것 같습니다.

K 본인이 그 정도면, 비트코인에 대해 전혀 모르는 사람들은 어떨까? 비트코인을 이해 못하는 사람들이 인류의 대

다수야. 그러니까 지금도 늦지 않았어.

Z 그렇네요. 근데, 왜 저는 자꾸 이 게임에 늦게 들어왔다
   는 생각을 버리지 못하죠? 무슨 병자 같아요. 실존적 불
   안이 아니라 병리학적 불안을 안고 사는 사람처럼.

K 본인보다 BTC를 훨씬 낮은 가격에 먼저 산 사람들과 비
   교를 하니까 그렇겠지. 그런데, 본인보다 더 늦게 비트코
   인을 알게 될 사람들이 훨씬 더 많을 거 아냐? 안 그래?
   본인만의 속도로 본인만의 길을 가면 억울할 것도 불안
   할 것도 없어.

Z 네… 아무래도 이미 많이 오른 BTC 가격도 제가 늦었다
   고 느끼는 원인인 거 같아요.

K 처음 확신을 갖고 내가 BTC를 사 모으기 시작할 때 가격
   이 약 3천 달러 정도 됐어. 그때 다들 주변에서 뭐라고 했
   는 줄 알아? 미쳤다. 너무 비싸다. 거품이다. 기다려라.

Z 헉!

K 만약 가격이 부담된다면, 5년 후 10년 후 가격을 상상해.
   그리고 여유자금이 부족할 때는 BTC를 1억 분의 1로 계
   산해. 사토시를 꾸준히 사서 모은다고 생각하면 심리적
   부담이 덜 할 수 있어.

Z 아…! 별 얘기 아닌 것 같은데 은근 꿀팁이네요.

K BTC는 주식이 아니야. 상품이고 자산이고 우월한 돈이
  야. 피아트를 더 따기 위한 수단으로 BTC를 생각하는 건
  적절하지도 않고 바람직하지도 않아.

Z 그래도… BTC로 돈 벌어서 제가 살 아파트 하나는 마련
  할 수 있잖아요?

K 필요에 따라 당연히 그럴 수 있지. 하지만 이렇게 볼 수
  도 있어. 이미 이야기했듯이, 부동산은 정부 규제에서 자
  유롭지 않아. 안전자산과 경질자산을 금과 BTC로 볼 수
  있는데, BTC가 금보다 우월한 돈이고 자산이라는 사실
  은 우리가 동의했지?

Z 네. 이해하고 동의합니다.

K 그러면… 시장이 BTC를 최소한 금과 비슷한 가격으로
  인정할 것이라고 예측하는 게 논리적이겠지? 현재 금 시
  가 총액은 BTC 시가 총액의 9배 정도 돼.

Z 아! BTC가 현재가에서 9배는 오를 수 있다는 말씀이
  군요.

K 최소한. 금이랑 단순 비교했을 때. 금이라는 건 BTC의
  '경쟁자'가 아니라 '무능한 선배'에 가까워. 금이 갔던 길
  을 BTC는 더 빠르게 더 높게 날아가다 곧 추월할 거야.

Z 금은 BTC의 '무능한 선배'. 확 와닿네요.

K 옛날 로터리 전화와 아이폰을 같은 전화라고 볼 수는 없 잖아? 비교가 무의미하지.

Z 쿤쌤, 금보다 더 큰 자산시장인 부동산시장이나 채권시 장에서도 자금이 일부 BTC로 흘러 들어오겠죠?

K 물론이지. 시간 문제야. 참고로 BTC는 인류 역사상 가장 빠른 시일 내에 시가 총액 1조 달러를 돌파한 자산이야.

Z 얼마 걸렸죠?

K 12년. 페이스북(Meta)은 17년, 테슬라(Tesla)가 18년, 그리 고 구글(Alphabet)이 22년 걸렸어. 아마존 24년, 엔비디아 (NVIDIA) 31년. 아람코 86년. 금은 수천 년이 걸렸고.

Z 그러고 보니, 비트코인은 인류 역사상 가장 빠르게 확산 된 스토리이기도 하네요. 그 어떤 종교보다도 더 빠르게 더 많은 이들에게 전파됐으니까. 전무후무하게.

K BTC가 국가 전략자산으로 축적되기 시작하면, 냉전 시 대 군비확장 경쟁을 방불케 하듯 주요 강대국들은 BTC 를 확보할 거야. 그렇게 되면 세계 투자자들의 포모는 말 할 것도 없고, 베블런 효과(Veblen effect)까지 가세할 수 있지.

Z 잠깐! 놓치거나 제외되는 두려움인 포모는 알겠는데, 베 블런 효과? 그건 뭐죠?

K 과시욕이나 허영심이 발동해서 이뤄지는 소비 형태. 가격이 오를수록 오히려 수요가 더 증가해. 베블런 효과는 시그널링 맥락에서 이해할 수 있지.

Z 대박!

K 그렇게 되면 모든 것의 평가를 달러가 아닌 BTC로 매기는 시대가 열릴 수 있어. 그러다 결국 비트코인은 뒷배경이 되는 날이 올 거야. 요즘 인터넷을 사용하듯이 모든 이들이 비트코인을 활용하는 시대가 오면, 사람들은 비트코인을 물이나 공기처럼 생각할 테니까. 하지만, 아직 그런 시대가 오지는 않았어. 그러니까 그런 시대가 자리 잡을 때까지는 BTC를 세이브하는 게 상책 아닐까?

Z 쿤쌤, 제 마음이 조급해서 자꾸 늦었다는 생각을 했던 것 같습니다.

K 종이를 42번 접으면, 종이 두께가 지구에서 달까지 거리와 맞먹어. 이런 건 직관적이지 않지? 사람의 뇌는 기하급수적인 결과를 가늠하게 설계돼 있지 않아.

Z 아… 복리 개념 같은 거군요.

K 지금 시점에서 비트코인의 무한한 확장성을 예측하는 건 불가능하고 무의미할 수 있어. 그래서 아직 늦지 않았다는 거야.

Z 네… 알겠습니다. 근데, 비트코인은 42번 이상 접을 수
   있는 가장 우월한 종이가 확실합니다. 달이 아니라 아니
   화성까지 갈 것을 확신합니다.

물질세계가 변하면 정신세계도 변해야 된다. 피아트 사고방
식에서 벗어나지 못한 나는 비트코인을 근시안적으로 보고
있었다. BTC 가격에 정신이 홀려 나는 비트코인의 가치를
잠시 잊고 있었다.

K 유인원들은 번갈아 서로의 털을 슈아줘. 상부상조하는
   동물들의 협력이자 사회신용이지. 그런데 자기 책임이
   나 역할을 다하지 않고 먹튀하는 놈들은 어디에나 있어.
Z 고릴라들은 모르겠지만 인간들 중에는 그런 종자가 많죠.
K 돈의 본질은 '신뢰'에 기반한 장부라고 했지? 하지만 규
   모와 범위가 크고 복잡한 거래들은 '신뢰'만으로 성사가
   불가능해. 사회가 확장하며 모든 신용 거래는 담보와 단
   위 기준이 필요하게 됐고, 이를 위해 희귀 금속이 활용됐
   어. 신용 거래뿐 아니라 물물 교환 역시 수요 공급 일치
   가 항상 이뤄질 수 없기 때문에 화폐가 필요했고. 그러면
   서 물리적인 매개가 '신뢰'를 대체했다고 주장하는 사람

들도 있지.

Z 잠깐! 돈을 바라보는 시각이 다르네요.

K 그렇지. 돈의 핵심은 거래 당사자들 간 '신용'이라고 믿는 부류가 있고, 이와 달리 돈은 가치 있는 물리적 매개로 이뤄진 '상품'이라고 믿는 부류가 있지. 물론 양쪽 모두 돈이 장부와 물리적 매개로 이뤄졌다는 점에는 이견이 없어.

Z 그럼, 돈은 '신용'인가요? '상품'인가요? 아님 둘 다인가요?

K '신용' 파와 '상품' 파의 주장은 각기 일리가 있지만 서로 상반되는 부분이 많아. 진짜 문제는, 둘의 차이는 정치화될 수밖에 없다는 데 있어. 정부 역할을 늘려야 한다고 믿는 진영은 '신용'을 강조하고, 정부 역할을 줄여야 한다고 믿는 진영은 '상품'을 강조해.

Z '신용' 파는 화폐를 차용증으로 믿고, '상품' 파는 슈퍼갑 화폐는 금화라고 믿는군요.

K 두 시각의 차이로 얼마나 소모적인 갈등이 일어나는지는 따로 설명이 필요 없겠지. 피아트 신용기반 경제는 지속 불가능한 부채기반 경제와 뗄 수 없는 관계이고, 금본위제 역시 돌아갈 수 없는 과거야. 망가진 피아트 부채기반 경제는 정신승리로 극복할 수 있는 문제가 아니야. 아

무리 많은 이들이 굳게 믿어도, 시한부 체제가 되살아나
지는 않아.

Z 이제는 믿음이 아닌 증명이 되는 돈, 온전한 돈 비트코인
이 피아트를 대체하겠죠.

K '신용' 돈은 정부의 명령에 의한 장부야. '상품' 돈은 자연
의 법칙에 의한 장부라고 할 수 있고. 그러면 비트코인
은⋯

Z 사용자들에 의한 장부죠.

K 그렇지! 물리적 매개와 장부가 동기화된 돈 비트코인은
'신뢰'라는 변수가 함수에서 빠져. '신뢰'와 무관하게 정
직하게 작동하는 비트코인 덕분에 이제 돈은 정부로부
터 분리될 수 있어. 정치에 휘둘릴 수밖에 없는 정부는
돈을 오염시켜. 정치는 로컬한 문제를 단기적으로 해결
할 지 모르지만, 기술은 글로벌한 문제를 영구적으로 해
결해.

Z 돈은 기술이고 비트코인은 우월한 돈이죠.

K 우리가 돈에 대한 '신뢰'를 정부로부터 강요당하지 않으
면, 우리가 돈을 '신뢰'할 필요가 없어지면, 우리는 서로
를 더 '신뢰'할 수 있게 되지 않을까?

Z 가능하죠. 인간도 서로 돕고 살 줄 아는 유인원이니까요.

그때 알람 소리가 울렸다. 쿤쌤과의 대화 시간도 얼마 남지 않았다는 사실에 묘한 기분이 들었다. 알람을 끈 쿤쌤은 평소와 달리 자리에 그대로 앉아 말을 이어갔다.

K '신뢰'라는 게 생각보다 엄청난 힘을 발휘해. 사람들이 서로 '신뢰'할 수 있는 환경에서는 창조와 혁신이 만발해. 문명 역시 더 바람직한 방향으로 번창하고. 그런 면에서 비트코인은 우리에게 또 하나의 르네상스 시대를 열어준 거야.

Z 잠깐! 지금 우리가 사는 이 시대가 르네상스라고요?

K 르네상스는 인간이 종교에 종속되지 않겠다고 선언하며 '다시 태어난' 시기야. 인간 중심으로 혁신을 넘어 혁명적인 사상들이 나온 때였어.

Z 인간 중심 혁명적인 사상들이 나온 건, 아무리 신을 믿고 빌어도 흑사병으로 죽어가는 사람들은 살아나지 않는다는 것을 사람들이 체험해서 그런 것도 있겠죠?

K 물론이지. 하지만 새로운 사상을 전파하는 데 결정적인 역할을 한 건 15세기에 나온 구텐베르크 인쇄술이야. 많은 이들이 간과하지만, 인쇄술만큼 중요한 발명품이 동시대에 정립된 복식 부기(double-entry bookkeeping) 장부야.

Z 아하! 체계적인 회계가 있어서 근대 은행이 발전하고 번영할 수 있었죠!

K 인쇄술과 장부 덕분에 정보화와 금융업이 발달했고, 그래서 터져나온 게 종교개혁이야. 마틴 루터(Martin Luther)가 교회 대문에 '95개조 반박문'을 올린 날이 1517년 10월 31일이야.[44] 이 날짜 익숙하지 않아?

Z 10월 31일? 핼러윈? 아!!! 비트코인 백서!!!

K 그렇지. 사토시가 2008년 10월 31일에 백서를 발표한 게 우연이 아냐. 인터넷이 우리 시대의 구텐베르크 인쇄술이라면, 블록체인은 복식 부기를 대체하는 삼식 부기(triple-entry bookkeeping) 장부야. 그리고 비트코인이 종교개혁이야.

Z 아…! 지금이 기존 피아트 도그마를 깨부수고 다시 태어나는… 혁명의 시대.

K 맞아. 그리고 그 혁명은 이미 진행 중이야.

Z 쿤쌤, 제가 이제야 비트코인을 조금 이해하는 것 같습니다.

K 우리 마음속에는 천사와 악마가 함께 놀고 늑대와 양이

---

44 마틴 루터가 교황 중심 교회의 부패와 모순을 비판한 글을 비텐베르크 교회에서 발표한 사건.

같이 살아. 그리고 우리 머릿속에는 아직도 비트코인과 피아트가 공존하고 있어. 그리고 이 둘은 끊임없이 충돌해. 이걸 알아차려야 해. 자각해야 돼. 우리는 의식적으로 매 순간 선택해야 돼. 비트코인 방식으로 미래로 갈 것인가? 아니면 피아트적 판단으로 과거로 돌아갈 것인가? 어쩌면 우리의 석은 피아드나 중앙은행이 아니야. 우리가 다스려야 할 진짜 적은 우리 자신일지도 몰라.

쿤쌤이 잔에 얼마 남지 않은 커피를 다 마셨다. 잠시 내 눈을 지그시 보던 쿤쌤이 내게 마지막 당부를 건넸다.

K 본인 세대는 디지털 네이티브로 태어난 행운아들이야. 앞으로 무한한 가능성이 펼쳐질 디지털 르네상스 시대를 살고 있어. 인류사에서 이렇게 축복받은 세대도 흔치 않아. 본인은 피아트 지옥에서 자발적으로 비트코인을 공부한 사람이야. 두려울 게 뭐가 있어? 이 사실을 절대로 잊어버리면 안돼. 사람은 뭔가를 한 번 듣고 보면, 그 이전으로 돌아갈 수 없어. 축복을 저주로 읽지 마. 불안감이나 조급함이 들 때마다 반드시 기억해. 늦지 않았어. 지금부터 시작이야.

Z　쿤쌤…… 감사합니다.

그게 쿤쌤과의 마지막 '상담'이었다.

21. 우리가 이겼다!

We Won!

시간은 느리게 움직인다. 그러나 빠르게 지나간다. 역사
도 잊지 않고 라임을 친다.

트럼프가 다시 대통령이 되며 미국에 비트코인 정권이 들
어섰다. 미국의 비트코인 전략 보유고, 종신형 복역 중인 로
스 울브릭트 감형 사면, 정부 효율성을 책임지는 일론 머스
크, 그 정부 부처 이름은 댕댕이 코인 도지(DOGE). 이 모든
것은 불과 몇 달 전 까지만 해도 상상도 못한 일들이었다.
하지만 이제 모두 현실이 됐다. 비트코인은 백악관을 접수
했고 바야흐로 비트코인 시대가 열렸다.

트럼프도 처음부터 비트코인 신봉자는 아니었다. 그도 예
전에는 비트코인을 이해하지 못했다. 그러나 시간은 그의

생각과 시각을 바꿔놓았다. 누적채무위기, 중국과의 경제 전쟁 그리고 무엇보다 가장 큰 이유는 유권자들이었다. 미국은 암호화폐 보유자가 반려견 소유자보다 많은 나라다.

돈을 이해하는 트럼프는 시대를 읽는 유연함이 있다. 그에 대한 호불호를 떠나 트럼프를 바보라고 생각하는 사람은 많지 않다. 본인의 사법 리스크를 지우고 대선 승리에 목숨을 건 트럼프에게는 절박함이 있었다.

사람들은 '트럼프 리스크'를 운운하며 향후 불확실성을 걱정했다. 그러나, 진짜 더 큰 경제적인 '위험'과 실존적인 '위협'은 국내에 도사리고 있었다.

2024년 12월 3일 늦은 밤, 윤석열이 비상 계엄령을 선포하며 친위 쿠데타를 시도했다. 시민들의 극렬한 저항으로 국회는 계엄령을 조속히 해제할 수 있었다. 정신이 온전치 못한 알중 망나니 대통령의 어설픈 반역은 그렇게 일단락됐다. 그러지 않았다면 지금 당신이 읽는 이 책은 나오지 못했을 수 있다.

사악한 바보와 부역자들의 난동 희비극은 이미 1%대 저조한 성장률로 안갯속을 헤매던 한국 경제를 한치 앞도 볼 수 없는 암흑 속으로 빠트렸다. 윤석열 내란은 '코리아 디스카운트'가 사실이자 진실이라는 것을 전 세계에 입증했다. 윤석열은 돌이키기 어려운 만행으로 한국을 저렴하게 만들어버렸다.

정치가 망친 시장을 정부는 '반시장'적인 방법으로 떠받치기 위해 연기금까지 동원했다. 윤석열 내란의 엄청난 경제적 대가는 향후 온 국민이 할부로 지불하게 됐다. 이 비용은 내란 범죄자 일당이 사형이나 무기형을 선고받는다고 사라지는 것이 아니다.

막강한 권력에는 막대한 책임이 따른다. 절박한 미국 대통령은 비트코인을 선택했지만, 절박한 한국 대통령은 계엄령을 선포했다.

윤석열 내란은 허약한 한국 정치 체계가 안정적이지도 안전하지도 않다는 사실을 적나라하게 드러냈다. 무능하고 무책임한 최고 권력자는 국가적으로 치명적인 '단일 장애 점'

이라는 현실을 우리 모두가 체험하게 했다. 이런 '단일 장애점'을 해결하기 위해 만들어진 게 비트코인이다.

사람들이 걱정했던 겨울은 이미 시작됐다. 아주 춥고 긴 겨울이 될 것 같다. 어쩌면 빙하기에 접어들었는지도 모른다. 한국 경제가 향후 10년을 잃게 될지, 20년을 잃게 될지 현시점에서 예측하는 것 자체가 무의미해졌다. 그래도 우리에게는 비트코인이라는 희망의 불씨가 있다. 그나마 다행이다.

계엄령이 유효하던 약 150분 사이에 원-달러 환율은 치솟았고, 해외 시장에서 한국 관련 금융상품들은 매도 행진을 이어갔다. 그런데, 같은 시간대에 희한한 일이 벌어졌다. 국내 암호화폐 거래소에서 BTC의 플래시 크래시(flash crash)가 발생했다가 얼마 지나지 않아 가격을 회복했다. 많은 국내 BTC 보유자들의 패닉 매도였다. 계엄 해제 바로 다음 날, BTC는 사상 처음으로 10만 달러를 돌파했다. 비트코인은 윤석열 같은 충동적인 미친놈이나, 한국이라는 이상한 나라와 상관없이 독립적으로 살아 움직이는 글로벌 자산이다.

한국 사회의 불확실성이 커지면 로컬한 한국 자산과 원화를 매도하고, 글로벌한 자산 또는 달러를 매수하는 것이 이성적이고 합리적인 선택이다. 그런데, 많은 한국의 BTC 보유자들은 이와 정반대되는 짓거리를 했다. 아직도 세상에는 '사토시 테라피'가 필요한 사람들이 너무나 많다.

물론 윤석열 같은 사악한 바보는 앞으로 또 등장할 것이다. 하지만 나는 불안하지 않다. 나에게는 비트코인이 있다. 나는 이제 혹독한 겨울에도 홀로 살길을 찾을 수 있는 늑대가 됐다.

아무리 세상이 미쳐 돌아가도 내 자신이 정신줄을 놓을 필요는 없다. 빠르게 변하는 세상만큼 내게도 변화가 많았다.

나는 음주를 삼가고 매일 아침 달린다. 가을에 완주를 목표로 마라톤을 준비 중이다. 달리기의 리듬과 질서가 내게 삶을 통제할 수 있는 힘을 준다. 건강을 챙기기 시작하며 음식 섭취에 분별력과 자제력이 생겼다. 삶에서 내가 제어할 수 있는 부분과 아닌 부분을 구분하고 소음과 소리를 구별할 줄 알게 됐다. 불필요한 일을 하지 않고 중요한 일에 몰두한다. 그리고 나는 평범한 보통의 하루를 즐길 줄 알게 됐다. 비트코인 덕분에 나는 '깨어 있는' 삶을 살게 됐다.

돌이켜보면 과거의 나는 아주 웃긴 놈이었다. 내가 그토록 경멸했던 과시욕과 허영심이 내 안에도 구석구석 숨어 있었다. 돈은 x도 없는 주제에 쓸데없는 사치에 은근히 관심이 많았다. 필요 없는 것을 위해 나의 자원을 낭비했다. 불특정 타인들의 인정을 받기 위해 애를 썼던 것 같다. 그런 산만한 잡념들이 알게 모르게 내 인생을 갉아먹었다. 이게 비트코인을 알기 전 나의 실체다.

나는 더 이상 돈을 무서워하지 않는다. 그게 쿤쌤이 내게 준 가장 큰 선물이다. 아, 그렇다고 내가 갑자기 부자가 됐다는 얘기가 아니다. 나의 재정 상황은 아직도 부끄러움을 간신히 면할 수준이다. 아직도 나는 일을 해야 먹고살 수 있다. 진정한 변화는 내 통장잔고가 아닌 내 사고방식에서 일어났다. 나는 더 이상 내 자신이 쓸모 있는 인간이라는 것을 증명하기 위해 무리하지 않는다. 인생을 숙제하듯이 살지 않는다. 미니멀한 라이프 스타일을 지향한다. 비트코인을 아는 나와 모르는 나의 차이다.

나는 비트코인 관련 회사로 이직해 비트코인을 더 심도 있게 공부하고 있다. 회사생활이 즐거울 수 있다는 것을 태어나서 처음 알게 됐다. 내 부족을 찾은 느낌이다. 이제야 비로소 나는 내가 있어야 할 곳에 있는 것 같다. 아침이 기대가 된다. 쿤쌤과의 만남이 내게 또 다른 길을 열어준 셈이다.

최근 들어 쿤쌤과 나눴던 대화를 곱씹어 보게 된다. 타인에게 비트코인을 '전도'하는 일은 의외로 쉽지 않다. 소통은 노력과 연마가 필요한 기술이다.

무엇에 대해 아는 게 많지 않으면 모르는 것도 없다. 무엇에 대해 더 많이 알수록 더 많은 것을 모른다는 것을 깨닫게 된다. 한 분야를 안다고 생각하면 무엇을 모르는지 몰라 확신을 갖게 되고, 무엇을 많이 알면 그 분야에 대해 더 많은 의문을 갖게 된다. 무엇에 대해 잘 안다고 말하는 사람은 잘 모르는 것이고, 잘 모른다고 말하는 사람은 상대적으로 잘 안다는 이야기다. 이런 패러독스가 때로는 깊이 있는 소통을 어렵게 만든다.

사각지대라는 개념을 안다고 사각지대가 없어지는 건 아

니다. 인지 편향을 안다고 인지 편향으로부터 자유로운 게 아니다.

경박한 초보자는 확신에 차 있지만, 진중한 전문가는 늘 의문을 달고 산다. 전문가는 특정 분야에는 거대한 미지의 영역이 있다는 것을 잘 알기 때문이다. 열광하는 바보와 차분한 현자의 차이다. 요즘은 후자보다 전자가 보상을 훨씬 많이 받는 시대다. 옳고 그름의 문제가 아니라, 그게 현실이다. 나는 비록 현자는 못되지만 바보가 되고 싶지는 않다.

타인에게 새로운 개념을 설명하고 설득하는 작업 역시 만만치 않다. 많은 이들은 그들의 기존 믿음체계에 오류가 있어도, 아니 심지어 아예 근거 자체가 틀려도 새로운 개념을 받아들이지 못하는 경향이 있다. 많은 경우, 기존 믿음 체계의 문제점을 지적하고 새로운 개념을 데이터, 정보, 통계에 기반한 사실을 논리적으로 설명해도 사람들은 받아들이지 않는다. 그들은 지식을 업데이트하는 대신 오히려 방어적으로 거부한다. 그들은 익숙한 믿음체계의 편안함에서 벗어나는 걸 두려워한다.

요즘은 많은 이들이 각자의 세계관을 갖고 각자의 현실을 살아간다. 합의 가능한 수단은 고사하고 서로 동의하는 '팩트'조차 찾기 어려울 때가 많다. 우리가 비트코인을 이해하고 공부해야 하는 이유다.

'생각의 교환'인 대화 역시 쉽지 않다. 그래서 나는 쿤쌤과 나눴던 품격 있는 대화를 소중히 간직해왔다. 언젠가 쿤쌤이 내게 이런 말을 했다.

"생각은 글로 전달하고, 마음은 돈으로 전달하는 거야. 왜? 사람은 누구나 거짓말을 하고, 마음은 늘 변하니까. 글과 돈은 말보다 훨씬 중요해."

내가 이 책을 쓰기로 결심한 이유다. 독서라는 주동적인 학습이 필요한 분야가 있다. 세상에는 책으로만 효율적이고 효과적으로 전달할 수 있는 성격의 지식이 있다. 이 책이 다루는 비트코인이 그렇다.

이 책은 돈에 대한 이야기다. 가격보다는 가치를 고민하고, 시간이라는 자원을 질문하며, 우리 모두가 동의하고 합의할 수 있는 소통 방법을 해설한다.

이 책은 또 하나의 비트코인 책이 아니다. 이 책은 약을 파는 전단지도 아니고, 벼락부자가 되는 비법도 아니다. 그런 것을 기대한다면 유튜브 유명 경제 전문 채널들을 찾아가기 바란다.

증권사 애널리스트들이 출연료를 지불하고 나와 그럴듯한 분석과 전망으로 자사 상품을 시청자들에게 파는 방송들은 차고 넘친다. 이런 수많은 증권사와 해당 채널의 콜라보 세일즈에 넘어가 나중에 '국장 당했다'고 징징대는 인간들 역시 넘쳐난다. 신점을 자주 치러 다닌다고 영계를 이해하거나 영빨이 충만해지는 건 아니다. 지식과 정보는 다르고, 투자는 본인 책임이다.

당신이 이 책을 읽든 안 읽든 솔직히 나는 알 바 아니다. 때가 되면 당신도 이 책을 찾게 될 것이다. 경제 위기와 재정적 고난 속에서 절박함을 뼈저리게 느낄 때, 당신은 비트코인 공부를 시작할 것이다. 그런 때가 분명히 올 것이다. 물론 그때는 이미 늦을 수 있다. 그 또한 당신 책임이고 운명이다. 누구나 다 각자에게 적합한 때에, 각자에게 적절한 가격에, 각자의 BTC를 사서 축적하게 된다. 당신은 비트코인이 필요하지만, 비트코인은 당신이 필요하지 않다.

이 책은 당신에게 BTC를 사라고 강요하지 않는다. 그저 비트코인을 알려줄 뿐이다. 이 책으로 비트코인이라는 '씨앗'을 당신에게 심어주는 게 내가 할 수 있는 최선이다.

믿거나 말거나 나에게는 비트코인을 널리 알리고 싶은 절박함이 있다. 나 또한 절박함으로 쿤쌤을 만났고 비트코인을 알 수 있었다. 나 같은 평범한 사람이 이 기나긴 겨울을 살아남을 수 있는 유일한 수단은 어쩌면 비트코인밖에 없을지도 모른다.

얼마 전 어느 비트코인 행사에서 이런 말을 들었다.

"역사적으로 시대전환적 개념을 지지하는 사람들이 나타날 때마다 언제나 반복되는 현상이 있다. 초기에는 세상은 그들을 무시한다. 시간이 지나면, 세상은 그들을 비웃는다. 그러다 세상은 그들과 싸우게 된다. 그러나 결국에는 그들이 승리한다. 여기서 말하는 '그들'이 바로 우리다. 비트코인을 지지하고 BTC를 보유한 우리."

일리 있는 말이다. 하지만 나는 조금 다르게 생각한다. 비트코인 혁명은 투사나 '화이팅!'이 필요 없다. 우리가 가는 길 위에는 패자도 없고 피해자도 없다. 오직 승자만 있을 뿐이다. 우리는 이미 승리했다. 시장과 역사가 이를 증명한다. 우리가 이겼다!

작가 거스 쿤은 '비트코이너'다. 시카고 대학에서 경제학을, 하버드 대학에서 정책학을 공부했다. 아주 오래 전, 우연한 기회에 잡지 WIRED를 읽고 비트코인을 알게 됐다. 비트코인이 흥미롭고 이상적인 기술이지만, 현실적으로 실현 불가능한 개념이라고 생각했다. 얼마 후, 친구의 '전도'로 떠밀리듯 생애 첫 비트코인을 샀다. 비트코인이 사기는 아니지만, 투기라고 생각했다. 2015년, '블록 사이즈 전쟁'을 지켜보며 비트코인을 진지하게 공부하기 시작했다. 그리고 비트코인을 이해하고 믿게 됐다. 스토리와 여행을 즐기고 사람들에게 비트코인을 알리기 위해 노력한다.

사토시 테라피
Satoshi Therapy

초판 1쇄 발행 2024년 12월 31일

지은이 거스 쿤(Gus Koone)
펴낸곳 (주)디애셋
펴낸이 유신재
컨셉 디자인 정승구
표지 본문 디자인 위하영
제작 (주)단초

등 록 제2023 -000009호
주 소 서울시 서초구 강남대로 311 1109호

전 화 070-4112-7505
팩 스 02-520-1590
이메일 master@digitalasset.works

ISBN 979-11-986114-2-0(03300)